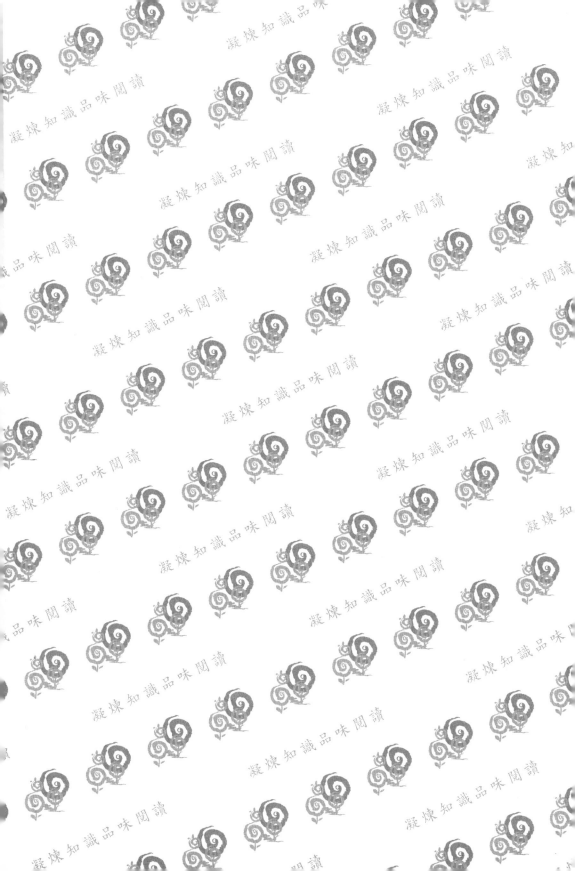

抽樣理論之應用

四位教授的精華Know-how

謝嫣娉、謝忱希、謝嫣文、謝俊雄　著

五南圖書出版公司 印行

本書簡介

一、 想知道母體之平均數、消費量或贊成比例，普查最準，但費
　　 時、費財又費工。要省時、省財、省工，又不要誤差太大，
　　 可使用抽樣。

二、 從一個母體抽出所有可能樣本，有三種抽法：一是抽出放回
　　 再抽，二是抽出不放回繼續抽，三是第二種的方法但不考慮
　　 次序。三種抽法的各平均數、變異數之間，可找出一定關
　　 係。

三、 以 $Z = (y - \mu) / \sigma$ 把常態分配轉換成標準常態分配（平均數
　　 為 0，變異數為 1），以 $Z = (y - \mu) / \sigma$ 與上述第二點之各關
　　 係，可算出各種抽樣之樣本大小的公式。

四、 只要說出：抽樣誤差多少？顯著水準多少？就可算出需要樣
　　 本大小，即抽出多少觀察值當一組樣本來推論母體特徵。

五、 知道樣本大小，而後應考慮如何從母體抽出樣本，方法有簡
　　 單任意抽樣、系統抽樣、分層任意抽樣、比例分層任意抽
　　 樣、集團抽樣之 (I) 簡單集團抽樣、之 (II) 機率與集團數量
　　 成比例抽樣（pps）、之（III）比例估計、三段集團抽樣及
　　 分層集團抽樣等九種，若勉強加上立意抽樣，則有十種抽樣
　　 方法。如何選用哪種抽樣方法，看變異數大小而定，變異數
　　 越小越精確。

六、用樣本估計母體特徵之理論自成系統，使用要針對研究狀況採用適當方法。抽樣應用範圍廣泛，例如：心理研究、教育研究、臨床研究、試驗研究、生產研究、市場研究、民意研究、品質檢驗，國防士氣研究、公共衛生調查、……。

七、工業生產中之物料供應的抽樣稱為抽樣檢驗，亦是抽樣理論的應用。本書簡述抽樣檢驗於第十五章。

毛序

　　從事統計抽樣調查研究及工作人員，為了精準地推論所要探討變數的母體真實情形，及節省抽樣調查成本，符合經濟效率，需要了解抽樣理論，及熟悉抽樣方法。本書正文分為基礎、樣本大小之決定，及如何抽出樣本等三篇，各篇之間脈絡分明，各篇之內的章節安排連貫，全文以深入淺出的方式及簡潔的文筆，介紹抽樣的理論基礎及應用，目的就是要告訴讀者如何很快地了解抽樣理論，及有效地執行統計抽樣調查工作。

　　第一篇基礎篇，分為三章，第一章旨在解析有關抽樣理論常用的名詞；第二章介紹在三種不同抽樣方式下，探討母體參數與所有可能的樣本組統計值之間的關係，並以公式表示之；第三章則指出標準常態分配是抽樣的理論基礎。第二篇樣本大小之決定，涵蓋第四章及第五章，分別探討設定絕對誤差下及設定相對誤差下的樣本大小之決定，該篇旨在告訴讀者只要設定好所要探討變數的可信性及精確度，並知道變異數的值，就可決定需要抽出多少樣本數。第三篇如何抽出樣本，其中第六章至第十四章，介紹簡單任意抽樣、立意抽樣、系統抽樣、分層任意抽樣、比例分層任意抽樣、集團抽樣 (I)：簡單集團抽樣（二段集團抽樣）、集團抽樣 (II)：機率與集團數量成比例、集團抽樣 (III)：比例估

計、三段集團抽樣、分層集團抽樣等十種抽樣方法，至於抽樣調查研究及工作人員要採用哪些抽樣方法較為合適，則需考慮所要探討變數的母體數量、屬性、社經背景、空間分布及調查時間，以力求抽樣調查結果的精準度高及可信性佳，且又能節省成本；第十五章介紹物料及產品的抽樣檢驗，則融入作者在產業界的經驗分享。另外，作者針對上述三篇，精心整理各篇之摘要，並於附錄一列出各篇的重點說明，以期讀者能將本書各章內容相互連結，進而融會貫通及靈活運用。

本書作者之一謝教授俊雄兄長，學識淵博，產業界工作經驗豐富，平時喜愛從事劍道的休閒活動。謝教授在國立屏東科技大學擔任教職的期間，教學認真又風趣，勤於寫作，盡心盡力地為國家及社會培育人才。謝教授榮退之後，仍然秉持書生報國之熱忱，及武士堅忍勇敢的精神，持續將幾十年來所領受的寶貴學理、知識及經驗，轉換為創作的泉源及題材，並寫成書籍，這種長期勤奮不懈的治學態度，令人敬佩。本書在謝教授等四位作者的努力，及五南圖書公司的精心編排及製作下，即將付梓，個人忝為謝教授的同事及後進，非常榮幸能事先閱讀這本大作，並十分樂意將這本好書推薦給大家。個人衷心期盼這本書的出版，有助於書香社會的推展，並能受到廣大讀者的喜愛與支持，不論讀者是在教育、學術研究、行政機關、公營事業及私人企業等單

位服務，或者是家户的成員，或者是求學的莘莘學子，希望大家都能善用統計抽樣調查，力求撙節預算、成本及支出，將有限的資源，用在最有價值的用途上，以增進社會福祉，並為社會邁向永續發展的目標共同努力。最後，期待這本書未來得到更多好評之後，能以中文簡體、英文及日文等語文出版，以嘉惠更多的讀者。

國立屏東科技大學
景觀暨遊憩管理研究所教授

毛冠貴　謹識
中華民國109年2月5日

自序

Taro Yamane 的著作 *Elementary Sampling Theory*（1967 年版），由高德超譯成《抽樣原理導論》中文版，在大學的「抽樣技術」或「抽樣設計」課程當教材，內容涉及艱深理論的演算，理論基礎堅強嚴謹，但使一般學子望而卻步。為了「如何應用抽樣」，本書把抽樣艱深理論再過濾，可說是該書的讀者心得整理，並配上編著者一些研究的應用經驗，盡量以例子說明。每篇之後有該篇之摘要，希望導出簡單易懂的應用技術。

本書分三篇：第一篇為基礎篇、第二篇為樣本大小之決定、第三篇為如何抽出樣本，最後為本書「重點彙整」，是為了應用抽樣技術的融會貫通而編排。若能讀懂「篇摘要」及「重點彙整」，即能了解抽樣理論之應用全貌。

本書編著者四人中，有三人都在大學執鞭，其中一人也執鞭二十五年，現已退休，常有研究題目以及參與口試博士、碩士、EMBA 等論文，關係到抽樣技術常嫌不足，因而希望應用抽樣技術者能順暢應用而不被繁複理論所困，則幸甚矣。編著者四人

定期研討本書章節，於二年時間完成此書，雖已盡可能避免錯誤
之出現，但書中錯誤之處恐在所難免，尚請先進賜予建議與指
教，不勝感謝。

編著者

謝嫣娉

謝忱希　　謹識

謝嫣文

謝俊雄

2020 年 1 月

目　錄

第一篇　基礎篇

　　對一個研究題目在抽樣調查時，第一個問題是要抽多少觀察值當一組樣本去推論母體？這涉及研究結果的精確度、可信性與風險度。第二個問題是已決定樣本大小，而後要如何抽樣？這涉及變異數之精確度。對這兩個問題的了解，應先知道第一篇的基礎，接著，第一個問題在第二篇討論，第二個問題在第三篇討論。

第一章

名詞解釋

有關抽樣理論常用的名詞解釋如下：

一、觀察值（observation）與母體（population 或 universe）

例如：研究小學六年級學生的體重，某縣有學生共 5,000 人，這 5,000 人就是觀察值，這 5,000 人構成一個母體。

二、普查（census）與抽樣（sampling）

對母體的所有觀察值都進行調查而後研究這母體特徵，稱為普查。只抽出一些觀察值進行調查而後推論母體特徵，稱為抽樣。例如：對母體 5,000 人都稱重量，而後得到每人平均重量，這是普查，最能說明母體特徵，但缺點是費時、費力又費錢。如果用抽樣只抽出 300 人稱重，而後得到每人平均重量，用以說明母體的每人平均重量，這樣可省時、省力又省錢，但缺點是可信性有多少？與母體誤差有多大？所冒的風險有多少？

三、抽樣方式

從母體中以簡單任意抽樣，抽出觀察值有三種方式，得到的樣本組不同。

1. 抽出又放回方式（samples with replacement）

把已經抽出的觀察值再放回去再重抽，例如：母體包括觀察值 1、2、及 3（即 N = 3），從中抽 2 個觀察值（即 n = 2），共可抽出 $N^n = 3^2 = 9$ 組樣本（即 1,1; 1,2; 1,3; 2,1; 2,2; 2,3; 3,1; 3,2; 3,3）。

2. 抽出不放回方式（samples without replacement）

已經抽出的觀察值不放回去，繼續抽取，例如：母體觀察值 N，包括 1、2 及 3，從中抽 n = 2，共可抽出 6 組，計算式為：

$$_NP_n = N(n-1)\cdots = \frac{N!}{(N-n)!} = \frac{3 \times 2 \times 1}{(3-2)!} = 6 \text{ 組樣本}$$

（即 1,2; 1,3; 2,1; 2,3; 3,1; 3,2）

3. 抽出不放回又不考慮次序（samples without replacement and order is not considered）

以抽出不放回方式抽樣，又不考慮次序，如 1,2 與 2,1、1,3 與 3,1、3,2 與 2,3 視為相同。例如：母體觀察值 N=3，抽出觀察值 n = 2，共可抽出：

$$_NC_n = N(N-1)\cdots\frac{(N-n+1)}{n!} = \frac{N!}{n!(N-n)!} = \frac{3 \times 2 \times 1}{2 \times 1 \times (3-2)} = 3 \text{ 組樣本}$$

（即 1,2; 1,3; 2,3）

四、所有可能樣本（all possible samples）

　　採用不同抽樣方式的所有可能抽出樣本組，如前文提及抽出又放回共 9 組樣本，抽出不放回共 6 組樣本，抽出不放回又不考慮次序共 3 組樣本。樣本組的數目：抽出又放回 > 抽出不放回 > 抽出不放回又不考慮次序。每個觀察值被抽出的機率：抽出又放回 < 抽出不放回 < 抽出不放回又不考慮次序。

五、母體參數（parameters）、統計值（statistics）與推論（inference）

　　母體參數（或稱母數）指母體特徵，如母體的平均數、變異數、標準差。統計值指抽出的樣本組的特徵，如樣本組的平均數、變異數、標準差。用樣本的統計值來說明母體的參數，稱為推論。

六、平均數（average）與離勢（dispersion）

　　一群觀察值的平均水準稱為平均值，統計學上有五種不同表示：算數平均數、中位數、眾數、幾何平均數及調和平均數，在統計推論上用平均數（mean）表示。樣本組的平均數對母體平均數的差異或距離中心程度，稱為離勢，在統計推論上用變異數（variance）、標準差（standard deviation）、離差係數（coefficient of variation）表示離勢。

七、樣本大小（sample size）

要抽出多少觀察值當一組樣本，去推論母體的參數？這問題在抽樣上的專有名詞是樣本大小，指要多少觀察值當一組樣本？例如：抽 20 個觀察值當一組樣本，這組樣本大小 n = 20；又如抽 1,068 人當一組樣本，這組樣本大小 n = 1,068（這是民意測驗的樣本大小）。

八、不偏估計值（unbiased estimator）

從樣本組得到之統計值（如平均數或變異數）可不偏誤的說明母體的參數（如平均數或變異數），稱為不偏估計值。

九、變異數有限母體校正數 [finite population correction（簡稱 fpc）for variance] 與抽樣比率（sampling ratio）

在一組母體中以抽出又放回、抽出不放回及抽出不放回又不考慮次序所抽出的所有可能樣本，如果變異數與母體變異數不相等，要乘上一個

校正數，才會相等。即 $\sigma_{\bar{y}}^2 = \frac{N-n}{N-1} \cdot \frac{\sigma^2}{n}$，或 $\sigma_{\bar{y}}^2 = \frac{N-n}{N} \cdot \frac{S_{\bar{y}}^2}{n}$，此 $\frac{N-n}{N-1}$ 及 $\frac{N-n}{N}$ 稱爲變異數有限母體校正數（參閱第二章）。

$\frac{N-n}{N} = 1 - \frac{n}{N}$，$\frac{n}{N}$ 稱爲抽樣比率，實際上抽樣的 N 常是很大，幾乎使 $\frac{N-1}{N}$ 接近於 1。當 $\frac{n}{N} \leq 5\%$ 時，抽出又放回及抽出不放回的樣本組的變異數可視爲相同，即 fpc 可以省略。

例如：從 20 抽 1 是 5%，30 抽 1 是 3.33%，50 抽 1 是 2%，從 21,360 中抽 1,068 是 5%（民意測驗）。

十、絕對誤差（absolute error）與相對誤差（relative error）

由母體抽出一組樣本，母體平均數爲 μ，樣本平均數爲 $\bar{y}$，所謂誤差是 $\bar{y}$ 與 μ 差多少？例如：$\mu = 50$ 公斤，$\bar{y} = 45$ 公斤，相差 5 公斤，這叫絕對誤差。把 5/50 = 10%，以百分比說明誤差叫相對誤差。抽樣理論以 d 表示誤差。本書爲區別起見，d 表示絕對誤差，d_0 表示相對誤差。誤差在抽樣理論上又稱爲精確度，指樣本組平均數在母體平均數左右兩邊的誤差，例如：±5 公斤（絕對誤差），±5%（相對誤差）。

十一、影響抽樣誤差的因素

抽出一組樣本去推論母體，完全正確幾乎是不可能，一定有誤差發

生。有一些抽樣誤差會影響研究結果，例如：(1) 調查行為誤差（如調查員行為不正確）；(2) 系統性誤差（一再發生的不良訪問情境，如在中午12:00）；(3) 不回答誤差（如受訪者顧慮其他因素）；(4) 立意抽樣誤差（非隨機性）；(5) 樣本大小（n）決定不正確之誤差；(6) 使用精確度較低的抽樣方法。

十二、精確度（precision 或 accuracy）、風險度（risk）、可信性（reliability）與信賴區間（confidence interval）

樣本組的平均數（統計值之一）越接近母體的平均數（參數之一），則研究的精確度越高，亦即樣本組的平均數與母體的平均數的誤差（error）多少稱為精確度，是 $Z \times \sigma$，誤差越小，精確度越高。

因是抽出樣本組推論母體，誤差一定存在（稱抽樣誤差 sampling error），在某精確度之下，一定存在某風險度，風險度以 $\alpha\%$ 表示，是統計學的常態分配的顯著水準（significant level）。顯著水準在統計學上是指一種界限，此界限犯了第一型錯誤（Type I error），第 I 型錯誤指樣本取自母體，在某界限（%）下檢定，結論是不承認這樣本取自母體。

可信性又稱信賴性，是統計學上把常態分配轉換成標準常態分配的轉換式，以 Z 表示。$Z = (y - \mu) / \sigma$，y 是觀察值，μ 是平均數，$(y - \mu)$ 是誤差，$\sigma =$ 是標準差。

上式改成：$(y - \mu) = Z \times \sigma$ 　　　　　　　　式 1.1
　　　（精確度或誤差）＝（可信性）×（標準差）

統計學的 Z 及 σ 可用來計算信賴區間。信賴區間是自母體中抽取樣

本的可信範圍，信賴區間表示如下：

$$(y - Z\sigma) < \mu < (y + Z\sigma)$$ 式 1.2

十三、量性研究法（quantitative research method）與質性研究法（qualitative research method）

量性研究法是探討多數觀察值（當成樣本），得到的統計值，用以推論母體的參數。（即本書的抽樣理論之應用，始於 1930 年代，統計之興起後）

質性研究法是探討少數觀察值，藉由人、事、情境、時間、歷程、角色、資料收集與分類，要說明所屬研究類型（如紮根理論、民族性、現象學、個案、敘述分析……），應注意研究結果之可信度（例如：利用三角交叉對照分析）、可應用性（例如：遷移到其他情境可用否）、結果的真實性（例如：不是偏見，不是捏造）。（始於 1970 年芝加哥大學之社會學研究）

十四、問卷（questionnaire）

為了研究現象的存在，必須收集所需的資料（data），資料分次級資料（secondary data）與初級資料（primary data）。次級資料是他人或他

抽樣理論之應用

機構單位所研究的結果而本研究引用之資料。初級資料是研究者的量化研究或質性研究所直接使用之資料。為了收集初級資料，問卷設計是必要工具，問卷又稱調查表、訪問表、量表。

問卷可分開放式（open end）及封閉式（closed end）。開放式問卷允許受訪者任意作答，封閉式問卷只允許受訪者在已設計之問題內選取某些項目。問卷設計在量性研究時，應用問卷收集到的資料要如何作統計分析以達成研究目的之說明，應事先作深入討論，而後才是本書所討論的「樣本大小要多少」及「如何抽樣」。

十五、有母數統計法（parametric statistical method）及無母數統計法（non-parametric statistical method）

統計分析可以分為有母數統計法及無母數統計法，有母數統計法是已知母體分配（例如：常態分配、t 分配、χ_2 分配……）下，討論統計值及母體參數。無母數統計法使用在：(1) 小樣本（$N \leq 30$）；(2) 不限母體分析；(3) 討論對象不是母體參數，而是兩母體之分配是否相同，或來自同一母體，或兩母體之相關性，或抽樣是否隨機……（請參考統計學或無參數統計法專書）。

第二章

不同抽樣方式下之母體參數與所有可能樣本組統計值間之關係

母體參數在此計算者有：

1. 母體平均數以 μ 表示，母體觀察值以 Y_i 表示，觀察值個數以 N 表示。

$$\mu = \frac{\Sigma Y_i}{N}$$ 式 2.1

2. 母體變異數以 σ^2 表示，有二種表示方式：

其一是：$\sigma^2 = \frac{\Sigma(Y_i - \mu)^2}{N}$，是一般所謂的變異數。 式 2.2

其二是：$S^2 = \frac{\Sigma s^2}{N}$，式中 $s^2 = \frac{\Sigma(Y_i - \mu)^2}{N-1}$ 式 2.3-1，是以自由度爲分母所

計算的變異數。 式 2.3-2

　　樣本是從母體抽出的，樣本觀察值以 y_i 表示，抽出的樣本大小以 n 表示，平均數以 $\bar{y}$ 表示，平均數的平均數以 $\bar{\bar{y}}$ 表示，以樣本組平均數計算的變異數以 $\sigma_{\bar{y}}^2$ 表示。另有一種樣本組平均數計算變異數時，以自由度 $(n-1)$ 爲分母，以 s^2 表示，所有可能抽出組數以 N 表示。

1. 樣本的各組平均數：

$$\bar{y}_i = \frac{\Sigma(y_i)}{n}$$ 式 2.4

2. 樣本的各組平均數（$\bar{y}_i$）的平均數：

$$\bar{\bar{y}} = \frac{\Sigma \bar{y}_i}{n}$$ 式 2.5

3. 所有可能各組平均數的變異數：

$$\sigma_{\bar{y}}^2 = \frac{\Sigma(\bar{y}_i - \bar{\bar{y}})^2}{N} \qquad \text{式 2.6}$$

4. 各組觀察值對其平均數以 $(n-1)$ 爲分母的變異數：

$$s_i^2 = \frac{\Sigma(y_i - \bar{y}_i)^2}{n-1} \qquad \text{式 2.7}$$

把所有可能各組的 s_i^2 合計除以 N 爲變異數：

$$S_{\bar{y}}^2 = \frac{\Sigma s_i^2}{N} \qquad \text{式 2.8}$$

以下依這些計算式，計算母體參數與樣本統計值。

一、母體參數：假設母體包括 2、4 及 6

觀察值（Y_i）	$(Y_i - \mu)^2$	$(Y_i - \mu)^2$
2	$(2-4)^2 = 4$	$(2-4)^2 = 4$
4	$(4-4)^2 = 0$	$(4-4)^2 = 0$
6	$(6-4)^2 = 4$	$(6-4)^2 = 4$
$\Sigma Y_i = 12$ （式2.1）： $\mu = \dfrac{\Sigma Y_i}{N} = \dfrac{12}{3} = 4$	（式2.2）： $\sigma^2 = \dfrac{\Sigma(Y_i - \mu)^2}{N} = \dfrac{8}{3}$	（式2.3-1）： $s^2 = \dfrac{\Sigma(Y_i - \mu)^2}{N-1} = \dfrac{8}{3-1} = 4$ （式2.3-2）： $S^2 = \dfrac{\Sigma s^2}{N} = \dfrac{4}{3}$

1. 抽出又放回方式，共抽出 9 組（$N^n = 3^3 = 9$）：2,2; 2,4; 2,6; 4,2; 4,4; 4,6; 6,2; 6,4; 6,6，其統計值如下：

觀察值 y_i	各組平均數（式2.4）： $\bar{y}_i = \dfrac{\sum y_i}{n}$	$(\bar{y}_i - \bar{\bar{y}})^2$	（式2.7）： $s_i^2 = \dfrac{\sum(y_i - \bar{y}_i)^2}{n-1}$
2,2	$(2+2)/2 = 2$	$(2-4)^2 = 4$	$[(2-2)^2 + (2-2)^2]/(2-1) = 0$
2,4	$(2+4)/2 = 3$	$(3-4)^2 = 1$	$[(2-3)^2 + (4-3)^2]/(2-1) = 2$
2,6	$(2+6)/2 = 4$	$(4-4)^2 = 0$	$[(2-4)^2 + (6-4)^2]/(2-1) = 8$
4,2	$(4+2)/2 = 3$	$(3-4)^2 = 1$	$[(4-3)^2 + (2-3)^2]/(2-1) = 2$
4,4	$(4+4)/2 = 4$	$(4-4)^2 = 0$	$[(4-4)^2 + (4-4)^2]/(2-1) = 0$
4,6	$(4+6)/2 = 5$	$(5-4)^2 = 1$	$[(4-5)^2 + (6-5)^2]/(2-1) = 2$
6,2	$(6+2)/2 = 4$	$(4-4)^2 = 0$	$[(6-4)^2 + (2-4)^2]/(2-1) = 8$
6,4	$(6+4)/2 = 5$	$(5-4)^2 = 1$	$[(6-5)^2 + (4-5)^2]/(2-1) = 2$
6,6	$(6+6)/2 = 6$	$(6-4)^2 = 4$	$[(6-6)^2 + (6-6)^2]/(2-1) = 0$
共9組（N）	合計：36 所有可能樣本組平均數（$\bar{y}$）的平均數： （式2.5）： $\bar{\bar{y}} = \dfrac{36}{9} = 4$	合計：12 所有可能樣本組的變異數（$\sigma_{\bar{y}}^2$）： （式2.6）： $\sigma_{\bar{y}}^2 = \dfrac{\sum(\bar{y}_i - \bar{\bar{y}})^2}{N} = \dfrac{12}{9} = \dfrac{4}{3}$	合計：24 所有可能樣本組以（$n-1$）自由度為分母的變異數： （式2.8）： $S_{\bar{y}}^2 = \dfrac{\sum s_i^2}{N} = \dfrac{24}{9} = \dfrac{8}{3}$

2. 抽出不放回方式，共抽出 6 組（$_NP_n = \dfrac{N!}{(N-n)!} = \dfrac{3 \times 2 \times 1}{(3-2)!} = 6$）：2,4; 2,6; 4,2; 4,6; 6,2; 6,4，其統計值如下：

觀察值 y_i	各組平均數（式2.4）：$\bar{y}_i = \dfrac{\sum y_i}{n}$	$(\bar{y}_i - \bar{\bar{y}})^2$	各組以自由度 $(n-1)$ 為分母之變異數（式2.7）：$s_i^2 = \dfrac{\sum(y_i - \bar{y}_i)^2}{n-1}$
2,4	$(2+4)/2 = 3$	$(3-4)^2 = 1$	$[(2-3)^2 + (4-3)^2]/(2-1) = 2$
2,6	$(2+6)/2 = 4$	$(4-4)^2 = 0$	$[(2-4)^2 + (6-4)^2]/(2-1) = 8$
4,2	$(4+2)/2 = 3$	$(3-4)^2 = 1$	$[(4-3)^2 + (2-3)^2]/(2-1) = 2$
4,6	$(4+6)/2 = 5$	$(5-4)^2 = 1$	$[(4-5)^2 + (6-5)^2]/(2-1) = 2$
6,2	$(6+2)/2 = 4$	$(4-4)^2 = 0$	$[(6-4)^2 + (2-4)^2]/(2-1) = 8$
6,4	$(6+4)/2 = 5$	$(5-4)^2 = 1$	$[(6-5)^2 + (4-5)^2]/(2-1) = 2$
共6組 (N)	合計：24 所有可能樣本組平均數 $(\bar{y})$ 的平均數：（式2.5）：$\bar{\bar{y}} = \dfrac{24}{6} = 4$	合計：4 所有可能樣本組的變異數 $(\sigma_{\bar{y}}^2)$：（式2.6）$\sigma_{\bar{y}}^2 = \dfrac{\sum(\bar{y}_i - \bar{\bar{y}})^2}{N}$ $= \dfrac{4}{6} = \dfrac{2}{3}$	合計：24 所有可能樣本組以 $(n-1)$ 自由度為分母的變異數：（式2.8）：$S_{\bar{y}}^2 = \dfrac{\sum s_i^2}{N} = \dfrac{24}{6} = 4$

3. 抽出不放回又不考慮次序，共抽出 3 組（$_NC_n = \dfrac{N!}{n!(N-n)!} = \dfrac{3 \times 2 \times 1}{2 \times 1(3-2)!} = 3$）：2,4; 2,6; 4,6，其統計值如下：

觀察值 y_i	各組平均數（式2.4）：$\bar{y}_i = \dfrac{\sum y_i}{n}$	$(\bar{y}_i - \bar{\bar{y}})^2$	各組以自由度 $(n-1)$ 為分母的變異數（式2.7）：$s_i^2 = \dfrac{\sum(y_i - \bar{y}_i)^2}{n-1}$
2,4	$(2+4)/2 = 3$	$(3-4)^2 = 1$	$[(2-3)^2 + (4-3)^2]/(2-1) = 2$

觀察值 y_i	各組平均數（式2.4）： $\bar{y}_i = \dfrac{\Sigma y_i}{n}$	$(\bar{y}_i - \bar{\bar{y}})^2$	各組以自由度（$n-1$）為分母的變異數（式2.7）： $s_i^2 = \dfrac{\Sigma(y_i - \bar{y}_i)^2}{n-1}$
2,6	$(2+6)/2 = 4$	$(4-4)^2 = 0$	$[(2-4)^2 + (6-4)^2]/(2-1) = 8$
4,6	$(4+6)/2 = 5$	$(5-4)^2 = 1$	$[(4-5)^2 + (6-5)^2]/(2-1) = 2$
共3組 (N)	合計：12 所有可能樣本組平均數（$\bar{y}$）的平均數（$\bar{\bar{y}}$）： （式2.5）： $\bar{\bar{y}} = \dfrac{12}{3} = 4$	合計：2 所有可能樣本組的變異數（$\sigma_{\bar{y}}^2$）： （式2.6）： $\sigma_{\bar{y}}^2 = \dfrac{\Sigma(\bar{y}_i - \bar{\bar{y}})^2}{N}$ $= \dfrac{2}{3}$	合計：12 所有可能樣本組以（$n-1$）自由度為分母的變異數的平均數： （式2.8）： $S_{\bar{y}}^2 = \dfrac{\Sigma s_i^2}{N} = \dfrac{12}{3} = 4$

三、母體參數與樣本統計值整理

	母體參數	樣本統計值		
		抽出又放回	抽出不放回	抽出不放回又不考慮次序
母體平均數及所有可能樣本組的平均數的平均數	$\mu = 4$ ① ($\mu = \dfrac{\Sigma y}{N} = \dfrac{12}{3}$ $= 4$)	$\bar{\bar{y}} = 4$ ④ ($\bar{\bar{y}} = \dfrac{\Sigma \bar{y}}{N} = \dfrac{36}{9}$ $= 4$)	$\bar{\bar{y}} = 4$ ⑦ （同左）	$\bar{\bar{y}} = 4$ ⑩ （同左）
母體變異數及所有可能樣本組的變異數	$\sigma^2 = \dfrac{8}{3}$ ② ($\sigma^2 = \dfrac{\Sigma(y-\mu)^2}{N}$ $= \dfrac{8}{3}$)	$\sigma_{\bar{y}}^2 = \dfrac{4}{3}$ ⑤ ($\sigma_{\bar{y}}^2 = \dfrac{\Sigma(\bar{y}_i - \bar{\bar{y}}_i)^2}{N}$ $= \dfrac{12}{9} = \dfrac{4}{3}$)	$\sigma_{\bar{y}}^2 = \dfrac{2}{3}$ ⑧ ($\sigma_{\bar{y}}^2 = \dfrac{4}{6}$ $= \dfrac{2}{3}$)	$\sigma_{\bar{y}}^2 = \dfrac{2}{3}$ ⑪ ($\sigma_{\bar{y}}^2 = \dfrac{2}{3}$)

	母體參數	樣本統計值		
		抽出又放回	抽出不放回	抽出不放回又不考慮次序
母體以（$n-1$）自由度為分母的變異數及所有可能樣本組以（$n-1$）自由度為分母的變異數的平均數	$S^2 = \dfrac{4}{3}$ ③ $(s^2 = \dfrac{\sum(y-\mu)^2}{n-1}$ $S^2 = \dfrac{\sum s^2}{N} = \dfrac{4}{3})$	$S_{\bar{y}}^2 = \dfrac{8}{3}$ ⑥ $(s^2 = \dfrac{\sum(y-\bar{y})^2}{n-1}$ $S_{\bar{y}}^2 = \dfrac{\sum s^2}{N} = \dfrac{24}{9}$ $= \dfrac{8}{3})$	$S_{\bar{y}}^2 = 4$ ⑨ $(S_{\bar{y}}^2 = \dfrac{\sum s^2}{N}$ $= \dfrac{24}{6} = 4)$	$S_{\bar{y}}^2 = 4$ ⑫ $(S_{\bar{y}}^2 = \dfrac{\sum s^2}{N}$ $= \dfrac{12}{3} = 4)$

母體參數與樣本統計值間之關係：

1. 由⑦、⑧……、⑫可知：抽出不放回與抽出不放回又不考慮次序的統計值都一樣。故討論抽樣時，只討論抽出又放回與抽出不放回。

2. 由①、④及⑦三項得知：所有可能樣本組的平均數的平均數等於母體平均數（$\mu = \bar{\bar{y}}$）。 式 2.9

3. 母體參數 σ^2 與抽出又放回時的樣本統計值 $\sigma_{\bar{y}}^2$ 之關係，由②與⑤可知：

   $\sigma^2 = \dfrac{8}{3}$，$\sigma_{\bar{y}}^2 = \dfrac{4}{3}$，把 $\dfrac{8}{3} \times \dfrac{1}{2} = \dfrac{4}{3}$，即 $\dfrac{\sigma^2}{n} = \sigma_{\bar{y}}^2$ 或 $\sigma_{\bar{y}}^2 \times n = \sigma^2$。 式 2.10

4. 母體參數 S^2 與抽出又放回時的樣本統計值 $\sigma_{\bar{y}}^2$ 之關係，由③與⑤可知：

   $\sigma_{\bar{y}}^2 = S^2 = \dfrac{4}{3}$。 式 2.11

5. 母體參數 σ^2 與抽出又放回時的樣本統計值 $S_{\bar{y}}^2$ 之關係，由②與⑥得知：

   $S_{\bar{y}}^2 = \sigma^2 = \dfrac{8}{3}$。 式 2.12

6. 母體參數 $\sigma^2 = \dfrac{8}{3}$ 與抽出不放回時，樣本統計值 $\sigma_{\bar{y}}^2 = \dfrac{2}{3}$ 之關係，由⑧與②得知：$\sigma^2 \times \dfrac{N-n}{N-1} \cdot \dfrac{1}{n} = \dfrac{8}{3} \times \dfrac{3-2}{3-1} \times \dfrac{1}{2} = \dfrac{2}{3} = \sigma_{\bar{y}}^2$，即 $\sigma_{\bar{y}}^2 = \dfrac{N-n}{N-1} \cdot \dfrac{\sigma^2}{n}$。

   式 2.13

7. 抽出不放回時，樣本統計值 $\sigma_{\bar{y}}^2 = \dfrac{2}{3}$，$S_{\bar{y}}^2 = 4$，兩者之關係，由⑨與⑧得知：$S_{\bar{y}}^2 \times \dfrac{N-n}{N} \times \dfrac{1}{n} = 4 \times \dfrac{3-2}{3} \times \dfrac{1}{2} = \dfrac{2}{3} = \sigma_{\bar{y}}^2$，即 $\sigma_{\bar{y}}^2 = \dfrac{N-n}{N} \cdot \dfrac{S_{\bar{y}}^2}{n}$。

式 2.14

8. 上 6. 之 $\dfrac{N-n}{N-1}$ 及上 7. 之 $\dfrac{N-n}{N}$ 稱為變異數有限母體校正數（fpc）。

9. $\dfrac{N-n}{N} = 1 - \dfrac{n}{N}$，$\dfrac{n}{N}$ 稱為抽樣比率，當 $\dfrac{n}{N} \leq 5\%$（如 20 抽 1 = 5%，30 抽 1 = 3.33%，50 抽 1 = 2%，21,360 抽 1,068 = 5%）時，fpc 可省略，即抽出放回與抽出不放回可視為相同。

四、例子

例 1　母體包括五個觀察值：1、2、3、4 及 5，從中抽出樣本大小 n = 2，採抽出不放回方式。

請問：(1) 所有可能樣本組多少？(2) 母體平均數多少？(3) 母體變異數多少？(4) 母體以自由度為分母計算的變異數多少？(5) 所有可能各樣本組平均數的平均數多少？(6) 所有可能各樣本組平均數的變異數多少？(7) 所有可能各樣本組平均數以自由度為分母的變異數的平均數為多少？

答：

(1) 所有可能樣本組有：$N^n = 5^2 = 25$ 組樣本。

(2) 母體平均數：$\mu = \dfrac{\Sigma y}{N} = \dfrac{1+2+3+4+5}{5} = \dfrac{15}{5} = 3$

(3) 母體變異數：

$$\sigma^2 = \frac{\Sigma(y-\mu)^2}{N} = \frac{(1-3)^2+(2-3)^2+(3-3)^2+(4-3)^2+(5-3)^2}{5} = \frac{10}{5} = 2$$

(4) 母體以自由度爲分母計算的變異數：$s^2 = \dfrac{\Sigma(y-\mu)^2}{N-1} = \dfrac{10}{4} = 2.5$

(5) 所有可能各樣本組平均數（$\bar{y}$）的平均數：$\bar{\bar{y}} = \mu_{\bar{y}} = \mu = 3$

(6) 所有可能各樣本組平均數（$\bar{y}$）的變異數：$\sigma_{\bar{y}}^2 = \dfrac{\sigma^2}{n} = \dfrac{2}{2} = 1$

(7) 所有可能各樣本組平均數以自由度爲分母的變異數的平均數：

$$S_{\bar{y}}^2 = \sigma^2 = 2$$

例2 母體包括十個觀察值，抽出樣本大小 n = 2，以抽出又放回、抽出不放回及抽出不放回又不考慮次序方式，各可抽出所有可能樣本多少組？

答：

(1) 抽出又放回

$N^n = 10^2 = 100$ 組樣本

(2) 抽出不放回

$$_{10}P_2 = \frac{N!}{(N-n)!} = \frac{10 \times 9 \times 8 \times 7 \times 6 \times 5 \times 4 \times 3 \times 2 \times 1}{8 \times 7 \times 6 \times 5 \times 4 \times 3 \times 2 \times 1} = 90 \text{ 組樣本}$$

(3) 抽出不放回又不考慮次序

$$_N C_n = \frac{N!}{n!(N-n)!} = \frac{10 \times 9 \times 8 \times 7 \times 6 \times 5 \times 4 \times 3 \times 2 \times 1}{2 \times 1 \times 8 \times 7 \times 6 \times 5 \times 4 \times 3 \times 2 \times 1} = 45 \text{ 組樣本}$$

說明

所有可能樣本組數：抽出又放回 > 抽出不放回 > 抽出不放回又不考慮次序。

第三章

決定樣本大小的理論基礎——標準常態分配（Standard Normal Distribution）

樣本大小指抽出多少觀察值當一組樣本，用以推測母體特徵，這涉及統計學的常態分配，亦即「標準常態分配」是抽樣的理論基礎。

例如：母體包括 2、4 及 6 三個觀察值，以抽出又放回方式抽樣 n=2，得 2,2; 2,4; 2,6; 4,2; 4,4; 4,6; 6,2; 6,4; 6,6 共 9 組樣本，各組平均數為：2、3、4、3、4、5、4、5、6。這平均數為 2 有一個、3 有二個、4 有三個、5 有二個、6 有一個，繪成下圖：

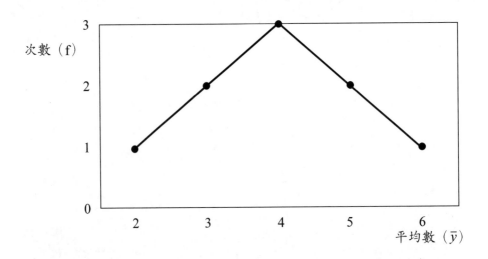

如果上圖之樣本組增多，例如：生日以年為單位，化為以月為單位，再化為以日為單位即成為下頁圖，相對次數累積曲線（rcf），涵蓋所有觀察值，其面積是 100%，它就是常態曲線圖，例如：自然現象、工業生產、農業生產、商業問題、教育問題、社會問題的分配都常是如此。rcf 兩端是從 $-\infty$ 到 $+\infty$，呈鐘形分配，偏態係數 $\beta_1 = 0$，峰態係數 $\beta_2 = 3$，

抽樣理論之應用

有兩個轉折點（point of inflection），在 $\mu - \sigma$ 及 $\mu + \sigma$ 處。

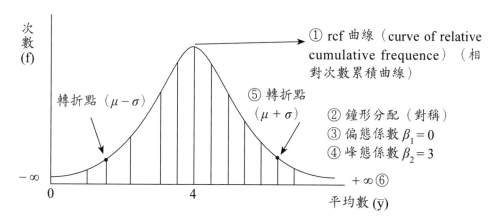

常態分配特性：

① 相對次數累積曲線

② 鐘形分配（對稱）

③ 偏態係數 $\beta_1 = 0$

④ 峰態係數 $\beta_2 = 3$

⑤ 轉折點：$\mu - \sigma$，$\mu + \sigma$

⑥ 從 $-\infty$ 到 $+\infty$

二、標準常態分配（standard normal distribution）──轉換（transform）

請看下表：第一組為母體各觀察值，第二組為第一組各觀察值減 5（或加、減某數），第三組為第二組各觀察值乘 10（或乘、除某數）。

(1)第一組 母體	(2)第二組 減5（某數）（或加某數）	(3)第三組 乘10（某數）（或除某數）
$y_1 = 2$ $y_2 = 4$ $y_3 = 6$	$y_1 = 2 - 5 = -3$ $y_2 = 4 - 5 = -1$ $y_3 = 6 - 5 = 1$	$y_1 = 2 \times 10 = 20$ $y_2 = 4 \times 10 = 40$ $y_3 = 6 \times 10 = 60$
$\mu_{(1)} = \dfrac{2+4+6}{3} = 4$	$\mu_{(2)} = \dfrac{-3-1+1}{3} = -1 = \mu_{(1)} - 5 = 4 - 5 = -1$ = 母體平均數－某數	$\mu_{(3)} = \dfrac{20+40+60}{3} = 40 = 4 \times 10 = \mu_{(1)} \times 10$ = 母體平均數×某數
$\sigma^2_{(1)}$ $= [(2-4)^2 + (4-4)^2 + (6-4)^2]/3$ $= \dfrac{8}{3}$	$\sigma^2_{(2)}$ $= \{[-3-(-1)]^2 + [-1-(-1)]^2 + [1-(-1)]^2/3\}/3$ $= [(-2)^2 + 0 + (2)^2]/3 = \dfrac{8}{3} = \sigma^2_{(1)}$（不變）	$\sigma^2_{(3)}$ $= [(20-40)^2 + (40-40)^2 + (60-40)^2]/3$ $= (400+0+400)/3 = \dfrac{800}{3} = \dfrac{8}{3} \times 100$ $= \dfrac{8}{3} \times (10)^2 =$ 母體變異數×（某數）^{2}
(4) 假設母體有y_1、y_2、…、y_n，母體平均數$\mu = 50$，變異數9，y_1、y_2、…、y_n各減50（某數）後的平均數 $\mu_{(4)} =$ 母體平均數－某數 $= 50 - 50 = 0$ 此母體變異數$\sigma^2_{(4)} = 9$（不變）	(5) 把(4)的y_1、y_2、…、y_n各乘以$\dfrac{1}{3}$（某數）後的平均數 = 母體平均數×某數 $= 0 \times \dfrac{1}{3} = 0$ 變異數 = 母體變異數×（某數）^{2} $= 9 \times \left(\dfrac{1}{3}\right)^2 = 1$ 9是變異數σ^2，標準差$\sigma = 3$，$\dfrac{1}{\sigma} = \dfrac{1}{3}$	所以：各觀察值－平均數 = 0，即$(y-\mu)$的平均數 = 0。 各觀察值×$\dfrac{1}{\sigma}$後的變異數為$\sigma^2 \times \left(\dfrac{1}{\sigma}\right)^2 = 1$ 結果：即$\dfrac{y-\mu}{\sigma}$會得到平均數為0，變異數為1，這是常態分配，經$\dfrac{y-\mu}{\sigma}$轉換成標準常態分配，$\mu = 0$，$\sigma^2 = 1$，轉換式以$Z = \dfrac{y-\mu}{\sigma}$或$Z^2 = \dfrac{(y-\mu)^2}{\sigma^2}$

抽樣理論之應用

三、標準常態分配

以上得出之轉換式在統計學上寫成：

$$Z=\frac{y-\mu}{\sigma}$$

式 3.1

統計學的標準常態分配，因平均數 $\mu = 0$，變異數、標準差都是 1，樣本組平均數（$\bar{y}$）與母體平均數的誤差分配在母體平均數 μ 的左右，其與 μ 的距離稱信賴區間，以 % 表示。在統計學上的標準常態分配將 Z 值設定爲 1.65、1.96、2.00、2.576、3.00 等五種（常用到的）。當 $\mu\pm1.65$ 時，信賴區間有 90%；$\mu\pm1.96$ 時，信賴區間有 95%；$\mu\pm2.00$ 時，信賴區間有 95.44%；$\mu\pm2.576$ 時，信賴區間有 99%；$\mu\pm3.00$ 時，信賴區間有 99.74%。由此，當研究人員設下 Z 時，就知道可信性（信賴區間）爲多少 %。

以 rcf 所涵蓋面積而言，當 $\mu\pm1.65$ 時，涵蓋 90% 的面積，尚有 10% 面積未涵蓋在內（分配在標準常態曲線的兩端，例如：10%，則左右端各爲 5%），統計學上稱已涵蓋面積及未涵蓋面積之界限這一點爲顯著水準（α），即 $\alpha = 10\%$。

1. 當 $\mu\pm1.96$ 時，涵蓋 95% 的面積，尚有 5% 面積未涵蓋在內（$\alpha = 5\%$）。

2. 當 $\mu\pm2.00$ 時，涵蓋 95.44% 的面積，尚有 4.56% 面積未涵蓋在內（$\alpha = 4.56\%$）。

3. 當 $\mu\pm2.576$ 時，涵蓋 99% 的面積，尚有 1% 面積未涵蓋在內（$\alpha = 1\%$）。

4. 當 $\mu\pm3.00$ 時，涵蓋 99.74% 的面積，尚有 0.26% 面積未涵蓋在內（當設 Z = 3 時，可說是「幾乎完全可信性」）。

這個值若設下可信性，就等於說出顯著水準，在抽樣理論上稱此為所冒風險（α）。為方便起見，請參看下圖：

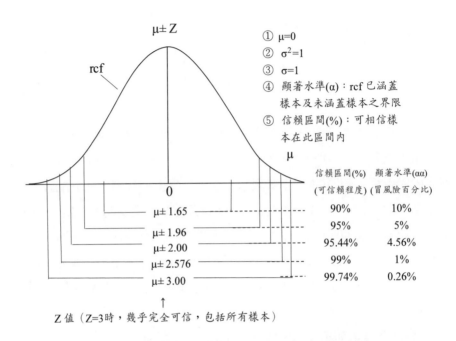

① $\mu=0$
② $\sigma^2=1$
③ $\sigma=1$
④ 顯著水準(α)：rcf 已涵蓋樣本及未涵蓋樣本之界限
⑤ 信賴區間(%)：可相信樣本在此區間內

	信賴區間(%) (可信賴程度)	顯著水準($\alpha\alpha$) (冒風險百分比)
$\mu\pm 1.65$	90%	10%
$\mu\pm 1.96$	95%	5%
$\mu\pm 2.00$	95.44%	4.56%
$\mu\pm 2.576$	99%	1%
$\mu\pm 3.00$	99.74%	0.26%

Z 值（Z=3 時，幾乎完全可信，包括所有樣本）

　　Z 值、顯著水準及信賴區間在統計學上是應用在檢定，請看下頁圖，例如：顯著水準 5%，此界限點的 Z = 1.96，信賴區間 95%，斜線部分叫臨界區（critical region）。統計檢定（test）指對母體屬性所提出之推測，母體要有隨機分配常態母體及相同變異數（σ^2）的假設，稱為原設條件（assumption）。對母體屬性的推測有二種，當二個母體的平均數或變異數沒有明顯差異或大致相同，稱為 H_0（hypothesis），H_0 的對立假設是兩個母體或變異數有明顯差異或明顯不同，稱為 H_1（alternative hypothesis）。檢定時當 Z 值進入臨界區，就稱達顯著，接受 H_1；當 Z 值未進入臨界區，就稱未達臨界區或未達顯著，接受 H_0。進入臨界區之意是自母體抽出的樣本，但不承認；這是一種錯誤決定，稱為犯了第一型錯誤。是否

進入臨界區由 Z 值大小決定，另有 P 一值是以樣本組觀察值由電腦計算當作臨界值範圍，小於原來臨界值範圍，使用上很方便，例如：P = 0.002 < 0.05（α = 5%），是達顯著（進入臨界區），拒絕 H_0，接受 H_1；反之，例如：P = 0.347 > 0.05（α = 5%），是未達顯著（未進入臨界區），拒絕 H_1，接受 H_0。例如：計算出 Z = 3，3 > 1.96，就進入臨界區。

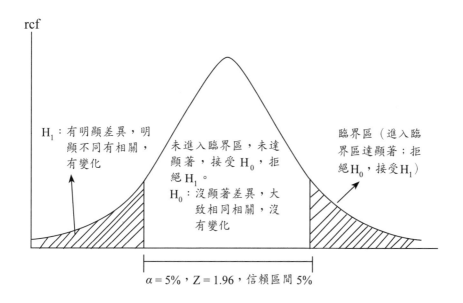

α = 5%，Z = 1.96，信賴區間 5%

例3 某公司規定產品平均長度 μ = 430mm，變異數 σ^2 = 16，生產後抽出 n = 16 觀察值，計算其平均數 $\bar{y}$ = 433mm，採顯著水準 5%，請問是否此產品平均長度變了？

答：

已知：μ = 430mm，σ^2 = 16，σ = 4，n = 16，$\bar{y}$ = 433 代入下式

$$Z = \frac{\bar{y} - \mu}{\frac{\sigma}{\sqrt{n}}} = \frac{433 - 430}{\frac{4}{\sqrt{16}}} = 3$$

題目設定 $\alpha = 5\%$，即 Z = 1.96，計算出來之 Z = 3，大於 1.96，進入臨界區，達顯著，拒絕 H_0，接受 H_1，結論：平均數變了。

四、抽樣的理論基礎

1. 標準常態曲線的轉換式：$Z = \dfrac{y - \mu}{\sigma}$

　　第二章之二之母體參數與所有可能樣本之統計值間的關係，計算式代號：y = 觀察值，$\bar{y}$ = 一組樣本觀察值的平均數，μ = 母體所有觀察值的平均數，N = 母體所有觀察的個數，n = 一組樣本所有觀察個數，σ^2 = 母體變異數，s^2 = 一組樣本以自由度為分母的變異數，S^2 = 母體以自由度為分母的變異數，$\mu_{\bar{y}}$ = 所有樣本組的平均數的平均數，$\sigma_{\bar{y}}^2$ = 所有樣本組的平均數的變異數，$S_{\bar{y}}^2$ = 所有樣本組的平均數以自由度為分母的變異數。

　　標準常態曲線的轉換式為：

$$Z = \frac{y - \bar{y}}{\sigma}$$

如果以各樣本組平均數（$\bar{y}$）當成觀察值（y），則上式變成

$$Z = \frac{\bar{y} - \mu}{\sigma_{\bar{y}}}$$

　　式中（$\bar{y} - \mu$）是樣本組平均數對母體平均數的誤差，以 d 表示，則誤差 $d = Z \times \sigma_{\bar{y}}$，又稱精確度，誤差越小，精確度越高。

抽樣理論之應用

因爲式 2.10 $\sigma_{\bar{y}}^2 = \dfrac{\sigma^2}{n}$，所以

$$Z^2 = \frac{d^2}{\dfrac{\sigma^2}{n}}$$

$$n = \left(\frac{Z\sigma}{d}\right)^2$$

$S_{\bar{y}}^2$ 是 S 的不偏估計值，$S_{\bar{y}}^2$ 是所有可能樣本各 s^2 的平均數，s^2 本身不是 S^2 的不偏估計值。當 n 很大（n > 30）時，誤差很小，s^2 可以用爲 S^2 的估計。用 s^2 代替 σ^2 估計 Z 值時，Z 不再有常態分配，不能用常態面積來計算機率，但統計上 Z 有 t 分配，可用 t 來計算機率。當 n 很大時，t 分配就接近常態分配，因此用 s^2 代替 S^2 也可以用常態分配來計算機率。如果偏態很大時，用常態分配計算機率就不適合，應把母體分層。以避免偏態的影響。以 s^2 用作 S^2 代的估計時，Z 變爲：

$$Z^2 = \frac{(\bar{y} - \mu)^2}{S_{\bar{y}}^2} = \frac{d^2}{\dfrac{s^2}{n}}$$

$$n = \left(\frac{Zs}{d}\right)^2$$

當採用抽出不放回方式，需要用 fpc，其關係以式 2.14 改變爲：

$$d^2 = Z^2 \frac{s^2}{n} \cdot \frac{N-n}{N}$$

$$n = \frac{N(Zs)^2}{Nd^2 + (Zs)^2}$$

n 是樣本大小，d 是誤差，Z 是常態分配之 Z 值，規定 Z 值就可知道

信賴區間及顯著水準，Z 值稱可信性。$\mu_{\bar{y}}$ 是 μ 的不偏估計值；$S_{\bar{y}}^2$ 是 σ^2 的

不偏估計值；採抽出又放回方式時，$\sigma_{\bar{y}}^2 = \dfrac{\sigma^2}{n}$，$\sigma_{\bar{y}}^2 = \dfrac{N-1}{N} \cdot \dfrac{S^2}{n}$；採抽出不

放回方式時，$\sigma_{\bar{y}}^2 = \dfrac{N-n}{N-1} \times \dfrac{\sigma^2}{n}$，$\sigma_{\bar{y}}^2 = \dfrac{N-n}{N-1} \times \dfrac{S^2}{n}$。抽樣的理論基礎就在常態

分配的轉換值 Z 及這些計算式的轉換。

2. 信賴區間$(y - Z\sigma) < \mu < (y + Z\sigma)$

以所有可能樣本組的平均數（$\bar{y}$）當成觀察值，其變異數 $\sigma_{\bar{y}}^2 = \dfrac{\sigma^2}{n}$，則

信賴區間變為：$(\bar{y} - Z\sigma_{\bar{y}}) < \mu < (\bar{y} + Z\sigma_{\bar{y}})$，或

$$(\bar{y} - Z\frac{\sigma}{\sqrt{n}}) < \mu < (\bar{y} + Z\frac{\sigma}{\sqrt{n}}) \qquad\qquad 式 3.2$$

$Z\dfrac{\sigma}{\sqrt{n}}$ 是精確度，如果 Z、$\sqrt{n}$ 不變，標準差 σ 越小，表示精確度越

高。

1. 在研討抽樣理論及應用時，應先清楚一些專有名詞之意涵，包括觀察值、母體、抽樣、普查、所有可能樣本、母體參數、樣本統計值、推論、平均數、離差、樣本大小、不偏估計值、有限母體校正數、絕對誤差、相對誤差、精確度、風險度、可信性、量性研究、質性研究。

2. 從母體內抽出觀察值當一組樣本，抽出方式有三種：(1) 抽出又放回；(2) 抽出不放回；(3) 抽出不放回又不考慮次序。所抽出的樣本組數：(1)>(2)>(3)，觀察值被抽出的機率：(1)<(2)<(3)。

3. 一個研究題目，應先準備問卷，設計問卷應注意收集到的資料用何種統計方法分析，而後才進行調查。

4. 所有可能樣本的平均數（$\bar{y}$）的平均數（$\bar{\bar{y}} = \mu_{\bar{y}}$）等於母體平均數（$\mu$）。（$\bar{\bar{y}} = \mu_{\bar{y}} = \mu$）

5. 所有可能樣本的平均數（$\bar{y}$）的變異數（$\sigma_{\bar{y}}^2$）乘以樣本大小（n）等於母體變異數（σ^2）。（$\sigma_{\bar{y}}^2 = \dfrac{\sigma^2}{n}$）

6. 以（n－1）為分母所計算的所有可能樣本的變異數（s）的平均數（$\dfrac{\Sigma S^2}{n}$）等於母體變異數（σ^2）。（$S_{\bar{y}}^2 = \sigma^2$）

7. 變異數的有限母體校正數（fpc）為 $\dfrac{N-n}{N-1}$ 及 $\dfrac{N-n}{N}$，$\dfrac{N-n}{N} = 1 - \dfrac{n}{N}$，$\dfrac{n}{N}$ 稱抽樣比率，當 $\dfrac{n}{N} < 5\%$ 時，fpc 可以省略不計。

8. 所有可能樣本之平均數或變異數等於母體平均數或變異數，稱不偏估計值。

9. 統計學上的常態分配經由轉換（$Z = \dfrac{y-\mu}{\sigma}$）成為標準常態分配，其平均數 = 0，變異數及標準差都 = 1。

10. 標準常態分配，Z 信賴區間及顯著水準之關係為：

第一篇摘要

Z	信賴區間（%）（可信性）	顯著水準（%）（風險度）
1.65	90	10
1.96	95	5
2.00	95.44	4.56
2.576	99	1
3.00	99.74	0.26

11. $Z = \dfrac{y - \mu}{\sigma}$，式中 $y - \mu$ 是（觀察值）−（平均數），即誤差，誤差小精確度高，故誤差又稱精確度，$y - \mu$ 之誤差以 d 表示，則 $d = Z \cdot \sigma$（精確度＝可信性標準差），因為 $\sigma^2 = \sigma_{\bar{y}}^2 \times n$，所以 $Z \cdot \sigma = Z\sigma_{\bar{y}}\sqrt{n}$，又 s^2 用作 S^2 的估計值，求出 $n = \left(\dfrac{Z\sigma_{\bar{y}}}{d}\right)^2$ 或 $n = \left(\dfrac{Zs}{d}\right)^2$，必要時加上變異數有限母體校正數，這是抽出樣本大小的基本原理。

12. 研究者可自己設定可信性（Z）及精確度（誤差）d，如果知道變異數（σ^2），就可算出所需要的樣本大小。

13. 變異數（σ^2）開平方後得標準差（σ），標準差越小，估計的精確度越高。

第二篇　樣本大小之決定

　　例如：母體平均重量是 50 公斤，抽出一組樣本的平均重量為 45 公斤，相差 5 公斤，是絕對誤差 5 公斤。如果誤差以 5/50 = 10% 表示，即相對誤差 10%。設定絕對誤差在第四章陳述，設定相對誤差及相對誤差與樣本比例在第五章陳述。決定樣本大小的抽樣是用簡單任意抽樣方法，就是隨機取抽樣本。所使用之計算公式由抽樣理論而來。本書希望研究者用對如何決定樣本大小的方法，抽樣理論的計算公式之演算在此不提（必要時，請參考抽樣理論）。

第四章

設定絕對誤差（Absolute Error）下的樣本大小（Sample Size）之決定

一、設定絕對誤差—抽出又放回

$$計算式：n = \left(\frac{Z \times s}{d}\right)^2 \qquad \text{式 4.1}$$

$$絕對誤差 \ d = Z\frac{s}{\sqrt{n}}$$

式中：n = 採用絕對誤差及抽出又放回方式下的樣本大小

　　　Z = 標準常態分配之 Z 值

　　　s = 樣本組之標準差

　　　d = 樣本組平均數與母體平均數之絕對誤差

例 4　某養羊場想知道今年成羊的每隻平均重量與去年的重量 45 公斤 / 隻的誤差在 5 公斤之內，抽出一組樣本，計算得變異數 $s^2 = 600$，採用 Z = 3，請問應抽出樣本大小多少？

答：

已知：$s^2 = 600$，d = ±5，Z = 3 代入式 4.1

$$n = \left(\frac{Z \times s}{d}\right)^2 = \left(\frac{3^2 \times 600}{5^2}\right) = 216 \ 隻羊$$

二、設定絕對誤差—抽出不放回

$$計算式：n_0 = \frac{N(Zs)^2}{Nd^2 + (Zs)^2} \qquad \text{式 4.2}$$

抽樣理論之應用

式中：n_0：採用絕對誤差及抽出不放回方式之下的樣本大小

　　　Z：標準常態分配之 Z 值

　　　s：樣本之標準差

　　　d：樣本組平均數與母體平均數之絕對誤差

　　　N：母體的觀察值總數目

轉換式：式 4.1 及式 4.2 兩式可互相轉換

$$n_0 = \frac{n}{1 + n/N}$$ 　　　　式 4.3

例5 如果例 4 加上已知 N = 2,000 隻羊，其他都不變，要抽出之樣本大小為多少？

答：

已知：$s^2 = 600$，$d = \pm 5$，$Z = 3$，$N = 2,000$ 代入式 4.2

$$n_0 = \frac{N(Zs)^2}{Nd^2 + (Zs)^2} = \frac{2,000 \times 3^2 \times 600}{2,000 \times 5^2 + 3^2 \times 600} = 195 \text{ 隻羊}$$

三、設定絕對誤差—母體總數（population total）（總數、變異數、標準差、信賴區間）之樣本大小

計算式：

1. 抽出又放回方式之樣本大小

$$n = \frac{N^2(Zs)^2}{d^2}$$ 　　　　式 4.4

式中：n = 抽出又放回方式下的樣本大小

N = 母體的觀察值總數目

Z = 標準常態分配之 Z 值

s = 樣本總數的標準差

d = 估計樣本總數與母體總數的絕對誤差

2. 抽出不放回方式之樣本大小

$$n_0 = \frac{N^2(Zs)^2}{d^2 + N(Zs)^2} \qquad \text{式 4.5}$$

式中：n_0 = 抽出不放回方式下的樣本大小，其他 N、Z、s、d 表示同上。

3. 式4.4及4.5互換式

$$n_0 = \frac{n}{1 + \dfrac{n}{N}} \qquad \text{式 4.6}$$

4. 估計母體總數

$$\hat{Y} = N \times \bar{y} \qquad \text{式 4.7}$$

式中：$\hat{Y}$ = 估計母體總數

N = 母體總觀察值數目

$\bar{y}$ = 樣本平均數

5. 估計母體變異數

$$\hat{\sigma}^2 = N^2 \frac{s^2}{n} \ (\text{抽出又放回方式}) \qquad \text{式 4.8}$$

$$\hat{\sigma}^2 \doteqdot N^2 \frac{s^2}{n} \cdot \frac{N-n}{N} \ (\text{抽出不放回方式，即} \frac{N-n}{N} = 1) \qquad \text{式 4.9}$$

6. 估計母體標準差

$$\hat{\sigma} = \sqrt{\hat{\sigma}^2} \qquad\qquad 式\ 4.10$$

式 4.8、4.9、4.10 式中：$\hat{\sigma}^2 =$ 估計母體變異數

N= 母體總數目

$s^2 =$ 樣本變異數

n = 樣本大小

7. 估計信賴區間

$$(\hat{Y} - Z\hat{\sigma}) < \mu < (\hat{Y} + Z\hat{\sigma}) \qquad\qquad 式\ 4.11$$

式中：$\hat{Y} =$ 估計母體總數

$\mu =$ 母體平均數

Z = 標準常態分配之 Z 值

$\hat{\sigma} =$ 估計母體標準差

例6 某校學生 2,000 人，調查每天牛乳消費量，假設樣本總數（消費量）之標準差 0.3，在信心 99.74% 之下，維持估計樣本總數（消費量）的誤差在 100 公斤內，問樣本大小多少？

答：

已知 N = 2,000，Z = 3，d = 100，s = 0.3

採抽出又放回方式，將已知代入式 4.4

$$n = \frac{N^2(Zs)^2}{d^2} = \frac{2,000^2(3 \times 0.3)^2}{100^2} = 324 人$$

採抽出不放回方式，將已知代入式 4.5

$$n_0 = \frac{N^2(Zs)^2}{d^2 + N(Zs)^2} = \frac{2,000^2(3 \times 0.3)^2}{100^2 + 2,000(3 \times 0.3)^2} = 279 人$$

（例7）某校有學生 N = 1,000 人，抽取 n = 50 人，知道此樣本平均每人有 12 本書，變異數為 10，問此校學生共有多少書本？若研究者採用 Z = 1.96，此估計的樣本總數的信賴區間有多少？

答：

(1) 估計母體總數：已知 N = 1,000，$\bar{y}$ = 12

代入式 4.7，$\hat{Y} = N \times \bar{y}$ = 12,000（本）

(2) 估計母體變異數：已知 s^2 = 10，n = 50，N = 1,000

代入式 4.8：抽出又放回：$\hat{\sigma}^2 = N^2 \dfrac{s^2}{n} = 1,000^2 \dfrac{10}{50} = 200,000$（本書）

代入式 4.9：抽出不放回：

$$\hat{\sigma}^2 = N^2 \frac{s^2}{n} \cdot \frac{N-n}{N} = 1,000^2 \frac{10}{50} \cdot \frac{1,000-50}{1,000} = 190,000$$

（本書）

(3) 估計母體標準差

代入式 4.10：抽出又收回：$\hat{\sigma} = \sqrt{\hat{\sigma}^2} = \sqrt{200,000} = 447$

抽出不收回：$\hat{\sigma} = \sqrt{\hat{\sigma}^2} = \sqrt{190,000} = 436$

(4) 信賴區間

已知 $\hat{Y}$ = 12,000，Z = 1.96，$\hat{\sigma}$ = 447（抽出又放回）及 436（抽出不放回）

代入式 4.11：$(\hat{Y} - Z\hat{\sigma}) < \mu < (\hat{Y} + Z\hat{\sigma})$

$(12,000 - 1.96 \times 447) < \mu < (12,000 + 1.96 \times 447)$

$11,124 < \mu < 12,876$　　　（抽出又放回）

$(12,000 - 1.96 \times 436) < \mu < (12,000 + 1.96 \times 436)$

$11,145 < \mu < 12,855$　　　（抽出不放回）

四、設定絕對值（d）之計算式討論

1. 絕對值有否單位？（有，如公斤）

2. 若只註明絕對值 5 公斤，對否？（不對，應註明 ±5）

3. 若指出採用 Z = 1.96，已告知哪二個涵義？（可信性 95%，冒 5% 風險）

4. 若指出可信性 95%，是取樣可信性或誤差可信性〔是取樣時抽自母體而不承認是自己的樣本的錯誤，稱爲第一型錯誤（Type I error）。指出可信性 95%，即說明可能冒 5% 風險會犯 Type I error〕

5. 一般 σ^2 未知，計算式中以 s^2 代替 σ^2，爲何可以如此？（因爲 n > 30 時，s^2 與 σ^2 的誤差很小；n 很大時，t 分配接近常態分配）

6. 臨時樣本（副樣本）若計算出 s^2 = 600，是否就以 s^2 = 600 代替 σ^2？（最好繼續增或減樣本觀察值個數，直到 s^2 穩定爲止）

7. 計算臨時樣本之變異數 $s^2 = \dfrac{\Sigma(y - \bar{y})^2}{n - 1}$，爲容易計算，分子可變化爲何種計算式？（$\Sigma y^2 - \left(\dfrac{\Sigma y}{n}\right)^2$）

8. 因 σ^2 一般未知，可否用相似性之次級資料代替 σ^2？（可）

9. 當母體 N 未知時，可否用抽出不放回計算式求樣本大小（n）？（不可，用抽出又放回）

10. 當 N、Z、d、s 已知時，用抽出不放回方式計算式求樣本大小（n），這個 n 會小於用抽出又放回計算的 n 嗎？（是）

11. 當 N、Z、d、s 已知時，如何判斷採用抽出又放回或抽出不放回計算樣本大小（n）？（看抽樣比例 n/N，若 n/N ≤ 5% 時，fpc 可當成 1，兩者幾乎相同）

12. 當 N、Z、s 不變時，把 d（抽樣誤差）增大，對樣本大小（n）有何變化？（n 變越小）

13. 當 N、Z、s 不變時，把 Z（可信性）增大，對樣本大小（n）有何變化？
（n 變越大）

14. 當 N、Z、d、s 都相同時，用抽出又放回及抽出不放回計算樣本大小
所得到的一組觀察值（n），哪一個多？（抽出又放回）

15. 當 Z = 1.96，可信性 95%，是指犯抽樣觀察值不承認的 Type I 錯誤，
那抽出一組樣本的精確度要看哪一項？（看變異數大小，越小越精確）

16. 為了得知調查表能否用需要試調，試調時的受訪人，在正式調查表能
否再訪問他？（用正式量表調查，當然可以）

17. 想估計母體總數（如一校一週喝多少水），當先知道母體 N，而後抽
一組樣本，計算哪三項，才能估計母體總數及信賴區間？（n、$\bar{y}$、s^2）

18. 樣本大小（n）有小數點，如 1,067.11，應無條件進位，對否？（對）

第五章

設定相對誤差（Relative Error）下的樣本大小之決定

例如：母體平均數是 50 公斤，樣本平均數是 45 公斤，則絕對誤差是 5 公斤，以 5/50 = 1/10 = 10% 表示，即是相對誤差，在本書中以 d_0 代表。

一、設定相對誤差，借助母體的離差係數

計算式為：

$$n = \left(\frac{Zc}{d_0}\right)^2$$ 式 5.1

式中：n = 樣本大小

Z = 標準常態分配之 Z 值

d_0 = 樣本平均數對母體平均數的相對誤差，以 % 表示。

c = 離差係數；$c = \sigma/\mu$

例8 某一研究要有 95% 信心，冒 5% 風險。假設母體離差係數 c = 0.1，相對誤差 ±5% 之內，要樣本大小多少才能滿足這些條件？

答：

已知：Z = 1.96，c = 0.1，d_0 = 5%

代入式 5.1　$n = \left(\frac{Zc}{d_0}\right)^2 = \left(\frac{1.96 \times 0.1}{0.05}\right)^2 = 16 \cdots$要抽 16 個觀察值當一組樣本

抽樣理論之應用

二、借助一組樣本的平均數

計算式為：

$$n = \left(\frac{Z\sigma}{d_0 \bar{y}} \right)^2 \qquad\qquad 式\ 5.2$$

式中：n = 樣本大小

Z = 標準常態 Z 值

σ = 母體標準差

$\bar{y}$ = 樣本平均數

d_0 = 樣本平均數與母體平均數的誤差，以 % 表示。

母體標準差一般未知，可用臨時樣本估計之。臨時樣本之標準差是：

$$s = \frac{1}{n'} \sqrt{n' \Sigma y^2 - (\Sigma y)^2} \quad (n'\ 為一組樣本大小)$$

例如：第一組臨時樣本 $n_1' = 6$ 個，$s_1 = 1.2$；第二組臨時樣本 $n_2' = 8$ 個，$s_2 = 1.0$；第三組臨時樣本 $n_3' = 9$，$s_3 = 0.83$；第四組臨時樣本 $n_4' = 10$ 個，$s_4 = 0.8$。即第四組臨時樣本之 s_4 已趨穩定，以 $s_4 = 0.8$ 代替 σ。假設第四組臨時樣本之平均數為 6.4，Z = 2.0，$d_0 = 0.05$，$\sigma = 0.8$，則以式 5.2 計算。

$$n = \left(\frac{Z\sigma}{d_0 \bar{y}} \right)^2 = \left(\frac{2 \times 0.8}{0.05 \times 6.4} \right)^2 = 25$$

即採用臨時樣本第四組 10 個觀察值，要滿足 Z = 2.0，$d_0 = 0.05$，$\bar{y} = 6.4$，$\sigma = 0.8$，要 25 個觀察值，故應再抽 25 - 10 = 15 個觀察值。

例 9 某一實驗機構從種子發芽到現在已三個月，要有信心 95%，冒 5% 風險。假設樣本平均數對母體平均數的相對誤差 ±5%，母體的標準差爲 25，抽一個臨時樣本，計算平均數株苗高度爲 30mm，需要樣本大小多少才能合乎所設條件？

答：

已知：$Z = 1.96$，$d_0 = 5\%$，$\sigma = 25$，$\bar{y} = 30$，代入式 5.2：

$$n = \left(\frac{Z\sigma}{d_0 \bar{y}}\right)^2 = \left(\frac{1.96 \times 25}{0.05 \times 30}\right)^2 = 1,068 \text{（株數）}$$

三、母體總數（population total）（總數、變異數、標準差、信賴區間）之樣本大小

計算式爲：

1. 樣本大小

$$n = \left(\frac{Z\hat{c}}{d_0}\right)^2 \text{（抽出又放回）} \qquad \text{式 5.3}$$

$$n_0 = \frac{N(Z\hat{c})^2}{Nd_0^2 + (Z\hat{c})^2} \text{（抽出不放回）} \qquad \text{式 5.4}$$

式中：n = 樣本大小（抽出又放回），n_0 = 樣本大小（抽出不放回）

　　　N = 母體總數目

　　　Z = 標準常態分配之 Z 值

　　　d_0 = 樣本平均數對母體平均數的相對誤差，以 % 表示

　　　s = 樣本組的標準差

$\hat{c}$ = 樣本的估計離差係數，$\hat{c} = \dfrac{N^2 s^2}{\mu^2}$ 或 $\hat{c} = \dfrac{s}{\overline{y}}$

$\overline{y}$ = 樣本組的平均數

2. 估計母體總數

$$\hat{Y} = N \times \overline{y} \qquad\qquad \text{同式 4.7}$$

式中：

$\hat{Y}$ = 估計母體總數

N = 母體總觀察值數目

$\overline{y}$ = 樣本平均數

3. 估計母體變異數

$$\hat{\sigma}^2 = N^2 \frac{s^2}{n} \quad (\text{抽出又放回方式}) \qquad\qquad \text{同式 4.8}$$

$$\hat{\sigma}^2 = N^2 \frac{s^2}{n} \cdot \frac{N-n}{N} \quad (\text{抽出不放回方式}) \qquad\qquad \text{同式 4.9}$$

符號說明：

$\hat{\sigma}^2$ = 估計母體變異數

N = 母體總數目

s^2 = 樣本變異數

n = 樣本大小

4. 估計母體標準差

$$\hat{\sigma} = \sqrt{\hat{\sigma}^2} \qquad\qquad \text{同式 4.10}$$

5. 估計信賴區間

$$\left(\hat{Y} - Z\frac{s}{\sqrt{n}} \cdot \frac{N-n}{N}\right) < \mu < \left(\hat{Y} + Z\frac{s}{\sqrt{n}} \cdot \frac{N-n}{N}\right) \qquad \text{式 5.5}$$

符號說明：

$\hat{Y}$ = 估計母體總數

Z = 標準常態分配之 Z 值

s = 樣本組的標準差

n = 樣本組的樣本大小

N = 母體的觀察值總數目

例 10　估計學生一天消費牛乳多少公升。某校學生有 2,000 人，假設抽一組樣本，得知每人每天平均喝了 0.9 公升，這組樣本標準差爲 0.3 公升。又假設估計母體離差係數爲 1/3，在 Z = 3 時，希望樣本總數的平均數對母體總數的平均數相對誤差在 5% 之內，請問：(1) 要抽樣之樣本大小爲多少？(2) 估計該校一天要消費多少牛乳？(3) 估計該校消費牛乳量的信賴區間多少？

答：

(1) 求樣本大小

已知：N = 2,000，Z = 3，$\hat{c} = \dfrac{1}{3}$，$d_0 = \pm 0.05$

代入式 5.3

$$n = \left(\frac{Z\hat{c}}{d_0}\right)^2 = \left(\frac{3 \times \dfrac{1}{3}}{0.05}\right)^2 = 400 \,(人) \quad （抽出又放回）$$

代入式 5.4

$$n_0 = \frac{NZ\hat{c}}{Nd_0{}^2 + (Z\hat{c})^2} = \frac{2,000 \times \left(3 \times \dfrac{1}{3}\right)^2}{2,000 \times 0.05^2 + \left(3 \times \dfrac{1}{3}\right)^2} = 334 \,(人) \quad （抽出不放回）$$

(2) 估計母體總數：代入式 4.7

$\hat{Y} = N \times \bar{y} = 2,000 \times 0.9 = 1,800$（公升）

(3) 估計母體總數的變異數

代入式 4.8：抽出又放回方式：$\hat{\sigma}^2 = N^2 \dfrac{s^2}{n} = 2,000^2 \times \dfrac{0.3^2}{400} = 900$

代入式 4.9：抽出不放回方式

$\hat{\sigma}^2 = N^2 \dfrac{s^2}{n} \cdot \dfrac{N-n}{N} = 2,000^2 \times \dfrac{0.3^2}{334} \times \dfrac{2,000-334}{2,000} = 898$

(4) 估計母體標準差

代入式 4.10：抽出又放回：$\hat{\sigma} = \sqrt{\hat{\sigma}^2} = \sqrt{900} = 30$

抽出不放回：$\hat{\sigma} = \sqrt{\hat{\sigma}^2} = \sqrt{898} = 30$

(5) 估計母體總數的信賴區間，代入式 4.11

抽出又放回：$(\hat{Y} - Z\hat{\sigma}) < \mu < (\hat{Y} + Z\hat{\sigma})$

$= (1,800 - 3 \times 30) < \mu < (1,800 + 3 \times 30)$

$= 1,710 < \mu < 1,890$（公升）

代入式 5.5：

抽出不放回：$\left(\hat{Y} - Z\dfrac{s}{\sqrt{n}} \cdot \dfrac{N-n}{N} \right) < \mu < \left(\hat{Y} + Z\dfrac{s}{\sqrt{n}} \cdot \dfrac{N-n}{N} \right)$

$= \left(1,800 - 3 \times \dfrac{0.3}{\sqrt{334}} \cdot \dfrac{2,000-334}{2,000} \right) < \mu < \left(1,800 + 3 \times \dfrac{0.3}{\sqrt{334}} \cdot \dfrac{2,000-334}{2,000} \right)$

$= 1,799.96 < \mu < 1,800.04$ 公升

四、設定相對誤差使用全距配合 d_2 值

　　抽出一組樣本，樣本值最大之個數減去最小之個數得到之值，稱全距（range），對照統計學上之全距 d_2 值，求所需樣本大小。

N	d_2	N	d_2	N	d_2	N	d_2
2	1.128	8	2.847	14	3.407	20	3.375
3	1.693	9	2.970	15	3.472	21	3.778
4	2.059	10	3.078	16	3.532	22	3.819
5	2.326	11	3.173	17	3.588	23	3.858
6	2.534	12	3.258	18	3.640	24	3.895
7	2.704	13	3.336	19	3.689	25	3.931

註：N ＝觀察值個數

計算式：

$$n = \left(\frac{\dfrac{Z}{d_0} \times R \times n'}{d_2 \bar{y}} \right)^2 \qquad \text{式 5.6}$$

式中：n ＝所求樣本大小

　　　Z ＝標準常態分配 Z 值

　　　R ＝全距

　　　n' ＝臨時樣本組觀察值個數

　　　d_0 ＝樣本平均數對母體平均數的相對誤差，以 % 表示

　　　d_2 ＝抽出一組樣本的個數對照 d_2 表中之數（例如：抽出 15 個值，
　　　　　 d_2 ＝ 3.472）

　　　$\bar{y}$ ＝抽出一組樣本的平均數

（例 11）抽出一組樣本 15 個觀察值，全距為 0.03，平均數為 1，想在 95% 信心下，希望樣本組平均數對母體平均數誤差在 ±5% 之內，應抽樣本大小多少？

答：

已知：n' ＝ 15，R ＝ 0.03，$\bar{y}$ ＝ 1，Z ＝ 1.96，d_0 ＝ 0.05

抽樣理論之應用

對照 d_2 表,觀察值 15 個之 $d_2 = 3.472$,代入式 5.6

$$n = \left(\frac{\frac{Z}{d_0} \times R \times n'}{d_2 \bar{y}}\right)^2 = \left(\frac{\frac{1.96}{0.05} \times 0.03 \times 15}{3.472 \times 1}\right)^2 = 26$$

五、母體比例(population proportion)之樣本大小決定

此方法常見於消費者市場調查(如品牌認知、消費量多少的比例)、民意調查(如贊成者、反對者各多少比例)、品質管制(如損壞率多少)。

比率(ratio)是兩數的比值,例如:抽樣比率 n/N = 50/1,000 = 5%。比例(proportion)是兩數相比較,等於兩數相除,例如:$\frac{3}{4} = \frac{6}{8}$。母體比例是母體中成功的(同意、贊成)比例,例如:100 人中有 10 人成功者,母體比例為 $\frac{10}{100} = \frac{1}{10}$,失敗的(不同意、反對)比例為 $\frac{90}{100} = \frac{9}{10}$。

1. 母體比例與樣本比例

(1) 母體比例(P)

例如:母體包含觀察值 N = 5(如 y_1,y_2,…,y_5),觀察值中對 A 品牌印象好的(即肯定或成功)以「1」表示共有 3 人,印象壞的(即失敗)以「0」表示共 2 人。印象好的比率是 $\frac{\Sigma y}{N} = \frac{3}{5} = 0.6$,設 A 為印象好(成功)的人數,則母體比例為:

$$P = \frac{A}{N} \qquad\qquad 式 5.7$$

$$P = \frac{A}{N} = \frac{3}{5} = 0.6$$

〔相對的印象不好（即否定或失敗）的比例是 $Q = 1 - P = 1 - 0.6 = 0.4$〕

(2)樣本比例（p）

　　例如：母體包含觀察值 N = 5（如 y_1，y_2，…，y_5），從中抽出 n = 3 人，其中抽菸者 2 人，則樣本抽菸比率是 $\frac{2}{3} = 0.66$，設 a 為抽菸者人數，則樣本抽菸者比率為：

$$p = \frac{\Sigma y}{n} = \frac{a}{n}$$

$$p = \frac{a}{n} = \frac{2}{3} = 0.66 \qquad \text{式 5.8}$$

〔相對的不抽菸者（即失敗）的比例是 $q = 1 - p = 1 - 0.66 = 0.34$〕

2. 母體變異數與樣本變異數

(1)母體變異數（S²）計算式

$$S^2 = \frac{N}{N-1} PQ \qquad \text{式 5.9}$$

式中：S² = 母體變異數

　　　N = 母體總觀察值個數

　　　P = 母體成功者（贊同者）比例

　　　Q = 母體失敗者（不同意）比例

(2)樣本變異數（s²）計算式

$$s^2 = \frac{n}{n-1} pq \qquad \text{式 5.10}$$

式中：s² = 樣本變異數

n = 樣本總觀察值個數

p = 樣本成功者（贊同者）比例

q = 樣本失敗者（不贊同者）比例

3. 樣本比例變異數與樣本比例變異數的估計值

(1) 樣本比例（p）變異數（$\sigma_p{}^2$）

$$\sigma_p{}^2 = \frac{PQ}{n} \text{（抽出又放回）} \qquad \text{式 5.11}$$

$$\sigma_p{}^2 = \frac{PQ}{n} \cdot \frac{N-n}{N-1} \text{（抽出不放回）} \qquad \text{式 5.12}$$

(2) 樣本比例（p）變異數（$\sigma_p{}^2$）的估計值（$\hat{\sigma}_p{}^2$）是 $\sigma_p{}^2$ 的不偏估計值

$$\hat{\sigma}_p{}^2 = \frac{pq}{n-1} \text{（抽出又放回）} \qquad \text{式 5.13}$$

$$\hat{\sigma}_p{}^2 = \frac{pq}{n-1} \cdot \frac{N-n}{N} \text{（抽出不放回）} \qquad \text{式 5.14}$$

4. 母體比例（P）的信賴區間及寇克蘭提出P值的觀察值個數規定

$$(p - Z \cdot S_p) < P < (p + Z \cdot S_p) \qquad \text{式 5.15}$$

上式：p = 樣本比例

Z = 標準常態分配之 Z 值

$$\text{標準差：} S_p = \sqrt{\frac{pq}{n-1} \cdot \frac{N-n}{N}} \ (\text{抽出不放回}) \qquad \text{式 5.16}$$

$$= \sqrt{\frac{pq}{n-1}} = \sqrt{\hat{\sigma}_p{}^2} \ (\text{抽出又放回}) \qquad \text{式 5.17}$$

求信賴區間之 p 值，統計學者寇克蘭（W. C. Cochran）提出：

p = 0.5 時，n 至少要 30 個；

p = 0.4 或 0.6 時，n 至少要 50 個；

p = 0.3 或 0.7 時，n 至少要 80 個；

p = 0.2 或 0.8 時，n 至少要 200 個；

p = 0.1 或 0.9 時，n 至少要 600 個；

p = 0.05 或 0.95 時，n 至少要 1,400 個，如此限制，n 才能進行常態分配的計算。

5. 樣本大小

$$n = \frac{Z^2 pq}{d_0{}^2} \ (\text{抽出又放回}) \qquad \text{式 5.18}$$

$$n_0 = \frac{NZ^2 pq}{Nd_0{}^2 + Z^2 pq} \ (\text{抽出不放回}) \qquad \text{式 5.19}$$

式中：

n = 抽出又放回的樣本大小

n_0 = 抽出不放回的樣本大小

N = 母體觀察值個數

Z = 標準常態分配之 Z 值

d_0 = 樣本組平均數對母體平均數之相對誤差，以 % 表示

p = 肯定者或成功（認同、看過、吃過、用過）的樣本比例

q = 否定者或失敗（不認同、沒用過、不同意……）的樣本比例

例 12 母體 N = 100 人，抽菸者 A = 60 人，問母體抽菸者比例多少？母體抽菸者比例的變異數多少？

答：

(1) 母體抽菸者比例

已知：N = 100，A = 60 代入式 5.7

$$P = \frac{A}{N} = \frac{60}{100} = 0.6$$

(2) 母體抽菸者比例的變異數

已知：N = 100，P = 0.6，Q = 0.4 代入式 5.9

$$S^2 = \frac{N}{N-1}PQ = \frac{100}{100-1} \times 0.6 \times 0.4 = 0.2424$$

說明

已知母體觀察值總個數（N）及其中成功者（A）個數，求母體的成功者比例及其變異數。

例 13 從母體 N = 100 人中抽 n = 50 人，其中抽菸者 a = 25 人，問樣本抽菸者比例多少？其變異數多少？

答：

(1) 樣本抽菸者比例

已知：n = 50，a = 25 代入式 5.8

$$p = \frac{a}{n} = \frac{25}{50} = 0.5$$

(2) 樣本抽菸者比例的變異數

已知：n = 50，p = 0.5，q = 0.5 代入式 5.10

$$s^2 = \frac{n}{n-1}pq = \frac{50}{50-1} \times 0.5 \times 0.5 = 0.2551$$

例 14 母體 N = 100 人，抽菸者比例 P = 0.6，從母體中抽 n = 50 爲一組樣本，此樣本比例的變異數多少？

答：

已知：n = 50，P = 0.6，Q = 0.4

代入式 5.11：$\sigma_p^2 = \dfrac{PQ}{n} = \dfrac{0.6 \times 0.4}{50} = 0.0048$（抽出又放回）

代入式 5.12：$\sigma_p^2 = \dfrac{PQ}{n} \cdot \dfrac{N-n}{N-1} = \dfrac{0.6 \times 0.4}{50} \times \dfrac{100-50}{100-1} = 0.0024$（抽出不放回）

例15 母體 N = 20,000 人，抽出 n = 100 人，樣本比例爲 p = 0.3，假設 Z = 2，請問樣本比例的信賴區間？其可信性多少？

答：

應先考慮寇克蘭之規則，p = 0.3 時至少要 80 個觀察值，此例 n = 100，已足夠，可用常態分配計算，設 Z = 2。

已知：n = 100，Z = 2，p = 0.3，q = 0.7，先求標準差，代入式 5.17：

$S_p = \sqrt{\dfrac{pq}{n-1}} = \sqrt{\dfrac{0.3 \times 0.7}{100-1}} = 0.0461$

再代入式 5.15：

$(p - Z \cdot S_p) < P < (p + Z \cdot S_p)$

$= (0.3 - 2 \times 0.0461) < P < (0.3 + 2 \times 0.0461)$

$= 0.2078 < P < 0.3922$

例16 民意調查設 Z = 1.96，樣本與母體平均數之相對誤差 ±3%。若母體總觀察值 3,000 人，請問：(1) 樣本大小爲多少才能符合假設條件？(2) 所抽出的樣本大小的變異數及標準差各多少？(3) 此組樣本的信賴區間爲多少？(4) 這調查設計的樣本平均數對母體平均數的誤差多少％？

答：

已知 Z = 1.96，d_0 = ±3%，N = 3,000

(1) 求樣本大小

　① 抽出又放回，代入式 5.18

$$n = \frac{Z^2 pq}{d_0{}^2} = \frac{1.96^2 \times 0.5 \times 0.5}{0.03^2} = 1,068 \text{（人）}$$

② 抽出不放回，代入式 5.19

$$n_0 = \frac{NZ^2 pq}{Nd_0{}^2 + Z^2 pq} = \frac{3,000 \times 1.96^2 \times 0.5 \times 0.5}{3,000 \times 0.03^2 + 1.96^2 \times 0.5 \times 0.5} = \frac{2,881.2}{3.6604}$$

$$= 788 \text{（人）}$$

註：

N = 5,000時，n_0 = 879.42

N = 10,000時，n_0 = 964.22

N = 100,000時，n_0 = 1,055.84　　　　可見母體數量大小對於樣

N = 1,000,000時，n_0 = 1,065.97　　　本大小n影響很小，所以民

N = 10,000,000時，n_0 = 1,066.99　　意測驗多以1,068人為樣本

　　　　　　　　　　　　　　　　　　大小。

(2) 求變異數及標準差

　① 求估計變異數

　　已知：N = 3,000，n =（抽出又放回）1,068；（抽出不放回）788，

　　　　　設 p = q = 50%

　　代入式 5.13 抽出又放回：

$$\hat{\sigma}_p{}^2 = \frac{pq}{n-1} = \frac{0.5 \times 0.5}{1,068 - 1} = 0.0002$$

　　代入式 5.14 抽出不放回：

$$\hat{\sigma}_p{}^2 = \frac{pq}{n-1} \cdot \frac{N-n}{N} = \frac{0.5 \times 0.5}{788 - 1} \times \frac{3,000 - 788}{3,000} = 0.0002$$

　② 求估計標準差：$\hat{\sigma}_p{}^2$ 代入式 5.17，$S_p = \sqrt{\hat{\sigma}_p{}^2} = \sqrt{0.0002} \doteqdot 0.015$

(3) 求信賴區間

　　已知：p = 0.5，Z = 1.96，S_p = 0.015，代入計算式 5.15

　　$(p - Z \cdot S_p) < P < (p + Z \cdot S_p)$

　　$= (0.5 - 1.96 \times 0.015) < P < (0.5 + 1.96 \times 0.015)$

　　$= 0.47 < P < 0.53$

(4) 樣本平均數對母體平均數的誤差為：$Z \times S_p = 1.96 \times 0.015 = 0.03$（即

3%）

例17 從母體 20,000 人中抽出一組樣本 100 人,這組樣本抽菸者比率為 30%,在信心 95.44%,冒 4.56% 風險之下,請問:(1) 這研究之信賴區間多少?(2) 樣本組與母體平均數的相對誤差(即精確度)為多少?

答:

已知 N = 20,000,n = 100,Z = 2,p = 0.3(相對之 q = 0.7)

(1) 先求估計變異數

代入式 5.13:抽出又放回:

$$\hat{\sigma}_p{}^2 = \frac{pq}{n-1} = \frac{0.3 \times 0.7}{100-1} = 0.0021$$

$$S_p = \sqrt{0.0021} = 0.0461$$

代入式 5.14 抽出不放回:

$$\hat{\sigma}_p{}^2 = \frac{pq}{n-1} \cdot \frac{N-n}{N} = \frac{0.3 \times 0.7}{100-1} \times \frac{20,000-100}{20,000} = 0.0021$$

$$S_p = \sqrt{0.0021} = 0.0461$$

(2) 信賴區間

p、Z、S_p 代入式 5.15

$$(p - Z \cdot S_p) < P < (p + Z \cdot S_p)$$

$$= (0.3 - 2 \times 0.0461) < P < (0.3 + 2 \times 0.0461)$$

$$= 0.2078 < P < 0.3922(即 20.78\% < P < 39.22\%)$$

這母體抽菸者的比率在 20.78% 到 39.22%,可有 95.44% 信心,冒 4.56% 的風險。

(3) 樣本平均數對母體平均數的相對誤差

$$Z \cdot S_p = 2 \times 0.0461 = 0.0922,即 9.22\%$$

說明

(1) 本題之 p = 0.3,依寇克蘭提出 p = 0.3 時,滿觀察值至少要 80 個,本題用 100 個,合乎規定。如果改為 n = 70 人,則 $\hat{\sigma}_p{}^2 = \frac{0.3 \times 0.7}{70-1} = 0.0030$,

$S_p = 0.0552$，$Z \cdot S_p = 0.1104$，信賴區間由 18.96% 至 41.04%，都比原來 N = 80 人時都大，是不合理的。

例18 某公司員工有 60 人，願意配合公司某政策研究者 45 人，對此 45 人進行問卷調查，請問對研究結果的相對誤差如何說明？

答：

(1) 抽出又放回方式

式 5.18：$n = \dfrac{Z^2 pq}{d_0^{\,2}}$

當 Z = 1.96 時，$45 = \dfrac{1.96^2 \times 0.5 \times 0.5}{d_0^{\,2}}$，$d_0 = 0.146$，即 14.6%

當 Z = 2.00 時，$45 = \dfrac{2^2 \times 0.5 \times 0.5}{d_0^{\,2}}$，$d_0 = 0.149$，即 14.9%

當 Z = 3.00 時，$45 = \dfrac{3^2 \times 0.5 \times 0.5}{d_0^{\,2}}$，$d_0 = 0.224$，即 22.4%

(2) 抽出不放回方式

式 5.19：$n_0 = \dfrac{NZ^2 pq}{Nd_0^{\,2} + Z^2 pq}$

當 Z = 1.96 時，$45 = \dfrac{60 \times 1.96^2 \times 0.5 \times 0.5}{60 \times d_0^{\,2} + 1.96^2 \times 0.5 \times 0.5}$，$d_0 = 0.073$，即 7.3%

當 Z = 2.00 時，$45 = \dfrac{60 \times 2^2 \times 0.5 \times 0.5}{60 \times d_0^{\,2} + 2^2 \times 0.5 \times 0.5}$，$d_0 = 0.075$，即 7.5%

當 Z = 3.00 時，$45 = \dfrac{60 \times 3^2 \times 0.5 \times 0.5}{60 \times d_0^{\,2} + 3^2 \times 0.5 \times 0.5}$，$d_0 = 0.112$，即 11.25%

說明

(1) 依標準常態分配，Z = 1.96 時，信心 95%，冒 5% 風險。Z = 2.00 時，信心 95.44%，冒 4.5% 風險。Z = 3.00 時，信心 99.74%，冒 0.26% 風險。在樣本大小相同之下，Z 值越大，所冒風險越少，而相對誤差（d_0）越大，表示精確度越小。

(2) 在同一 Z 值時，抽出又放回的相對誤差都大於抽出不放回的相對誤差，表示抽出不放回的精確度高於抽出又放回。

(3) 當 n/N ≤ 5% 時，抽出又放回與抽出不放回的結果是一樣的，本例 n/N = 45/60 = 75%，此時兩種抽樣方式的結果是不一樣的。

(4) 研究者應詳細考慮：Z 值、誤差及抽樣方式而後加以計算。

六、設定相對誤差（d_0）計算式之討論

1. 相對誤差（d_0）的單位是什麼？（%）

2. 若只註明相對誤差 5%，對否？（不對，應註明 ±5%）

3. 樣本大小（n）的計算式中有離差係數 c，$c = \sigma/\mu$，一般 σ 及 μ 可知否？（不可知）

4. 如果 Z、σ、d_0 已知，再加上一組臨時樣本的平均數（$\bar{y}$），就可計算樣本大小嗎？（是）

5. 想估計母體總數，一定要知道 N 嗎？（是）

6. 估計母體總數的變異數，用抽出又放回是 $\hat{\sigma}^2 = N^2 \dfrac{s^2}{n}$，用抽出不放回的話，應乘上一個變異數有限母體校正式，是什麼？（$\dfrac{N-n}{N}$）

7. 表示離勢之一是全距，指最大一個觀察值減最小一個觀察值，用這觀念可計算出樣本大小（n）嗎？（可以）

8. 利用母體比例（$P = \dfrac{A}{N}$），樣本比例（$p = \dfrac{a}{n}$），抽出又放回的樣本大小 $n = \dfrac{Z^2 pq}{d_0^2}$，爲何把 p 設爲 0.5，q 亦設爲 0.5？（成功與失敗各半，n 爲最大值）

9. 抽出又放回的樣本比例變異數為 $\sigma_p^2 = \dfrac{pq}{n}$，若用抽出不放回的話，應乘哪個 fpc？（$\dfrac{N-n}{N-1}$）

10. 利用母體比例，應注意寇克蘭規則：P = 0.5 時，N 至少要幾個？（30）；P = 0.4 或 0.6 時，至少要幾個 n？（50）

11. 利用母體比例，已知 N、n、P、Z 可計算出信賴區間嗎？（可以）

12. 研究品牌佔有比例、對某事項贊成比例、某零件損壞比例時 N 未知，研究者只能設定 Z 及 d_0，想求樣本大小（n）有計算式可用否？（有，母體比例的抽出又放回方式計算式）

13. 知道 P 及樣本大小 n，可估計樣本比例的變異數嗎？（是，$\sigma_p^2 = \dfrac{pq}{n-1}$）

14. 用抽出又放回估計樣本變異數，如果用抽出不放回估計樣本變異數，需要乘上 fpc，是多少？（$\dfrac{N-n}{N}$）

15. 相對誤差（d_0）加大，所需樣本大小（n）會變大或變小？（變小）

16. Z 加大，所需樣本大小（n）會變大或變小？（變大）

1. 設定絕對誤差（d）及 Z 值，已知 s 之下，以抽出又放回方式，決定樣本大小（n）用式 4.1。

2. 設定絕對誤差（d）及 Z 值，已知 s 及 N 之下，以抽出不放回方式，決定樣本大小（n）用式 4.2。若抽樣比例 < 5% 時，式 4.1 與式 4.2 結果相同。

3. 式 4.1 及式 4.2 可互相轉換用式 4.3。

4. 設定絕對誤差（d）及 Z 值，已知樣本總數的標準差 S 之下，以抽出又放回方式，決定母體總數的樣本大小（n）用式 4.4。以抽出不放回方式，決定母體總數的樣本大小（n）用式 4.5，式 4.4 及式 4.5 可互相轉換（式 4.6）。

    (1) 估計母體總數，用式 4.7。

    (2) 估計母體變異數，用式 4.8（抽出又放回方式）、式 4.9（抽出不放回方式）。

    (3) 估計母體標準差，用式 4.10。

    (4) 估計信賴區間，用式 4.11。

5. 設定相對誤差（d_0）及 Z 值，借助離差係數，決定樣本大小（n），用式 5.1。

6. 設定相對誤差（d_0）及 Z 值，借助一組臨時樣本之平均數，決定樣本大小（n），用式 5.2。

7. 設定相對誤差（d_0）及 Z 值，借助估計離差係數，以抽出又放回方式決定母體總數的樣本大小（n），用式 5.3。以抽出不放回方式決定母體總數的樣本大小（n），用式 5.4。

    (1) 估計母體總數，用式 4.7。

    (2) 估計母體變異數用式 4.8（抽出又放回方式）、式 4.9（抽出不放回方式）。

抽樣理論之應用

(3) 估計母體標準差，用式 4.10。

(4) 估計母體信賴區間，用式 5.5。

8. 設定相對誤差（d_0），配合全距 d_2 值，決定樣本大小（n），用式 5.6。

9. 設定相對誤差（d_0），配合母體比例，決定樣本大小（n），用式 5.18（抽出又放回）、式 5.19（抽出不放回）。計算樣本比例的變異數，用式 5.11（抽出又放回）、式 5.12（抽出不放回）。計算信賴區間用式 5.15。當配合寇克蘭提出至少要多少觀察值限定，計算標準差用式 5.16（抽出不放回）、式 5.17（抽出又放回）。

第三篇　如何抽出樣本

　　第二篇是在簡單任意抽樣之下，討論如何決定樣本大小，而樣本大小決定後，如何從母體抽取樣本？這是本篇要介紹的內容。如何抽取樣本方法有：簡單任意抽樣、立意抽樣、系統抽樣、分層任意抽樣、比例分層任意抽樣、集團抽樣的（I）簡單集團抽樣、（II）機率與集團數量成比例抽樣、（III）比例的估計、三段集團抽樣、分層集團抽樣。所有樣本抽取方法理論上都在探討樣本平均數、變異數及標準差，第三章標準常態分配已提過，$d = z \times \sigma_{\bar{y}}$ 是精確度，信賴區間 $(y - Z\sigma) < \mu < (y + Z\sigma)$ 的 $Z\sigma$ 就是精確度（如果以樣本組平均數去估計信賴區間，則 σ 改為 $\sigma_{\bar{y}}$）。如何抽出樣本，可說是在討論抽樣精確度問題，因為標準差越小，表示誤差越小，估計值越精確。如果以所有可能樣本，抽樣理論告訴我們一定可以推論出平均數及變異數的不偏估計值，但我們可取得的是一組樣本來推論母體屬性，所以一定有誤差，我們希望誤差越小越好，即精確度越高越好。推論過程常常是複雜的，為了應用目的，本篇僅在第七、八章約略介紹變異數

的分析，使讀者知道變異數的複雜演變，至於其他各章僅介紹推論理論已推出之估計母體平均數（$\hat{\bar{y}}$）、估計母體總數（$\hat{y}$），以及估計母體平均數的變異數估計值（$\hat{\sigma}^2_{\bar{y}}$），估計母體總數的變異數估計值（$\hat{\sigma}^2_{\hat{y}}$）的計算式。

第六章

簡單任意抽樣（Simple Random Sampling 或Simple Probability Sampling）及立意抽樣（Non-Probability Sampling或Purposive Sampling）

一、簡單任意抽樣

　　簡單任意抽樣又稱簡單隨機抽樣，指母體所含觀察值都有同時被抽取的機率。為達成目的，最簡單是把母體所有觀察值都放入一個箱內（抽籤箱或抽籤機器）而後隨意抽出觀察值。抽出方法有三種：抽出又放回、抽出不放回及抽出不放回又不考慮次序。

　　在抽樣理論上有亂數表（random number table）可用，亂數表有多種，例如：肯代爾及史密斯（Kendall & Smith）的亂數表、美國州際商務委員會（Interstate Commerce Commission）的亂數表、蘭德公司（Rand Corporation）的亂數表，一般在統計學書中的附錄中都可找到某一種亂數表。

　　如何使用亂數表？例如：母體 N=300 人，以亂數表從 300 人中抽出 20 人，抽樣程序如下：

1. 找出亂數表，例如：下面是其中一小段（一般亂數表之直行有 40 行，橫列有 20 或 25 列）。

39	81	69	23	97	24	…
11	10	59	64	04	43	…
79	4[1]	00	63	44	83	…
52	89	54	39	09	62	…
⋮	⋮	⋮	⋮	⋮	⋮	⋮

（每一個被抽出的機率 $\frac{1}{N}$）

2. 把母體所有觀察值編號，從 001、002、…300（因母體 N = 300）。
3. 從直行隨機抽一個，從橫列隨機抽一個，例如：直行抽到 4，橫列抽到 3，4 與 3 的交叉點是 1，從 1 向右邊開始取三位，即 100、634、483…；在三位數中，小於 300 者依序抽出 20 個，就是從 300 中隨機抽出 20 人了。

4. 在向右邊抽三位一組時，如 634、483、…，大於 300 者拋棄不同，有時會有很多拋棄組，爲減少麻煩，研究者可設定遇到大於 301 之數，減 300，或減倍數 600、900，餘數就可用，例如：301 − 300 = 001，則 001 就被抽中了。

隨機抽樣看似簡單，實際應用上困難度不小，例如：隨機從石礦、煤場、稻倉、包裝箱、貨櫃……隨機抽樣，常因體積或重量而難以移動，難以取得；又如市場調查的消費量、知名度、忠誠度……常因母體編冊（所有觀察值的編號）的造冊而困難甚大。

抽樣理論推演的建立，其基礎在隨機抽樣。上例中，母體 N = 300 人，抽出 n = 20 人，每人被抽出機率爲 $\frac{1}{N} = \frac{1}{300}$，每個觀察值有同等重要性。

二、立意抽樣

立意抽樣是研究者主觀取樣，意思是隨機抽樣的反面，這種抽樣方法在 1930 年代起，就廣泛應用，常見約有七種：

1. 判斷抽樣（judgement sampling）

判斷抽樣是由專家主觀判斷，抽出具代表性的樣本。例如：老師估計全班同學學期平均分數，如果英文老師抽取 10 位、國文老師抽取 10 位，一定不會是完全相同的學生，因此可以說專家所取的觀察值，很難說哪一位最具代表性。這種主觀判斷抽樣不是依據機率，但有時效果也很好，例如：抽取稻穀做品質測試，專家從袋中抽取，依他經驗，可正確判斷所取樣本是否可進行測試，在抽樣上，這方法經濟又實惠。

2. 配額抽樣（quota sampling）

例如：規定從學校的班級中，每班抽 10 人，包括男生 6 人及女生 4 人，每班都如此抽樣，這就是配額抽樣，是主觀規定配額，這配額抽樣是研究者對母體特性具有一些認知。在 1940 年代的選舉預測、民意測驗、市場調查等常被應用。例如：把全國分為若干區域，每一區域抽出若干投票人（以普查的人數成比例，例如：1/5），每一投票人更可分為性別、年齡、所得、教育……；這樣配額數交由調查員自己決定抽取樣本。

由於推抽理論於 1940 年代起發展得很精確，配額抽樣方法因主觀成分，對誤差及精確度難有理論支持而很快式微。

3. 通訊抽樣（the mail questionnaire sampling）

通訊抽樣是否為隨機抽樣？如果抽樣方法與配額抽樣方法相似，就不是隨機；如果抽樣方法是依機率理論，其估計的精確度與可信性可客觀計算，就是隨機。通訊抽樣最重要的誤差在不回答（nonresponse）。

4. 便利抽樣（convenience sampling）

當觀察值不在固定場所，而是流動的，例如：調查咖啡消費者而訪問過路客人，或在車站等之人，遇到人就問，不配合的受訪者就丟棄，再繼續問，這是便利抽樣。便利抽樣看似隨機抽樣，但總有幾分立意抽樣在內，看訪問者與環境的互動而定。

5. 雙重抽樣（double sampling）

先抽取層次（或區域），再從中取觀察值，例如：先抽市鎮之街名，其次在街名抽住戶；先抽取包裝箱，再從箱中抽取少數之貨物。先抽出之層次（或區域）叫第一次抽樣單位，再從中抽取之貨物叫第二次抽樣單位。如果都依隨機理論而運作，則屬隨機抽樣；如果放置處難以取出而立

意行事，則屬立意抽樣。

6. 逐次抽樣（sequential sampling）

先抽取少數樣本預備調查，必要時才作正式調查，例如：抽上班打卡15人，若準時就不抽了，若不準時再繼續抽，這種抽樣的隨機成分大。

7. 雪球抽樣（snow ball sampling）

對某事項有經驗者不多，例如：調查去過南極探險者的心理調適，則訪問去過南極之人，再由被訪問者介紹他知道的去過的人，加以訪問。因母體觀察值少，只好如此運作。

以上立意抽樣，抽取的觀察值如果沒有隨機抽樣理論支持，結論很難被認同，但有些專家經驗，亦不可被忽略。

第七章

系統抽樣（Systematic Sampling）

簡單任意抽樣之好處在每一抽取都是隨機的，即被抽出機率相等，但當母體很大時，工程就很費時、費力又不容易，例如：從 50,000 個客戶中抽 1,000 個客戶調查，要把 50,000 個客戶卡片造冊（編號），又要從亂數表中抽 1,000 個客戶；如果不造冊、不從亂數表中抽取，而用每隔 50 個客戶卡抽一張，則 50,000 個客戶中共抽出 1,000 個客戶，工程就簡單多了，這就是系統抽樣好處之一；省時、省力，抽出樣本容易，而且在執行上也方便。因此，系統抽樣廣泛被使用，例如：在城市中之調查，每隔一條街，抽一條街或抽第 j 個客戶；農產品產量調查，每隔一行，調查第 j 個產量；森林調查，放一透明方格紙於地圖上，每隔 n 格，調查一格的材積；品質管制上，在生產線上每隔 30 分鐘抽出一個樣本觀察變化。如果抽樣單位內的觀察值是相異性（異質化）（例如：包括大、中、小店在一個抽樣單位內），則精確度優於簡單任意抽樣。

一、系統抽樣之程序

1. 母體 N 分間隔，間隔內有系統樣本 k。

2. 從系統樣本 k 中抽 1 個（如 a、b、c，抽出 c）組成樣本大小 n。

N_1	N_2	N_3	N_4	N_5	N_6
k_1	k_2	k_3	k_4	k_5	k_6
c	a	b	b	b	c

(Sample Size)

　　如需要樣本大小 n = 368，則間隔要 368。相異性的系統樣本，會增加精確度。

3. 從系統樣本中抽出觀察值：A 法的機率是 $1/k$，B 法的機率是 n/N。

4. 適合系統抽樣的母體條件：(1) 隨機的母體；(2) 有次序分組的母體；(3) 有規律變動的母體。

5. 例如：森林材積調查，用一小方框放在地圖上，按規定辦法，在方格

內地區抽樣；在城市內，每隔一條小街抽出一條小街；或消費行爲調查，抽出每一第 k 個顧客；或農場產量調查，抽出在每一第 k 棵樹上果實；或生產流程調查，每隔 1 小時抽出每一第 k 個觀察值……。

6. 抽出樣本方法 A：任抽一個抽樣單位，在這抽樣單位任意指出 j（順序），而後在每一抽樣單位抽出一個觀察值。

n=4

| N = 12→ | 1,2,3 | 4,5,6 | 7,8,9 | 10,11,12 | k = 3 |

	j	j + k	j + 2k	j + 3k	
j = 1→	1	4	7	10	所有可能樣本
j = 2→	2	5	8	11	
j = 3→	3	6	9	12	

↑每個觀察值被抽出機率：$\frac{1}{3} = \frac{1}{k}$

例如：$N = 37$，$k = 8$，$n = 4$，$\frac{N}{k} = \frac{37}{8} = 4$

餘 $\frac{5}{8}$，4 是抽樣單位 n，$\frac{5}{8}$ 是 $5 \times \frac{1}{8}$，$\frac{1}{8}$ 是被抽出之機率（$\frac{1}{k}$）。

7. 抽出樣本方法 B：任選一值，例如：$j = 8$，$\frac{j}{k} = \frac{8}{3} = 2$ 餘數 2（$= r$），$r = 1$ 時，在每一抽樣單位都選第一個；$r = 2$ 時，在每一抽樣單位都選第二個；$r = 0$（被整除時），在每一抽樣單位都選第三個。

n=4

| N = 12→ | 1,2,3 | 4,5,6 | 7,8,9 | 10,11,12 | k = 3 |

j = 1→	1	4	7	10	所有可能樣本
j = 2→	2	5	8	11	
j = 3→	3	6	9	12	

↑每個觀察值從抽樣單位中抽出，被抽出機率：$\frac{4}{12} = \frac{n}{N}$，例如：$N = 37$，$k = 8$，$n = 4$，被抽出機率 $= \frac{n}{N} = \frac{4}{37}$

(1) A 法與 B 法之不同，在於觀察值被抽出機率不同，A 法為 $\dfrac{1}{k}$，B 法為 $\dfrac{n}{N}$。母體 N 不知時，不能用 B 法，例如：在車站訪問咖啡消費量。

(2) 當 N=nk 時，A 法的平均數（$\bar{y}_{sy}$）等於母體平均數（$\bar{y}$）（即 $\bar{y}_{sy}=\bar{y}$），當 N ≠ nk 時，A 法的平均數（$\bar{y}_{sy}$）不等於母體平均數（$\bar{y}$）（即 $\bar{y}_{sy}\neq\bar{y}$）；而 B 法不管 N = nk 或 N ≠ nk，系統抽樣的平均數（$\bar{y}_{sy}$）等於母體平均數（$\bar{y}$）（即 $\bar{y}_{sy}=\bar{y}$）（以後再討論）。

(3) 當 N = nk 時，建議用 A 法抽樣，比較簡單。

(4) 當 n > 50 時，A 法與 B 法是一樣的結果。

二、系統抽樣之 A 法與 B 法之平均數

例 19 假設 N 個學生擁有書本數，當 N = 9（1、2、3、4、5、6、7、8、9）時，母體平均數（$\bar{y}=\dfrac{45}{9}=5$）；當 N = 10（1、2、3、4、5、6、7、8、9、10）時，母體平均數（$\bar{y}=\dfrac{55}{10}=5.5$）。用系統抽樣，分 3 個抽樣單位（組），每個抽樣單位含有系統樣本 k = 3，從每個系統樣本中抽一個觀察值，如下列工作表：

工作表

	A法抽樣（觀察值被抽出機率 $\frac{1}{k}$）									B法抽樣（觀察值被抽出機率 $\frac{n}{N}$）		
	N=9，k=3，n=3 (N=nk)						N=10，k=3，n=3 (N=nk)			N=8，k=3，n=3		
	(A) 順序排列			(B) 任意排列			(C) 順序排列			(D) $\frac{j}{k}=\frac{2}{3}$ 餘 r=1		
	#1	#2	#3	#1	#2	#3	#1	#2	#3	#1	#2	#3
	1	2	3	6	3	4	1	2	3	1	2	3
	4	5	6	9	2	5	4	5	6	4	5	6
	7	8	9	1	7	8	7	8	9	7	8	
							10					
合計	12	15	18	16	12	17	22	15	18	12	15	9
樣本平均數 $(\bar{y}_{sy})$（表示系統抽樣）	4	5	6	$\frac{16}{3}$	$\frac{12}{3}$	$\frac{17}{3}$	$\frac{22}{3}$	$\frac{15}{3}$	$\frac{18}{3}$	4	5	4.5
	N=nk時，$\bar{y}_{sy}=\bar{y}$			N≠nk時，$\bar{y}_{sy}\neq\bar{y}$			N≠nk時，$\bar{y}_{sy}\neq\bar{y}$			N=nk或N≠nk時，$\bar{y}_{sy}=\bar{y}$		
樣本平均數的平均數 $(\bar{y})$	(4+5+6)/3=5			$(\frac{16}{3}+\frac{12}{3}+\frac{17}{3})/3$ =5			$(\frac{22}{3}+\frac{15}{3}+\frac{18}{3})/3$ =6.11			(4+5+4.5)/3=4.5		
母體平均數 (μ)	(1+2+…+9)/9=45/9=5									(1+2+…+8)/8=36/8=4.5		

註：母體總數=N，系統樣本=k，抽樣單位=n

(1) A 法之 N = nk 時，樣本平均數（$\bar{y}_{sy}$）的平均數（$\bar{y}$）(5) 等於母體平均數（μ）(5)，是母體平均數（μ）的不偏估計值（看順序排列 (A) 及任意排列 (B)）。

(2) A 法之 N ≠ nk 時（看順序排列 (C)），樣本平均數（$\bar{y}_{sy}$）的平均數（$\bar{y}$）（6.11）不等於母體平均數 (5)。

(3) B 法之 N ≠ nk，其樣本平均數（$\bar{y}_{sy}$）的平均數（$\bar{y}$）等於母體平均數（μ）（4.5 = 4.5），$\bar{y}_{sy}$ 是 $\bar{y}$ 的不偏估計值（因為樣本機率與樣本數量成比例）。

三、系統抽樣之變異數

1. 變異數基本定義

依抽樣理論，所有可能樣本平均數的變異數為：

$$\sigma^2_{\bar{y}_{sy}} = \frac{1}{k} \Sigma (\bar{y}_i - \bar{y})^2 \quad (每個觀察值被抽出機率為 \frac{1}{k}) \qquad 式 7.1$$

上式可寫成：

$$\sigma^2_{\bar{y}_{sy}} = \frac{N-1}{N} \cdot S^2 - \frac{1}{N} \Sigma (y_{ij} - \bar{y})^2 \qquad 式 7.2$$

$$上式之 S^2 = \frac{1}{N-1} \cdot \Sigma (y_{ij} - \bar{y})^2 \qquad 式 7.3$$

式中：$\sigma^2_{\bar{y}_{sy}}$ = 樣本平均數的變異數

k = 抽樣單位內的系統樣本數

$\bar{y}_i$ = 第 i 組樣本平均數

$\bar{y}$ = 樣本平均數

N = 母體總觀察值數目

y_{ij} = 第 i 組樣本的第 j 個觀察值

S² = 以自由度爲分母的母體變異數

式 7.2 右邊之 $\frac{N-1}{N} \cdot S^2$ 表示母體的變異；左邊之 $-\frac{1}{N} \Sigma (y_{ij} - \bar{y})^2$ 表示 k 組系統樣本內部的變異。相異性或異質性（heterogeneous）即大小混在同一組內（例如：一組樣本內含大、中、小店），相似性或同質性（homogeneous）即小的在一組、大的在另一組（例如：一組樣本是小店，另一組是中店或大店）。抽樣單位（組、層）越相異性，系統樣本內部變異越大，$\sigma^2_{\bar{y}_{sy}}$ 就越小。系統樣本內部變異大，表示這些樣本是相異性的樣本，就會增加系統抽樣的精確度。

以下工作表說明系統抽樣的母體分爲 3 個抽樣單位（間隔），每個抽樣單位有系統樣本 3 個：1、2、3 ｜ 4、5、6、｜ 7、8、9（這母體平均數 $\bar{y} = \frac{45}{9} = 5$），即 n = 3，k = 3 時的系統抽樣之樣本平均數的變異數的估計值，式 7.2 與直接計算的變異數的結果是一樣的。

工作表

樣本組1(A)				樣本組2(B)				樣本組3(C)				樣本組1(D)	樣本組2(E)	樣本組3(F)
y_{1j}	$\bar{y}$	$(y_{1j}-\bar{y})$	$(y_{1j}-\bar{y})^2$	y_{2j}	$\bar{y}$	$(y_{2j}-\bar{y})$	$(y_{2j}-\bar{y})^2$	y_{3j}	$\bar{y}$	$(y_{3j}-\bar{y})$	$(y_{3j}-\bar{y})^2$	$(y_{1j}-\bar{y}_1)^2$	$(y_{2j}-\bar{y}_2)^2$	$(y_{3j}-\bar{y}_3)^2$
1	5	-4	16	2	5	-3	9	3	5	-2	4	$(1\text{-}4)^2$=9	$(2\text{-}5)^2$=9	$(3\text{-}6)^2$=9
4	5	-1	1	5	5	0	0	6	5	1	1	$(4\text{-}4)^2$=0	$(5\text{-}5)^2$=0	$(6\text{-}6)^2$=0
7	5	2	4	8	5	3	9	9	5	4	16	$(7\text{-}4)^2$=9	$(8\text{-}5)^2$=9	$(9\text{-}6)^2$=9
12			21	15			18	18			21	18	18	18
平均數 $(\bar{y}_1=12/3=4)$				平均數 $(\bar{y}_2=15/3=5)$				平均數 $(\bar{y}_3=18/3=6)$						

註：y_{ij}＝第 i 組樣本的第 j 個觀察值，$\bar{y}_i$＝第 i 組樣本平均數，$\bar{y}$＝母體平均數$(1+2+\cdots+9)/9=5$

依式7.3，求 $S^2=\dfrac{1}{N-1}\cdot\Sigma(y_{ij}-\bar{y})^2$

$=\dfrac{1}{N-1}\cdot[\Sigma(y_{1j}-\bar{y})^2+\Sigma(y_{2j}-\bar{y})^2+\Sigma(y_{3j}-\bar{y})^2]$

$=\dfrac{1}{9-1}\cdot(21+18+21)=\dfrac{60}{8}$ （看(A)、(B)、(C)）

依式7.2之右邊之右項：$\dfrac{1}{N}\Sigma(y_{ij}-\bar{y})^2=\dfrac{1}{9}\Sigma(y_{ij}-\bar{y})^2=\dfrac{(18+18+18)}{9}=\dfrac{54}{9}$ （看(D)、(E)、(F)）

依式7.2：$\sigma^2_{\bar{y}_{xy}}=\dfrac{N-1}{N}\cdot S^2-\dfrac{1}{N}\Sigma(y_{ij}-\bar{y})^2=\dfrac{9-1}{9}\cdot\left(\dfrac{60}{8}\right)-\dfrac{54}{9}=\dfrac{480}{9\times8}-\dfrac{54}{9}=\dfrac{60}{9}-\dfrac{54}{9}=\dfrac{6}{9}=\dfrac{2}{3}$ （與式7.2相同）

直接計算$\sigma^2_{\bar{y}_{xy}}=\dfrac{1}{k}\Sigma(\bar{y}_i-\bar{y})^2=\dfrac{1}{3}\cdot[(4-5)^2+(5-5)^2+(6-5)^2]=\dfrac{2}{3}$ （與式7.2相同）

2. 如何衡量抽樣單位的相似性或相異性

假設母體 N = 15，這 15 個觀察值是 1、2、3、4、5 | 1、2、3、4、5 | 1、2、3、4、5 | 分為三個抽樣單位，每一抽樣單位內有系統樣本 5 個。如果第一抽樣單位抽出 2，第二抽樣單位是 2 + 5 = 7，也是抽到 2，第三抽樣單位也是抽到 2，得到系統樣本 2、2、2（完全相似性），這種情形之下，內部差異等於 0，則抽樣單位間的差異（$\sigma^2_{\bar{y}_{sy}}$）就比較大了。這是個極端例子，問題是如何衡量抽樣單位的相似性或相異性。

兩抽樣單位間的組內相關（interclass correlation）的相關係數（among correlation coefficient）可說明之：

$$\rho = \frac{\Sigma(y_{ij} - \bar{y})(y_{ij'} - \bar{y})}{(y_{ij} - \bar{y})^2} \qquad 式\ 7.4$$

用 ρ 表示 $\sigma^2_{\bar{y}_{sy}}$ 為：

$$\sigma^2_{\bar{y}_{sy}} = \frac{S^2}{n} \cdot \frac{N-1}{N}[1 + (n-1) \cdot \rho] \qquad 式\ 7.5$$

上式中：$S^2 = \dfrac{1}{N-1} \cdot \Sigma(y_{ij} - \bar{y})^2$（同式 7.3）

為計算目的 ρ 可變為：

$$\rho = \frac{2}{n-1} \cdot \Sigma(y_{ij} - \bar{y})^2 (y_{ij'} - \bar{y}) \cdot \frac{1}{N-1} \cdot \frac{1}{S^2} \qquad 式\ 7.6$$

式 7.4、7.5、7.6 中：

ρ = 組內相關係數

y_{ij} = 第 i 組樣本的第 j 個觀察值

$\bar{y}$ = 樣本平均數

$y_{ij'}$ = 第 i 組樣本的第 j 個觀察值以外的第 j' 個觀察值

$\sigma^2_{\bar{y}_{sy}}$ = 樣本平均數的變異數

S^2 = 以自由度為分母的母體變異數

N = 母體總觀察值數目

n = 樣本大小

　　請看下列工作表，母體包括 1、2、3 ｜ 4、5、6 ｜ 7、8、9 三個系統樣本（相似性高，小、中、大各在一個系統樣本內），系統抽樣分三層（相異性高），如果抽出 1、4、7；2、5、8；3、6、9；三組樣本（各組樣本內相異性高），如果抽出 1、2、3；4、5、6；7、8、9；三組樣本（各組樣本內相似性高）。計算相異性高及相似性高的兩單位間的相關係數及變異數（$\sigma^2_{\bar{y}_{sy}}$）於下表，用以說明相異性高的樣本大小（n）的 ρ 為小而負，相似性高的樣本大小（n）的 ρ 為大而正；相異性高的樣本大小（n）的變異數小，相似性高的樣本大小（n）的變異數大。為了取得相異性高的樣本大小，母體的系統樣本內要相似性高的樣本。

抽出樣本大小，組內相異性高

樣本組			$(y_{ij}-\bar{y})^2$			$(y_{1j}-\bar{y})(y_{1j'}-\bar{y})+(y_{2j}-\bar{y})(y_{2j'}-\bar{y})+(y_{3j}-\bar{y})(y_{3j'}-\bar{y})$
#1(y_1)	#2(y_2)	#2(y_3)	#1	#2	#2	
$y_{11}=1$	$y_{21}=2$	$y_{31}=3$	$(1-5)^2=16$	$(2-5)^2=9$	$(3-5)^2=4$	$(1-5)(4-5)+(1-5)(7-5)+(4-5)(7-5)=-6(\#1)$
$y_{12}=4$	$y_{22}=5$	$y_{32}=6$	$(4-5)^2=1$	$(5-5)^2=0$	$(6-5)^2=1$	$(2-5)(5-5)+(2-5)(8-5)+(5-5)(8-5)=-9(\#2)$
$y_{13}=7$	$y_{23}=8$	$y_{33}=9$	$(7-5)^2=4$	$(8-5)^2=9$	$(9-5)^2=16$	$(3-5)(6-5)+(3-5)(9-5)+(6-5)(9-5)=-6(\#3)$
$\Sigma y_{1j}=12$	$\Sigma y_{2j}=15$	$\Sigma y_{3j}=18$	21	18	21	$\Sigma(y_{ij}-\bar{y})(y_{ij'}-\bar{y})=-21$
$N=9$，$\bar{y}=\dfrac{12+15+18}{9}=5$			$\Sigma(y_{ij}-\bar{y})^2=60$			

式7.4：$\rho = \dfrac{\Sigma(y_{ij}-\bar{y})(y_{ij'}-\bar{y})}{(y_{ij}-\bar{y})^2} = \dfrac{-21}{60} = -0.35$

用式7.6求ρ：
採用系統抽樣之ρ，內含有S^2，先求S^2：

式7.3：$S^2 = \dfrac{1}{N-1}\cdot\Sigma(y_{ij}-\bar{y})^2 = \dfrac{1}{9-1}\times 60 = \dfrac{60}{8}$

式7.6：$\rho = \dfrac{2}{n-1}\cdot\Sigma(y_{ij}-\bar{y})^2(y_{ij'}-\bar{y})\cdot\dfrac{1}{N-1}\cdot\dfrac{1}{S^2} = \dfrac{2}{3-1}\cdot(-21)\cdot\dfrac{1}{9-1}\cdot\dfrac{1}{S^2} = \dfrac{2}{3-1}\cdot(-21)\cdot\dfrac{1}{9-1}\cdot\dfrac{1}{60/8} = -\dfrac{21}{60} = -0.35$（與式7.4之數相同）

式7.5變異數：$\sigma^2_{\bar{y}_{sy}} = \dfrac{S^2}{n}\cdot\dfrac{N-1}{N}[1+(n-1)\cdot\rho] = \dfrac{\frac{60}{8}}{3}\cdot\dfrac{9-1}{9}[1+(3-1)\cdot(-0.35)] = 0.666$

上述之工作表的排列是任意的，較為異質性的（如第一組1、4、7，第二組2、5、8，第3組3、6、9）。下一列的工作表排列較為同質性（第一組都是小的，第二組是中的，第三組都是大的），計算同一組系統樣本兩單位間的相關係數。

抽出樣本大小，組內相似性高

樣本組	#1(y_1)	#2(y_2)	#2(y_3)	$(y_{ij}-\bar{y})^2$ #1	#2	#2	$(y_{ij}-\bar{y})(y_{ij'}-\bar{y})+(y_{2j}-\bar{y})(y_{2j'}-\bar{y})+(y_{3j}-\bar{y})(y_{3j'}-\bar{y})$
#1	1	4	7	16	1	4	#1 (1-5)(2-5)+(1-5)(3-5)+(2-5)(3-5)=26
#2	2	5	8	9	0	9	#2 (4-5)(5-5)+(4-5)(6-5)+(5-5)(6-5)=−1
#3	3	6	9	4	1	16	#3 (7-5)(8-5)+(7-5)(9-5)+(8-5)(9-5)=26
	$\Sigma y_{1j}=6$	$\Sigma y_{2j}=15$	$\Sigma y_{3j}=24$	29	2	29	$\Sigma(y_{ij}-\bar{y})(y_{ij'}-\bar{y})=51$
	$N=9$，$\bar{y}=\dfrac{6+15+24}{9}=5$			$\Sigma(y_{ij}-\bar{y})^2=60$			

式7.4：$\rho=\dfrac{\Sigma(y_{ij}-\bar{y})(y_{ij'}-\bar{y})}{(y_{ij}-\bar{y})^2}=\dfrac{51}{60}=0.85$

式7.3：$S^2=\dfrac{1}{N-1}\cdot\Sigma(y_{ij}-\bar{y})^2=\dfrac{60}{9-1}=\dfrac{60}{8}$

式7.6：$\rho=\dfrac{2}{n-1}\cdot\dfrac{\Sigma(y_{ij}-\bar{y})(y_{ij'}-\bar{y})}{(y_{ij}-\bar{y})}\cdot\dfrac{1}{N-1}\cdot\dfrac{1}{S^2}=\dfrac{2}{3-1}\cdot 51\cdot\dfrac{1}{9-1}\cdot\dfrac{1}{\dfrac{60}{8}}=\dfrac{51}{60}=0.85$

式7.5：$\sigma^2_{\bar{y}_{sy}}=\dfrac{S^2}{n}\cdot\dfrac{N-1}{N}[1+(n-1)\cdot\rho]=\dfrac{\dfrac{60}{8}}{3}\cdot\dfrac{9-1}{9}[1+(3-1)\cdot 0.85]=6$

比較上面二個工作表，系統樣本屬相異性的，得出小而負號之 ρ（-0.35）；系統樣本屬相似性的，得出大而正號之 ρ（0.85）。ρ 小而為負號，$\sigma^2_{\bar{y}_{sy}}$ 也會小；ρ 大而為正號，$\sigma^2_{\bar{y}_{sy}}$ 也會大。$\sigma^2_{\bar{y}_{sy}}$ 小，估計較精確，故系統樣本以相異性優於相似性。

前面提到相關係數 ρ 是系統樣本內的相關係數，不同於統計學上的兩數列間的相關係數（r）。（0～0.4是低度相關，0.4～0.8是中度相關，0.8以上是高度相關）

如果要計算同一組樣本，兩單位間的相關係數 ρ，則應先求

$$S^2 = \frac{\Sigma(y_{ij} - \bar{y})^2}{N - 1}。$$

再求：$\rho = \frac{2}{n-1} \cdot \Sigma(y_{ij} - \bar{y})(y_{ij'} - \bar{y}) \cdot \frac{1}{N-1} \cdot \frac{1}{S^2}$

四、哪種母體型態適合系統抽樣

上面提到當抽樣單位是較相異性時，ρ 會較小，而 $\sigma^2_{\bar{y}_{sy}}$ 也會變小。在應用上設法使抽樣單位成為較相異性，且使 ρ 較小，問題是哪一種母體能使系統樣本抽出較相異性抽樣單位呢？

1. 任意排列的母體抽樣單位

例如：在名冊上任意抽出受訪者，調查體重，這抽樣單位是隨機的次序（randomly ordered）。隨機的樣本會是異質性的樣本，也會有一個較小的 ρ。當 ρ 小時，系統抽樣變異數（$\sigma^2_{\bar{y}_{sy}}$）與隨機抽樣的樣本平均數的變異數（$\sigma^2_{\bar{y}_{ran}}$）就會大致相同（sy 代表系統抽樣，ran 代表隨機抽樣）。

2. 有次序分組（抽樣單位）的母體

例如：調查農產品按農場面積大小順序排列（抽樣單位）抽出系統樣本，會出現相異性樣本，$\sigma_{\bar{y}_{sy}}^2$ 一般要比 $\sigma_{\bar{y}_{ran}}^2$ 小，原因是抽出時可避免在大農場或小農場抽出過多或過少的缺點；也就是說，系統樣本比任意樣本更能代表母體。

3. 規律變動的母體

例如：市場消費調查，週六、日一定會比其他日多，戶外觀光調查也有此特性；調查工廠生產的品質與工人疲倦一定有相關。在規律變動的母體下，系統抽樣可以每次變動其抽出的位置，例如：先抽出 k 單位，第二次抽出 k + 1 的單位，……。

五、樣本平均數的變異數（$\sigma_{\bar{y}_{sy}}^2$）的估計值（$\hat{\sigma}_{\bar{y}_{sy}}^2$）

求式 7.1 及 7.2 之 $\sigma_{\bar{y}_{sy}}^2$ 要知道所有 k 組的系統樣本，但實際上只能根據一個樣本組，而一個樣本組不能求出 $\sigma_{\bar{y}_{sy}}^2$ 的不偏估計值。但是在某種情況下，可視系統樣本大約與簡單任意樣本相同，可用簡單任意抽樣的樣本變異數來估計 $\sigma_{\bar{y}_{sy}}^2$，這點很實用，下列計算式是在簡單任意抽樣中提出（請參考第二章）：

$$\sigma_{\bar{y}}^2 = \frac{N-n}{N} \times \frac{S^2}{n} \quad （抽出不放回） \tag{a}$$

$$S^2 = \frac{\Sigma(y-\mu)^2}{N-1} \tag{b}$$

$$\hat{\sigma}_{\bar{y}}^2 = S_{\bar{y}}^2 \frac{N-n}{N} \times \frac{S^2}{n} \tag{c}$$

$$S^2 = \frac{\Sigma(y-\bar{y})^2}{n-1} \tag{d}$$

$$\sigma_{\bar{y}_{sy}}^2 = \frac{1}{M}\Sigma\,(\bar{y}_i - \bar{y})^2 \quad (\text{M 是所有可能樣本}) \tag{e}$$

式 (e) 表示樣本平均數（$\bar{y}_i$）與母體平均數（$\bar{y}$）的差異，這點是 $\sigma_{\bar{y}_{ran}}^2 = \sigma_{\bar{y}}^2$ 的基本定義。(a) 與 (b) 內的 S^2 表示樣本平均數（$\bar{y}_i$）與觀察值（y_i）的差異數，所以 S^2 是表示在本組的 y_i 的差異。要估計 $\sigma_{\bar{y}}^2$（所有可能樣本的 $\bar{y}$ 與 $\bar{y}_i$ 的差異），要用 S^2。再者，式 (c) 的 S^2 是樣本組的變異數，是式 (a) 的不偏估計值（不論哪種母體下），因此簡單任意抽樣之樣本平均數間的差異，可用一組內簡單樣本的差異來估計。

就系統抽樣而言，$\sigma_{\bar{y}_{sy}}^2$ 是表示所有可能系統樣本的樣本平均數（$\bar{y}_{sy}$）間的差異，問題是能不能從一組簡單系統樣本內的差異來估計出 $\sigma_{\bar{y}_{sy}}^2$ 的不偏估計值？答案是不能。為什麼不能？如果母體為 1、2、3｜1、2、3｜1、2、3｜，如下列工作表，三個樣本中抽出一個樣本，三組系統樣本的組內變異數為 0。

組別	#1	#2	#3
	1	2	3
各組觀察值	1	2	3
	1	2	3
合計	3	6	9
平均數 $\bar{y}$	1	2	3
各組組內變異數	0	0	0

但 $\sigma_{\bar{y}_{sy}}^2 = \frac{1}{M}\Sigma\,(\bar{y}_i - \bar{y})^2 = \frac{1}{3}[(1-2)^2 + (2-2)^2 + (3-2)^2] = \frac{2}{3}$

樣本平均數間的差異是 2/3，但任何一組樣本內的差異是 0，因此不能用任何一組內的差異來估計 $\sigma_{\bar{y}_{sy}}^2$。

一般說來，不能從一組系統樣本求出 $\sigma_{\bar{y}_{sy}}^2$ 的不偏估計值，但在某種情形下，可視系統樣本與簡單任意樣本相同，可用 $\sigma_{\bar{y}_{ran}}^2$ 的估計值當作 $\sigma_{\bar{y}_{sy}}^2$ 的估計值。例如：當 $\rho = 0$ 時，$\sigma_{\bar{y}_{sy}}^2$ 與 $\sigma_{\bar{y}_{ran}}^2$ 大致相同，因此可以用 $\sigma_{\bar{y}_{ran}}^2$ 當作 $\sigma_{\bar{y}_{sy}}^2$ 的估計值。

當組內相關係數是小時（即當系統樣本抽樣單位是異質性時），系統抽樣與任意抽樣要大致相同。前已言及，母體中抽樣單位若是隨意的次序，ρ 就會很小。

當 ρ 較小時，可用簡單任意抽樣來代替系統抽樣，先求簡單任意抽樣的估計變異數：

$$\sigma_{\bar{y}_{ran}}^2 = \frac{N-n}{N} \cdot \frac{S^2}{n} \quad \text{【此處 } S^2 = \frac{1}{n-1} \Sigma \, (\bar{y}_i - \bar{y})^2 \text{】} \qquad \text{式 7.7}$$

實際應用時，只計算 S^2，用式 7.7 來作為 $\sigma_{\bar{y}_{sy}}^2$ 的估計值 $\hat{\sigma}_{\bar{y}_{sy}}^2$，即：

$$\hat{\sigma}_{\bar{y}_{sy}}^2 = \frac{N-n}{N} \cdot \frac{S^2}{n} \qquad \text{式 7.8}$$

例20 想調查一人平均一週飲幾罐啤酒？以喝過啤酒的 2,000 人為母體，把母體分四組，每組人數 500 人。假設已算出需要的樣本大小為 200 人。

(1) 採用系統抽樣，抽樣單位 n 有幾個？系統樣本 k 為多少？每個觀察值被抽出的機率為多少？

(2) 系統抽樣的 A 法，如果 $N = nk$，即 $500 \times 4 = 2,000$ 人，抽出所有樣本組的樣本平均數的平均數為 $\bar{y}_A$，$\bar{y}_A$ 會等於母體的平均數（μ）嗎？

抽樣理論之應用

如果 $N \neq nk$，$\bar{y}_A$ 會等於 μ 嗎？

(3) 系統抽樣，如果每層只能找到 400 人，則 $400 \times 4 = 1,600 \neq 2,000$，即 $N \neq nk$，採用 B 法抽樣，抽出所有可能樣本組的平均數會等於母體平均數（μ）嗎？

(4) 組內相關係數 ρ 會比較小而且爲負號，又 $\sigma_{\bar{y}_{sy}}^2$ 會比較小且小於 $\sigma_{\bar{y}_{ran}}^2$ 者，是抽樣單位內的系統樣本相異性高或相似性高者？

(5) 精確性要高，抽樣單位的系統樣本要設計成相異性高或相似性高？

(6) 假設母體平均數是每人每週喝了啤酒 10 罐，抽出之樣本的標準差爲 1.0256，採用 Z = 1.96（可信性 95%），該組的平均數誤差爲多少？可信賴區間多少？

(7) 已知 N = 2,000 人，抽出 n = 200 人，計算 S = 1.0256，這組樣本的估計變異數爲多少？

答：

(1) 母體 N = 2,000 人，抽樣單位 n = 4 層（$n = \dfrac{N}{k} = \dfrac{2,000}{500}$），每層的系統樣本 k = 500 人，每個觀察值被抽出的機率爲 $\dfrac{1}{k} = \dfrac{1}{500}$。

(2) A 法抽樣，當 N = nk，所有樣本組平均數的平均數等於母體平均數（μ）。A 法抽樣，當 N $\neq$ nk，所有樣本組的平均數的平均數不會等於母體平均數（μ）。

(3) B 法抽樣，當 N $\neq$ nk 或 N = nk，所有樣本組的平均數都會等於母體平均數（μ）。

(4) 異質性高的抽樣單位。

(5) 相異性高，則精確度較高。

(6) ① 式 1.1：誤差 d = Z×S（誤差 = 可信性 × 樣本標準差）

已知，Z = 1.96，S = 1.0256 ∴ d = 1.96×1.0256 = 2（罐）

② 可信賴區間爲 10 − 2 到 10 + 2，即 8～12 罐。

(7) 已知 N = 2,000，n = 200，S = 1.0256

式 7.8：$\hat{\sigma}^2_{\bar{y}_{ran}} = \dfrac{N-n}{N} \cdot \dfrac{S^2}{n} = \dfrac{2,000-200}{2,000} \cdot \dfrac{1.0256^2}{200} = 0.005$

第八章

分層任意抽樣（Stratified Random Sampling）

本章介紹分層任意抽樣，包括分層任意抽樣的平均數與變異數，並且討論決定樣本大小（包括抽出相同樣本大小、比例分配、最適分配及紐曼分配四種及其如何將 n 分配到各層）。

一、分層任意抽樣之程序

1. 母體分層 N，層內相似性（如大、中、小店），可增加精確性。每一種店的家數 N_h 不一樣。

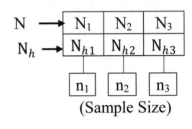

(Sample Size)

2. 從 N_h 中抽出 n_h（例如：N_1 有 300 家店，抽出 $n_1$24 店），各 n_i 不一樣。
3. 決定 Sample Size 及各層分配數有三種方式：(1) 比例分配；(2) 最適分配；(3) 紐曼分配。
4. 例如：營業額按店大、中、小分層；家庭特色按城市、農村、原野分層；農場按牲畜頭數或產量分層；人口調查按地區與人口數分層。
5. 把母體分為不重疊的小母體，叫層（strata），如何分層，按調查目的而不同。例如：調查銷售額依大超市、中超市、小超市分層；調查人民收入依城市、鄉村、原野分層；調查公司營運依資本額、員工、銷售額分層；調查農場牛羊頭數或產品數量依大、中、小農場分層；顧客欠帳分 99 以下、100-199、200-499、500 到 999、1,000 元以上五層；美國人口調查把地區分 68 層，使每層人口大致相同。從比較相似性的各層進行簡單任意抽樣，抽出的觀察值組成一個比較相異性的樣本組，叫分層任意抽樣法。要如此區分之原因是加估計精確度及較容易收集資料，但缺點是增加費用。

二、分層任意抽樣之平均數

假設資料及符號說明如下：

N=6 母體：y_i=2, 4, 6, 8, 12, 16		
N_1=3 第一層：y_1=2, 4, 6	抽出2個（n_1）：y_{1i}=2, 4（第一層子樣本）
N_2=3 第二層：y_2=8, 12, 16	抽出2個（n_2）：y_{2i}=8, 12（第二層子樣本）

1. 母體總數：$y = \Sigma y_i = 2 + 4 + 6 + 8 + 12 + 16 = 48$

2. 母體平均數：$\mu = \dfrac{\Sigma y_i}{N} = \dfrac{2+4+6+8+12+16}{6} = \dfrac{48}{6} = 8$

3. 第一層平均數：$\bar{y}_1 = \dfrac{\Sigma y_1}{N_1} = \dfrac{2+4+6}{3} = \dfrac{12}{3} = 4$

4. 第二層平均數：$\bar{y}_2 = \dfrac{\Sigma y_2}{N_2} = \dfrac{8+12+16}{3} = \dfrac{36}{3} = 12$

5. 各層子樣本的合計：$N_1 : y_1 = \Sigma y_{1i} = 2 + 4 = 6$，$N_2 : y_2 = 8 + 12 = 20$

6. 各層子樣本的平均數：$N_1 : \bar{y}_1 = \dfrac{\Sigma y_{1i}}{n_1} = \dfrac{2+4}{2} = 3$，$N_2 : \bar{y}_2 = \dfrac{8+12}{2} = 10$

7. 子樣本的估計平均數：$N_1 : \hat{y}_1 = N_1 \times \bar{y}_1 = 3 \times 3 = 9$，$N_2 : \hat{y}_2 = 3 \times 10 = 30$

8. 各層子樣本的估計總數：$\hat{y}_{st} = \hat{y}_1 + \hat{y}_2 = 9 + 30 = 39$

9. 各層子樣本的估計平均數：$\bar{y}_{st} = \hat{y}_{st} / N = 39/6 = 6.5$

如果第一層抽出 2, 4，第二層抽出 8, 12，2, 4 及 8, 12 搭配應有 9 組樣本，計算各子樣本之 y_i、$\bar{y}_i$、$\hat{y}_i$、$\hat{y}_{st}$ 及 $\bar{y}_{st}$ 如下列工作表：

工作表

(1) 第一層觀察值 y_{1j}	(2) 第二層觀察值 y_{2j}	(3) 第一層子樣本合計 $y_1=\Sigma y_{1i}$	(4) 第二層子樣本合計 $y_2=\Sigma y_{2i}$	(5) 第一層子樣本平均數 $\bar{y}_1=\Sigma y_1/n_1$	(6) 第二層子樣本平均數 $\bar{y}_2=\Sigma y_2/n_2$	(7) 第一層子樣本估計總數 $\hat{y}_1=N_1\times\bar{y}_1$	(8) 第二層子樣本估計總數 $\hat{y}_2=N_2\times\bar{y}_2$	(9)=(7)+(8) 估計樣本組總數 $\hat{y}_{st}=\Sigma\hat{y}_h=\hat{y}_1+\hat{y}_2$	(10)=(9)/N 估計樣本組平均數 $\bar{y}_{st}=\hat{y}_{st}/N$
2、4	8、12	2+4=6	8+12=20	6/2=3	20/2=10	3×3=9	3×10=30	39	39/6=6.5
	8、16		8+16=24		24/2=12	3×3=9	3×12=36	45	45/6=7.5
	12、16		12+16=28		28/2=14	3×3=9	3×14=42	51	51/6=8.5
2、6	8、12	2+6=8	8+12=20	8/2=4	20/2=10	3×4=12	3×10=30	42	42/6=7.0
	8、16		8+16=24		24/2=12	3×4=12	3×12=36	48	48/6=8.0
	12、16		12+16=28		28/2=14	3×4=12	3×14=42	54	54/6=9.0
4、6	8、12	4+6=10	8+12=20	10/2=5	20/2=10	3×5=15	3×10=30	45	45/6=7.5
	8、16		8+16=24		24/2=12	3×5=15	3×12=36	51	51/6=8.5
	12、16		12+16=28		28/2=14	3×5=15	3×14=42	57	57/6=9.5

代號說明：各層觀察值：y_{hi}，例如：第一層第一個觀察值為 y_{11}，第一層第二個觀察值為 y_{22}。

各層子樣本合計：Σy_h，例如：第一層第一組樣本合計 $\Sigma y_1=y_{11}+y_{12}=6$，第二層第一組樣本合計 $\Sigma y_2=20$。

各層子樣本平均數估計值：$\bar{y}_1$，例如：第一層第一組樣本平均 $\bar{y}_1=\dfrac{\Sigma y_1}{n_1}=3$，第二層第一組樣本平均 $\bar{y}_2=10$。

第 h 層子樣本估計總數：$\hat{y}_h=N_h\bar{y}_h$，例如：第一層第一組樣本估計總數 $\hat{y}_1=3\times3=N_1\bar{y}_1=9$，第二層第一組樣本估計總數 $\hat{y}_2=3\times10=30$。

估計樣本組總數：$\hat{y}_{st}$，$\hat{y}_{st}=\Sigma\hat{y}_h$，例如：第一層第一組樣本的總數 $\hat{y}_{st}=\hat{y}_1+\hat{y}_2=9+30=39$。

估計樣本組平均數：$\bar{y}_{st}$，$\bar{y}_{st}=\hat{y}_{st}/N$，例如：第一層第一組樣本的平均數 $\bar{y}_{st}=\hat{y}_{st}/N=39/6=6.5$。

抽樣理論之應用

前面工作表之說明：

10.估計樣本組總數的合計除以組數：$\Sigma \hat{y}_{st}/N = 432/9 = 48$（等於母體總數），設母體總數為 Y，$Y = \Sigma \hat{y}_{st}/N$　　式 8.1

（即 $\Sigma \hat{y}_{st}$ 是母體總數（Y）的不偏估計值）

11.估計樣本組平均數的合計除以組數：$(6.5 + 7.5 + \cdots + 9.5)/9 = 72/9 = 8$

（等於母體平均數），設母體平均數為 μ，$\mu = \Sigma \bar{y}_{st}/N$　　式 8.2

（即母體平均數（μ）的不偏估計值）

三、分層任意抽樣之變異數

假設母體 N（其觀察值 y_i）包括 2、4、6、8、12、16，分為二層（即二個子樣本）：N_1 包括 2、4、6；N_2 包括 8、12、16（見工作表 1）。

工作表1

層	I		II	
	y_{1i}	$(y_{1i})^2$	y_{2i}	$(y_{2i})^2$
	2	4	8	64
	4	16	12	144
	6	36	16	256
合計	12	56	36	464
平均數	$\bar{y}_1 = \dfrac{12}{3} = 4$		$\bar{y}_2 = \dfrac{36}{3} = 12$	

1. 母體的平均數：$\mu = \dfrac{\Sigma y_i}{N} = \dfrac{2+4+6+8+12+16}{6} = \dfrac{48}{6} = 8$

母體的變異數：$\sigma^2 = \dfrac{\Sigma(y_i - \mu)^2}{N} = \dfrac{(2-8)^2 + (4-8)^2 + \cdots + (16-8)^2}{6} = \dfrac{136}{6}$

2. 子樣本平均數：$\bar{y} = \dfrac{\Sigma y_{ih}}{N_i}$

(1) 第一層樣本平均數：$\bar{y}_1 = \dfrac{2+4+6}{3} = 4$

(2) 第二層樣本平均數：$\bar{y}_2 = \dfrac{8+12+16}{3} = 12$

子樣本變異數：$\sigma_h^2 = \dfrac{\Sigma(y - \bar{y})^2}{N_i}$

(1) 第一層樣本變異數：$\sigma_1^2 = \dfrac{(2-4)^2 + (4-4)^2 + (6-4)^2}{3} = \dfrac{8}{3}$

(2) 第二層樣本變異數：$\sigma_2^2 = \dfrac{(8-12)^2 + (12-12)^2 + (16-12)^2}{3} = \dfrac{32}{3}$

3. 變異數有二種表達方式，一是以觀察值數目為分母：

(1) $\sigma_h^2 = \dfrac{1}{N_h}\Sigma(y_{hi} - \bar{y}_h)^2 = \dfrac{1}{N_h}[\Sigma y_{hi}^2 - \dfrac{1}{N_h}(\Sigma y_{hi})^2]$ 式 8.3

a-1 第一層：$\sigma_1^2 = \dfrac{1}{3}\left[56 - \dfrac{1}{3}12^2\right] = \dfrac{8}{3}$ 〔結果同 3-(1)〕

a-2 第二層：$\sigma_2^2 = \dfrac{1}{3}\left[464 - \dfrac{1}{3}36^2\right] = \dfrac{32}{3}$ 〔結果同 3-(2)〕

另一種是以自由度（即觀察值數目 −1）為分母：

(2) $S_h^2 = \dfrac{1}{n_h - 1}\Sigma(y_{hi} - \bar{y}_h)^2 = \dfrac{1}{N_h - 1}[\Sigma y_{hi}^2 - \dfrac{1}{N_h}(\Sigma y_{hi})^2]$ 式 8.4

分子$\Sigma(y_{hi} - \bar{y}_h)^2 = \Sigma y_{hi}^2 - N_h\bar{y}_h^2 = \Sigma y_{hi}^2 - \dfrac{1}{N_h}\Sigma(y_{hi})^2$ 式 8.5

b-1 第一層：$S_1^2 = \dfrac{8}{3-1} = 4$

b-2 第二層：$S_2^2 = \dfrac{32}{3-1} = 16$

4. 第一層及第二層各觀察值對母體平均數（$\mu = 8$）的變異數，亦是母體變異數（σ^2）（即上之 2）。

$\sigma^2 = \dfrac{1}{N}\Sigma(y_{hi} - \mu)^2$ 式 8.6

分子$\Sigma(y_{hi} - \mu)^2 = \Sigma(y_{hi})^2 - 2\Sigma y_{hi}\mu + N\mu^2$ 式 8.7

(1) 第一層分子 $= 56 - 2 \times [(2 \times 8) + (4 \times 8) + (6 \times 8)] + 3 \times (8)^2 = 56$

(2) 第二層分子 $= 464 - 2 \times [(8 \times 8) + (12 \times 8) + (16 \times 8)] + 3 \times (8)^2 = 80$

(3) $\sigma^2 = \dfrac{56 + 80}{6} = \dfrac{136}{6}$

5. 全部母體變異數（σ^2）包括層內變異數（within variance）σ_w^2 及層間變異數 σ_b^2（between variance）（如下之 $\dfrac{136}{6} = \dfrac{40}{6} + 16$）：

(1) 全部母體變異數：

$$\sigma^2 = \frac{1}{N} \Sigma N_h \sigma_h^2 + \frac{1}{N} \Sigma N_h (\bar{y}_h - \bar{y})^2 = \sigma_w^2 + \sigma_b^2 \qquad \text{式 8.8}$$

$$\sigma^2 = \frac{40}{6} + 16 = \frac{136}{6}$$

(2) 層內變異數：

$$\sigma_w^2 = \frac{1}{N} \Sigma N_h \sigma_h^2 \qquad \text{式 8.9}$$

$$\sigma_w^2 = \frac{1}{6} \left[3 \left(\frac{8}{3} \right) + 3 \left(\frac{32}{3} \right) \right] = \frac{40}{6}$$

(3) 層間變異數：

$$\sigma_b^2 = \frac{1}{N} \Sigma N_h (\bar{y}_h - \bar{y})^2 \qquad \text{式 8.10}$$

$$\sigma_b^2 = \frac{1}{6} [3(4 - 8)^2 + 3(12 - 8)^2] = 16$$

6. 抽出不放回又不考慮次序方式抽出 2 個所有組數：$_N C_n = \dfrac{N!}{n!(N - n)!}$

(1) 第一層可抽出 $_3 C_2 = \dfrac{3 \times 2 \times 1}{2 \times 1(3 - 2)!} = 3$ 組，即 2、4；2、6；4、6

(2) 第二層可抽出 $_3 C_2 = \dfrac{3 \times 2 \times 1}{2 \times 1(3 - 2)!} = 3$ 組，即 8、12；8、16；12、16

(1) 與 (2) 互相搭配組成所有可能樣本，如工作表 2。

(1) 第一層 觀察值 y_{1i}	(2) 第二層 觀察值 y_{2i}	(3) 估計樣本 組總數 $\hat{y}_{st}=y_{1i}+y_{2i}$	(4) 估計樣本 組平均數 $\bar{y}_{st}=\bar{y}_{st}/N$	母體平均數=8	
				$(\bar{y}_{st}-\bar{y})$	$(\bar{y}_{st}-\bar{y})^2$
2、4	8、12	39	39/6	(39/6)−8= −9/6	81/36
2、4	8、16	45	45/6	(45/6)−8= −3/6	9/36
2、4	12、16	51	51/6	(51/6)−8=3/6	9/36
2、6	8、12	42	42/6	(42/6)−8= −6/6	36/36
2、6	8、16	48	48/6	(48/6)−8=0	0
2、6	12、16	54	54/6	(54/6)−8=6/6	36/36
4、6	8、12	45	45/6	(45/6)−8= −3/6	9/36
4、6	8、16	51	51/6	(51/6)−8=3/6	9/36
4、6	12、16	57	57/6	(57/6)−8=9/6	81/36
		435			270/36

註：$\hat{y}_{st}$以第一組為例：$y_1 = 2 + 4$，$y_2 = 8 + 12$，$\bar{y}_1 = 6/2 = 3$，$\bar{y}_2 = 20/2 = 10$，$\hat{y}_1 = 3 \times 3 = 9$，$\hat{y}_2 = 3 \times 10 = 30$，$\hat{y}_{st} = 9 + 30 = 39$

7. 估計母體平均數（$\bar{y}_{st}$）的變異數（$\sigma^2_{\bar{y}_{st}}$）

(1) 估計各組平均數（$\bar{y}_{st}$）對母體平均數（μ）的變異數：

$$\sigma^2_{\bar{y}_{st}}=\frac{1}{M}\Sigma\,(\bar{y}_{st}-\bar{y})^2 \quad (\text{M 是組數}) \qquad \text{式 8.11}$$

$$\sigma^2_{\bar{y}_{st}}=\left(\frac{270}{36}\right)/9=\frac{30}{36}$$

(2) 抽樣理論之估計母體平均數的變異數（$\sigma^2_{\bar{y}_{st}}$）之計算式：

$$\sigma^2_{\bar{y}_{st}}=\Sigma\left(\frac{N_h}{N}\right)^2 \cdot \frac{N_h-n_h}{N_h} \cdot \frac{S^2_h}{n_h} \qquad \text{式 8.12}$$

$$=\frac{1}{N^2}\Sigma N^2_h \cdot \frac{N_h-n_h}{N_h} \cdot \frac{S^2_h}{n_h} \qquad \text{式 8.13}$$

抽樣理論之應用

$$= \frac{1}{N^2} \Sigma \frac{N_h - n_h}{N_h} \cdot \frac{(N_h S_h)^2}{n_h} \qquad\qquad 式\ 8.14$$

$$= \frac{1}{N^2} \left(\frac{N_h S_h}{n_h} \right)^2 - \frac{1}{N^2} \Sigma N_h S_h^2 \quad (抽出不放回)$$

$$= \frac{1}{N^2} \Sigma \frac{(N_h S_h)^2}{n_h} \quad (當\ fpc = 1\ 時) \quad (抽出再放回) \qquad 式\ 8.15\text{-}1$$

以上之 3 之 b-1 第一層 $S_1^2 = 4$，b-2 第二層 $S_2^2 = 16$ 計算，則式 8.14 是

$$\sigma_{\bar{y}_{st}}^2 = \frac{1}{N^2} \left[\frac{N_1 - n_1}{N_1} \frac{(N_1 S_n)^2}{n_1} + \frac{N_2 - n_2}{N_2} \frac{(N_2 S_2)^2}{n_2} \right]$$

$$= \frac{1}{36} \left[\frac{3-2}{3} \times \frac{(9 \times 4)^2}{2} + \frac{3-2}{3} \times \frac{(9 \times 16)^2}{2} \right] = \frac{30}{36} \quad (與\ 7.(1)\ 同)，又相同$$

於工作表 2 之最後一欄 $\dfrac{270}{36}$，其平均數 $\dfrac{270/36}{9} = 30/36$

8. 如果第一層的 S_1^2，第二層的 S_2^2 及 $\sigma_{\bar{y}_{st}}^2$ 都已算出，如工作表 3 資料：

工作表3

I	II	S_1^2	S_2^2	$\hat{\sigma}_{\bar{y}_{st}}^2$
2、4	8、12	2	8	15/36
	8、16		32	51/36
	12、16		8	15/36
2、6	8、12	4	8	24/36
	8、16		32	60/36
	12、16		8	24/36
4、6	8、12	5	8	15/36
	8、16		32	51/36
	12、16		8	15/36

估計平均數的變異數（$\sigma_{\bar{y}_{st}}^2$）的估計值：

式 8.4：$S_h^2 = \dfrac{1}{n_{h-1}} \Sigma (y_{hi} - \bar{y}_h)^2$

以此式計算出資料中之 S_1^2 及 S_2^2，例如：

第 I 層之 2、4，$S_1^2 = \dfrac{(2-3)^2 + (4-3)^2}{2-1} = 2$

第 II 層之 8、12，$S_2^2 = \dfrac{(8-10)^2 + (12-10)^2}{2-1} = 8$

代入式 8.13：$\hat{\sigma}_{\bar{y}_{st}}^2 = \dfrac{1}{N^2} \Sigma N_h^2 \cdot \dfrac{N_h - n_h}{N_h} \cdot \dfrac{S_h^2}{n_h}$ 式 8.15-2

第一組 $\hat{\sigma}_{\bar{y}_{st}}^2 = \dfrac{1}{6^2}\left[3^2 \cdot \left(\dfrac{3-2}{3}\right) \cdot \left(\dfrac{2}{2}\right) + 3^2 \cdot \left(\dfrac{3-2}{3}\right) \cdot \left(\dfrac{8}{2}\right)\right] = \dfrac{15}{36}$

9. 估計母體總數（$\hat{y}_{st}$）的變異數（$\sigma_{\hat{y}_{st}}^2$）的估計值（$\hat{\sigma}_{\hat{y}_{st}}^2$）抽樣理論，提出之計算式為：

$\hat{\sigma}_{\hat{y}_{st}}^2 = \Sigma N_h^2 \cdot \dfrac{N_h - n_h}{N_h} \cdot \dfrac{S_h^2}{n_h}$ 式 8.16

$= \Sigma \dfrac{N_h - n_h}{N_h} \cdot \dfrac{(N_h S_h)^2}{n_h}$ 式 8.17

上式之 $S_h^2 = \dfrac{\Sigma (y_{hi} - \bar{y}_n)^2}{n_{h-1}}$ 式 8.18

前述之 3 之 b-1 第一層 $S_1^2 = 4$，b-2 第二層 $S_2^2 = 16$，代入式 8.16，則

$\hat{\sigma}_{\hat{y}_{st}}^2 = \left[\dfrac{(3-2)}{3} \times \dfrac{(9 \times 4)}{2}\right] + \left[\dfrac{(3-2)}{3} \times \dfrac{(9 \times 16)}{2}\right] = 30$，工作表 3 之最後一欄，除以 9，即 $\dfrac{1}{9}\left(\dfrac{15}{36} + \dfrac{51}{36} + \cdots + \dfrac{15}{36}\right) = \dfrac{30}{36}$，兩者結果相同，所以 $\hat{\sigma}_{\hat{y}_{st}}^2$ 是 $\sigma_{\bar{y}_{st}}^2$ 的不偏估計值。

四、分層任意抽樣的優點

1. 把商店分大、中、小店，每層都有被抽出機會。如果採用簡單隨機抽

樣，可能因爲大店少，抽到機率小。在每一個觀察值都有同等重要原則，分層任意抽樣優於簡單任意抽樣。

2. 分層任意抽樣在管理上比較容易收集資料。例如：調查大學生讀書時間，以學院分層，調查抽出的學院，不必全省調查；如果有行政辦公室分布全省，以辦公室爲分層，不必跑全省。

3. 如果母體包括（1、2、3、4、5、6、7、8）分二層，小的都在一層（1、2、3、4），大的都在另一層（5、6、7、8），這樣分層叫相似性層；如果大小分配在同一層，如（1、8、3、6）及（2、4、5、7），這分層叫相異性層。各層分成相似性層，可使 σ_w^2 變小，而且比簡單任意抽樣的變異數還小，變異數小，估計就越精確。

4. 層越相似性，變異數越小，估計平均數越精確，例如：第一層7人各有 100 元，第二層5人各有 150 元，這是相似性層（相同的都在一層），此樣本平均數爲 $[(100 \times 7) + (150 \times 5)]/(7 + 5) = 1,450/12$，這平均數的估計值絕對正確，也就是層間變異數等於 0。

5. 如果母體包括 2、4、6、8、12、16，以簡單任意抽樣，抽 n = 4（用抽出不放回方式），最小組爲 2、4、6、8，平均數 5；最大組爲 6、8、12、16，平均數 10.5。如果母體分二層，第一層 2、4、6，第二層 8、12、16，每層抽 n = 4，構成母體樣本組，最小組是 2、4、8、12，平均數 6.5；最大組是 4、6、12、16，平均數 9.5；下圖可明顯看出母體平均數的分散度，分層任意抽樣小於簡單任意抽樣，即 $\sigma_{\bar{y}_{st}}^2$ 比 $\sigma_{\bar{y}}^2$ 小（越小越精確）。

五、在樣本大小（n）已知下的各層分配樣本數

假設樣本大小已知道（n 的決定，後面會討論），現討論樣本大小（n）在各層分配，包括比例分配、最適分配及紐曼分配。

1. 比例分配（proportion allocation）

每層都抽出相同的比例（如 5%）作爲各層任意抽樣的子樣本，稱爲分層任意抽樣的樣本大小的比例分配。如 $\dfrac{n_1}{N_1} = \dfrac{n_2}{N_2} = \dfrac{n}{N} = f$，$\dfrac{n}{N}$ 是抽樣比率（sampling ratio）。

(1) 各層抽出相同比率的比例分配

例如：從 N = 100 中抽出 n = 50，$\dfrac{n}{N}$ 是抽樣比率，即 50/100 = 50%。如果從第一層 2、4、6（$N_1 = 3$）及第二層 8、12、16（$N_2 = 3$）中共抽出 4 個，每層維持抽樣比率 4/6 = 66.67%（f 表示）。

第一層：抽出 $n_1 = N_1 f = 3 \times 0.6667 = 2$
第二層：抽出 $n_2 = N_2 f = 3 \times 0.6667 = 2$ } 各層抽出相同樣本

$$n_h = \frac{n}{L} \qquad\qquad 式 8.19\text{-}1$$

合計抽出一組樣本 4 個觀察值。

亦可用 $\dfrac{3}{6} \times 4 = 2$（第一層），$\dfrac{3}{6} \times 4 = 2$（第二層），合計 4 個，各層維持一定抽樣比率 f：

$$n_h = \frac{N_h}{N} \cdot n \qquad\qquad 式 8.19\text{-}2$$

抽樣理論之應用

式中：n_h＝第 h 層的觀察值個數，f＝抽樣比率＝$\frac{n}{N}$，L 或 N_h＝各層觀察個數

N＝母體觀察值總數目，n＝樣本大小，n_i＝各層抽出數目

(2) 比例分配的母體平均數（$\bar{y}$）的估計值（$\bar{y}_{st}$）

母體平均數的估計值（$\bar{y}_{st}$）是母體平均數（$\bar{y}$）的不偏估計值，估計母體平均數爲：

$$\bar{y}_{st} = \frac{\sum y_{hi}}{n} = \frac{\sum n_h \bar{y}_h}{n} \qquad \text{式 8.20}$$

式中：$\bar{y}_{st}$＝估計母體平均數，y_{hi}＝第 h 層第 i 個觀察值

n_h＝各層分配樣本數，$\bar{y}_h$＝第 h 層的平均數

n＝各層抽到的樣本大小合計

例21 六個男生每人每餐吃水餃個數分別爲 20、25、35、30、24、26；四個女生分別爲 10、12、8、6。請問：(1) 抽樣比率爲 1/2，男生與女生各抽出幾人？(2) 如果男生抽出 3 人，抽到 25、20、35；女生抽出 2 人，抽到 10、6，估計母體平均數（$\bar{y}_{st}$）（每人每餐平均吃水餃數）爲多少？這組樣本實際平均數爲多少？

答：

(1) 以式 8.19 計算各層相同抽樣比率的分配：

男生：$n_1 = N_1 \times f = 6 \times \frac{1}{2} = 3$
男生：$n_2 = N_2 \times f = 4 \times \frac{1}{2} = 2$ ⎫合計 5 人

(2) 以式 8.20 計算估計母體平均：

估計母體平均數：$\bar{y}_{st} = \frac{\sum y_{hi}}{n} = \frac{25+20+35+10+6}{5} = 19.2$ 個

實際平均數：$\bar{y} = \frac{20+25+35+30+24+26+10+12+8+6}{10} = 19.6$ 個

(3) 比例分配的母體平均數的變異數（$\sigma^2_{\bar{y}_{prop}}$）（prop表示比例分配）

依抽樣理論，母體平均數的變異數為：

$$\sigma^2_{\bar{y}_{prop}} = \frac{N-n}{N} \sum \frac{N_h}{N} \cdot \frac{S_h^2}{n} \text{（fpc} \neq 1\text{）} \qquad \text{式 8.21}$$

$$= \sum \frac{N_h}{N} \cdot \frac{S_h^2}{n} \text{（fpc} = 1\text{）} \qquad \text{式 8.22}$$

上式中 S_h^2 是 $\hat{\sigma}^2_{\bar{y}_{prop}}$ 的不偏估計值，而 S_h^2 的不偏估計值是 s_h^2，代入上式得比例分配的母體平均數的變異數的估計值（$\hat{\sigma}^2_{\bar{y}_{prop}}$）：

$$\hat{\sigma}^2_{\bar{y}_{prop}} = \frac{N-n}{N} \sum \frac{N_h}{N} \cdot \frac{s_h^2}{n} \text{（fpc} \neq 1\text{）} \qquad \text{式 8.23}$$

$$= \sum \frac{N_h}{N} \cdot \frac{s_h^2}{n} \text{（fpc=1）} \qquad \text{式 8.24}$$

$$= \frac{1}{N} \frac{\sum N_n s_n^2}{n} - \frac{1}{N^2} \sum N \qquad \text{式 8.25}$$

$$\text{此處 } s_h^2 = \frac{\sum(y_{hi} - \bar{y}_h)^2}{n_{h-1}} \qquad \text{式 8.26}$$

(4) 比例分配的估計母體平均數的標準差

$$S_{\bar{y}_{st}} = \sqrt{\hat{\sigma}^2_{\bar{y}_{prop}}} \qquad \text{式 8.27}$$

式 8.21、8.22、8.23、8.24、8.25、8.26、8.27 之代號：

$\sigma^2_{\bar{y}_{prop}}$ = 比例分配的平均數的變異數，y_{hi} = 第 h 層第 i 個觀察值

N = 母體觀察值總數目，$\bar{y}_h$ = 第 h 層的平均數

n = 各層觀察值總數目，n_h = 各層分配樣本數

$\bar{y}_{st}$ = 估計母體平均數，$\hat{\sigma}^2_{\bar{y}_{prop}}$ = 母體平均數的變異數的估計值

S_h^2 = 第 h 層每組樣本以（n－1）為分母的變異數

$S_{\bar{y}_{st}}$ = 估計母體平均數的標準差

抽樣理論之應用

例 22 如果母體分二層，第一層為 2、4、6，第二層為 8、10、12。假設樣本大小為 n = 4，抽出第一層為 2、6，第二層為 8、12，問：(1) 母體分二層的各平均數及變異數各為多少？(2) 樣本的平均數變異數為多少？(3) 第一、二層抽樣比率各多少？(4) 二層交互搭配成一組樣本的比率為多少？(5) 估計母體變異數要採用 fpc = 1 或 fpc ≠ 1 的計算式？

答：

(1) 母體：第一層的平均數：$(2 + 4 + 6)/3 = 4 = \overline{y}_1$

第二層的平均數：$(8 + 10 + 12)/3 = 10 = \overline{y}_2$

第一層的變異數：$[(2 - 4)^2 + (4 - 4)^2 + (6 - 4)^2]/(3 - 1) = 4 = S_I^2$

第二層的變異數：$[(8 - 10)^2 + (10 - 10)^2 + (12 - 10)^2]/(3 - 1)$
$= 4 = S_{II}^2$

(2) 樣本：第一層的平均數：$(2 + 6)/2 = 4 = \overline{y}_1$

第二層的平均數：$(8 + 12)/2 = 10 = \overline{y}_2$

第一層的變異數：$[(2 - 4)^2 + (6 - 4)^2]/(2 - 1) = 8 = S_I^2$

第二層的變異數：$[(8 - 10)^2 + (12 - 10)^2]/(2 - 1) = 8 = S_{II}^2$

(3) 抽樣比率 $\dfrac{n}{N}$，第一層為 $\dfrac{2}{3}$，第二層為 $\dfrac{2}{3}$

(4) 兩層相互搭配，一組樣本（2、4、8）的抽樣比率為 $\dfrac{2}{3} \times \dfrac{2}{3} = \dfrac{4}{9}$
$= 44.44\%$

(5) 採用 fpc ≠ 1（因為抽樣比率大於 5%），所以代入式 8.21

$$\sigma_{\overline{y}_{prop}}^2 = \frac{N - n}{N} \sum \frac{N_h}{N} \cdot \frac{S_h^2}{n} = \frac{6 - 4}{6}\left[\left(\frac{3}{6} \cdot \frac{8}{4}\right) + \left(\frac{3}{6} \cdot \frac{8}{4}\right)\right] = \frac{4}{6}$$

例 23 如果一餐吃水餃個數，男生為 20、25、35、30、24、26，女生為 10、12、8、6，樣本大小 n = 5，男生抽出 25、24、26，女生抽出 8、10，問估計母體的變異數為多少？

答：

樣本：第一層的平均數：$(25 + 24 + 26)/3 = 25$

第二層的平均數：$(8 + 10)/2 = 9$

第一層的變異數：$[(25 - 25)^2 + (24 - 25)^2 + (26 - 25)^2]/(3 - 1) = 1$

第二層的變異數：$[(8 - 9)^2 + (10 - 9)^2]/(2 - 1) = 2$

代入式 8.21 $\sigma^2_{\bar{y}_{prop}} = \dfrac{N - n}{N} \sum \dfrac{N_h}{N} \cdot \dfrac{S_h^2}{n} = \dfrac{10 - 5}{10} \left[\left(\dfrac{6}{10} \cdot \dfrac{1}{5} \right) + \left(\dfrac{4}{10} \cdot \dfrac{2}{5} \right) \right] = \dfrac{7}{50}$

例24 已知資料如下表之 (1)、(2)、(3)、(4)，試回答：①假設樣本大小 n = 40 已決定，用分層抽樣法的比例分配，各層分配多少樣本數？②估計母體平均數爲多少？③估計母體平均數的變異數爲多少？④估計母體平均數的標準差爲多少？

超級市場層別（以店面積分）	(1)各層之超市個數 N_h	(2)各層被抽到之個數 n_h	(3)各層的變異數 S_h^2	(4)各層的銷售金額平均（千元）$\bar{y}_h$	(2)×(4)各層銷售總金額 $n_h \times \bar{y}_h$	(1)×(3) $N_h \times S_h^2$
小型	300	24	1	4	96	300
中型	150	12	4	12	144	600
大型	50	4	16	24	96	800
合計	500	40			336	1,700

答：

① 各層抽出數量

式 8.19-2：　I：$n \times \dfrac{n_1}{N} = 40 \times \dfrac{300}{500} = 24$

II：$n \times \dfrac{n_2}{N} = 40 \times \dfrac{150}{500} = 12$

III：$n \times \dfrac{n_3}{N} = 40 \times \dfrac{50}{500} = 4$

合計 40（用簡單任意抽出）

② 估計母體平均數（即各層銷售金額平均數）

式 8.20：$\bar{y}_{st} = \dfrac{\sum y_{hi}}{n} = \dfrac{\sum n_h \bar{y}_h}{n} = \dfrac{336}{40} = 8.4$（即 8,400 元）

③ 估計母體平均數的變異數

式 8.23：$\hat{\sigma}^2_{\bar{y}_{prop}} = \dfrac{N-n}{N} \sum \dfrac{N_h}{N} \cdot \dfrac{S_h^2}{n} = \dfrac{500-40}{500} \cdot \dfrac{1}{500} \cdot \dfrac{1,700}{40}$

$\qquad\qquad = \dfrac{782}{10,000} = 0.0782$

④ 估計母體平均數的標準差

代入式 8.27：$S_{\bar{y}_{st}} = \sqrt{0.0782} \doteq 0.28$（即標準差 280 元）

(5) 分層任意抽樣法之比例分配的優點

① 比例分配不需知道各層的變異數。

② 比例分配不需知道各層抽樣單位的費用。

③ 樣本平均數（$\bar{y}$）可從樣本獲得。

④ 比例分配比最適分配、紐曼分配較常用。

⑤ 分層任意抽樣法之比例分配對簡單任意抽樣而言，精確性更高。

抽樣理論告訴我們簡單任意抽樣的變異數（$\sigma^2_{\bar{y}_{ran}}$）與比例分層抽樣的變異數（$\sigma^2_{\bar{y}_{prop}}$）之間為：

$$\sigma^2_{\bar{y}_{ran}} = \sigma^2_{\bar{y}_{prop}} + \dfrac{1}{n}\sigma_b^2 \qquad\qquad 式\ 8.28$$

這說明 $\sigma^2_{\bar{y}_{prop}}$ 比 $\sigma^2_{\bar{y}_{ran}}$ 還要小，σ_b^2 是層間變異數，當層內是相似性層時，層間差異大，則比例分層抽樣會更有效（例如：分大、中、小店調查銷售額或消費量，分士、農、工、商調查所得）。

2. 最適分配（或最優配置）（Optimum Allocation）

(1) 什麼是最適分配

考慮各層調查費用，把樣本大小 n 分配於各層 n_h，以便減低樣本平均數的變異數$\sigma^2_{\bar{y}_{st}}$的方法叫最適分配法。抽樣費用包括：設計樣本、編造底冊、訓練調查員、收集資料（調查員交通、住宿、膳食、津貼）、整理資料、編製報告（打字、紙張、印刷、編冊）、辦公室費用、間接費用……。抽樣費用（以 C 表示）分固定費用（以 C_o 表示）及各層變動費用（以 C_h 表示）。

(2) 最適分配各層樣本大小之分配

抽樣理論告訴我們最適分配之各層之樣本大小計算式為：

① $n_h = \dfrac{N_h S_h / \sqrt{C_h}}{\Sigma (N_h S_h) / \sqrt{C_h}} \times n$ 　　　　　　　式 8.29

式中 n_h = 第 h 層之樣本大小，N_h = 第 h 層的觀察值總數目，S_h = 第 h 層以自由度為分母的變異數，C_h = 第 h 層的費用，n = 已決定的樣本大小。

式中 $N_h S_h$ 與 n_h 成比例，如都市家庭多，農村家庭少，就要在都市中多抽出一些；如都市層內變異很大，就要在都市多抽出一些，層內差異越大，就必須在這層多抽出些。$\sqrt{C_h}$ 表示哪一層費用較少，就從哪層多抽出一些。

② C_h 不必知道也可以，只知道各層費用的比率就夠了。例如：有二層，其費用比率是 1:3，然後會知道第一層為：

$$n_1 = \frac{N_1 S_1 / \sqrt{C_1}}{N_1 S_1 / \sqrt{C_1} + N_2 S_2 / \sqrt{C_2}} \times n$$

$$= \frac{N_1 S_1}{N_1 S_1 + N_2 S_2 / \sqrt{3}} \times n$$

當 C_h 的比率精確資料取不到（是常有之事）時，可用間接方法估計。

抽樣理論之應用

例如：第 I 層是城市，第 II 層是農村，訪問農村所用時間為城市的三倍，所以第 II 層的費用為第一層的三倍。

當各層的 S_h 相差不大，C_h 也相差不大時，設定 $S_1 = S_2$、$C_1 = C_2$，式 8.29 可變為 $n_h = \dfrac{N_h}{N} \cdot n$，這是比例分配，當各層的 S_h 及 C_h 差別不大時，例如：估計超市平均銷售量按地域分層，此時最適分配與比例分配效果相似。反之，各層之 S_h 及 C_h 都不同時，例如：按大、中、小分層，各層 S_h 會變化很大，最適分配的效果優於比例分配。

(3) 最適分配的母體平均數（$\bar{y}_{st}$）

$$\bar{y}_{st} = \frac{\sum n_h \bar{y}_h}{N} = \frac{\sum y_{hi}}{N} \qquad \text{式 8.30}$$

(4) 最適分配的母體平均數的變異數（$\sigma^2_{\bar{y}_{st}}$ 或 $\sigma^2_{\bar{y}_{prop}}$）

抽樣理論之母體平均數（$\bar{y}_{st}$）的變異數（$\sigma^2_{\bar{y}_{st}}$）為：

$$\sigma^2_{\bar{y}_{st}} = \sum \left(\frac{N_h}{N}\right)^2 \frac{S_h^2}{n_h} - \frac{1}{N^2} \sum N_h S_h^2 \qquad \text{式 8.31}$$

把式 8.29 代入式 8.31 得出最適分配的母體平均數的變異數（$\sigma^2_{\bar{y}_{opt}}$）為：

$$\sigma^2_{\bar{y}_{opt}} = \frac{1}{N^2} \cdot \frac{1}{n} \sum (N_h S_h \sqrt{C_h}) \left(\sum \frac{N_h S_h}{\sqrt{C_h}}\right) - \frac{1}{N^2} \sum N_h S_h^2 \qquad \text{式 8.32}$$

式中 S_h^2 以 $S_h^2 = \dfrac{\sum (y_{hi} - \bar{y})^2}{n - 1}$ 代之 $\qquad \text{式 8.33}$

(5) 最適分配的母體平均數的變異數的估計值（$\hat{\sigma}^2_{\bar{y}_{opt}}$）

抽樣理論提出 $\hat{\sigma}^2_{\bar{y}_{opt}}$ 計算式如下：

$$\hat{\sigma}^2_{\bar{y}_{opt}} = \frac{1}{N^2} \cdot \frac{(N_h S_h)^2}{n_h} - \frac{1}{N^2} \cdot N_h S_h^2 \qquad \text{式 8.34}$$

$$= \frac{1}{N^2} \cdot \sum \frac{N_h - n_h}{n_h} \cdot \frac{(N_h S_h)^2}{n_h} \qquad \text{式 8.35}$$

(6) 最適分配的母體平均數的標準差（$S_{\bar{y}_{opt}}$）

$$S_{\bar{y}_{opt}} = \sqrt{\hat{\sigma}^2_{\bar{y}_{opt}}} \qquad \text{式 8.36}$$

(7) 最適分配的估計母體平均數（$\bar{y}_{st}$）的信賴區間

$$(\bar{y}_{st} - ZS_{\bar{y}_{opt}}) < \mu < (\bar{y}_{st} + ZS_{\bar{y}_{opt}}) \qquad \text{式 8.37}$$

　　式 8.29、8.30、8.31、8.32、8.33、8.34、8.35、8.36 及 8.37 中：$\bar{y}_{st} =$ 估計母體平均數，$N_h =$ 第 h 層觀察值總數目，$\bar{y}_h =$ 第 h 層平均數，$y_{hi} =$ 第 h 層第 i 個觀察值，$N =$ 母體觀察值總數目，$\sigma^2_{\bar{y}_{opt}} =$ 最適分配（opt）的平均數的變異數，$n =$ 已決定的樣本大小，$S_h^2 =$ 第 h 層以（$n-1$）為分母的變異數，$C_h =$ 第 h 層的費用，$s_h^2 =$ 第 h 層的樣本以（$n-1$）為分母的變異數，$n_h =$ 第 h 層分配到的樣本大小，$S_{\bar{y}_{opt}} =$ 最適分配的母體平均數的標準差，$\mu =$ 母體平均數。

例25 某大城市超市已知：(1) 大型有 80 家，中型有 160 家，小型有 260 家；(2) 標準差：大型為 12，中型為 8，小型為 4；(3) 調查費：大型為 9（千元），中型為 4（千元），小型為 1（千元）；(4) 平均每天營業額已知：大型為 50（千元），中型為 30（千元），小型為 10（千元），從 500 家中以最適分配法抽樣，假設已決定樣本大小 n=100 家，請問：(1) 大、中、小型超市之最適分配樣本數各多少？(2) 大、中、小

型超市估計平均每天多少營業額？(3) 估計平均數的變異數為多少？(4)
估計平均數的標準差為多少？(5) 假設採 Z=3 時，估計每天營業額的信
賴區間為多少？

層別	N_h	S_h	N_hS_h	C_h	$\sqrt{C_h}$	$\dfrac{(N_hS_h)}{\sqrt{C_h}}$	各層分配樣本數（n_h）	$\overline{y}_h$（千元）	$N_h\overline{y}_h$
I	80	12	960	9	3	320	16	50	4,000
II	160	8	1,280	4	2	640	32	30	4,800
III	260	4	1,040	1	1	1,040	52	10	2,600
	500		3,280			2,000	100	90	11,400

答：

(1) 最適分配的分配樣本數

式 8.29：$n_h = \dfrac{N_hS_h/\sqrt{C_h}}{\Sigma(N_hS_h)/\sqrt{C_h}} \times n$

$n_1 = [(960/3)/2,000] \times 100 = 16$

$n_2 = [(1,280/2)/2,000] \times 100 = 32$

$n_3 = [(1,040/1)/2,000] \times 100 = 52$

(2) 最適分配的估計平均數（$\overline{y}_{st}$）

式 8.30：$\overline{y}_{st} = \dfrac{\Sigma y_{hi}}{N} = \dfrac{\Sigma N_h\overline{y}_h}{N} = \dfrac{(4,000+4,800+2,600)}{500} = \dfrac{11,400}{500} = 22.8$（千元）

(3) 估計平均數的變異數的估計值（$\hat{\sigma}^2_{\overline{y}_{prop}}$）

先整理成下表：

$(N_hS_h)^2$	$\text{\textcircled{A}}(N_hS_h)^2/n_h$	$\text{\textcircled{B}}(N_h-S_h)/N_h$	$\text{\textcircled{A}}\times\text{\textcircled{B}}$
960^2	$960^2/16$	$64/80$	46,080
$1,280^2$	$1,280^2/32$	$128/160$	40,960
$1,040^2$	$1,040^2/52$	$208/260$	16,640
			103,680

式 8.35：$\hat{\sigma}_{\bar{y}_{opt}}^2 = \dfrac{1}{N^2} \cdot \Sigma \dfrac{N_h - n_h}{n_h} \cdot \dfrac{(N_hS_h)^2}{n_h}$

$\qquad\qquad = \dfrac{1}{500^2} \cdot (103,680) = 0.41472$

(4) 估計平均數的標準差

式 8.36：$S_{\bar{y}_{opt}} = \sqrt{0.41472} \doteqdot 0.643$

(5) 估計母體平均數（$\bar{y}_{st}$）的信賴區間

式 8.37：$(\bar{y}_{st} - ZS_{\bar{y}_{opt}}) < \mu < (\bar{y}_{st} + ZS_{\bar{y}_{opt}})$

$\qquad\qquad 22.8 - 3(0.643) < \mu < 22.8 + 3(0.643)$

$\qquad\qquad 20.871 < \mu < 24.729$（千元）

註：例如有兩層，第一層包括 2、2、4、6、6，第二層包括 8、8、12、16、16，已知 $S_1 = 2$，$S_2 = 4$，$S_1^2 = 4$，$S_2^2 = 16$，整理資料如下，式 8.32 及式 8.34 所求得的變異數結果相同。

	N_h	S_h	S_h^2	C_h	$\sqrt{C_h}$	N_hS_h	$\dfrac{(N_hS_h)}{\sqrt{C_h}}$	$N_hS_h\sqrt{C_h}$	$N_hS_h^2$	$(N_hS_h)^2$	$\dfrac{(N_hS_h)^2}{n_h}$
I	5	2	4	1	1	10	10	10	20	100	50
II	5	4	16	4	2	20	10	40	80	400	200
							50	100			250

式 8.32：$\sigma_{\bar{y}_{opt}}^2 = \dfrac{1}{N^2} \cdot \dfrac{1}{n} \Sigma (N_h S_h \sqrt{C_h})\left(\Sigma \dfrac{N_h S_h}{\sqrt{C_h}}\right) - \dfrac{1}{N^2}\Sigma N_h S_h^2$

$$=\left(\frac{1}{10}\right)^2 \cdot \frac{1}{4}(50)(20) - \left(\frac{1}{10}\right)^2 \cdot 100 = 2.5 - 1 = 1.5$$

式 8.34：$\hat{\sigma}^2_{\bar{y}_{opt}} = \frac{1}{N^2} \cdot \frac{(N_h S_h)^2}{n_h} - \frac{1}{N^2} \cdot N_h S_h^2$

$$=\left(\frac{1}{10}\right)^2 \cdot (250) - \left(\frac{1}{10}\right)^2 \cdot 100 = 2.5 - 1 = 1.5$$

當 S_h^2 未知，用 s_h^2 代之，估計 s_h^2 要知道 n_h，要計算 n_h 必須要知道 S_h^2，故可先抽出副樣本 n_h'，或用過去資料，或其他方法對 s_h^2 作初步估計，初步估計用 s_h' 表示，用 s_h' 計算出 n_h，而後重新計算 S_h 與 S_h' 最初估計的相核對，如果 S_h 與 S_h' 差異很小，就用這個 n_h 分配，如果兩者差異很大，就重新重複的估計，直到差異變小。

3. 紐曼分配（neyman's allocation）

當各層費用相差不大時，把已知樣本大小（n）分配到各層，使產生估計變異數 $\sigma^2_{\bar{y}_{st}}$ 最小的每層分配，就是紐曼分配。

(1) 紐曼分配把已知樣本大小n分配到各層

抽樣理論提出每層的分為樣本大小為：

$$n_h = \frac{N_h S_h}{\Sigma N_h S_h} \times n \qquad\qquad 式 8.38$$

(2) 紐曼分配的估計平均數（$\bar{y}_{st}$）

抽樣理論提出紐曼分配的估計平均數為：

$$\bar{y}_{st} = \frac{\Sigma N_h \bar{y}_h}{N} \qquad\qquad 式 8.39$$

(3) 紐曼分配的估計平均數（$\bar{y}_{ney}$）的變異數（$\sigma^2_{\bar{y}_{ney}}$）

抽樣理論提出：

$$\sigma^2_{\bar{y}_{ney}} = \frac{1}{N^2} \cdot \frac{\Sigma(N_h S_h)^2}{n_h} - \frac{1}{N^2} \Sigma N_h S_h^2 \qquad 式\ 8.40$$

(4) 紐曼分配的估計平均數的變異數的估計值（$\hat{\sigma}^2_{\bar{y}_{ney}}$）

抽樣理論提出：

$$\hat{\sigma}^2_{\bar{y}_{ney}} = \frac{1}{N^2} \cdot \Sigma \frac{N_h - n_h}{n_h} \cdot \frac{(N_h S_h)^2}{n_h} \qquad 式\ 8.41$$

$$s_{(\bar{y}_{ney})} = \sqrt{\hat{\sigma}^2_{\bar{y}_{ney}}} \qquad 式\ 8.42$$

(5) 紐曼分配的估計母體平均數（$\bar{y}_{ney}$）的信賴區間

$$(\bar{y}_{st} - Z S_{\bar{y}_{ney}}) < \mu < (\bar{y}_{st} + Z S_{\bar{y}_{ney}}) \qquad 式\ 8.43$$

式 8.38、8.39、8.40、8.41、8.42 及 8.43 中之代號說明：

n_h = 各層分配到的已決定樣本大小，$\hat{\sigma}^2_{\bar{y}_{st}}$ = 估計變異數

N_h = 第 h 層的觀察值總數目，$s_{\bar{y}_{st}}$ = 估計標準差

s_h = 第 h 層以自由度為分母的變異數

n = 已決定樣本大小

$\bar{y}_{st}$ = 估計母體平均數

$\bar{y}_h$ = 第 h 層的平均數

$S_{\bar{y}_{ney}}$ = 標準差

μ = 母體平均數

例26 如同例25資料，如果各層費用改爲相同（$C_h = 4.66$），請回答：
(1) 紐曼分配的各層樣本數（n_h）多少？(2) 估計每天平均營業額多少
（$\bar{y}_{st}$）？(3) 估計平均數的變異數（$\hat{\sigma}^2_{\bar{y}_{ney}}$）爲多少？(4) 標準差爲多少？(5)
如果採用 $Z = 2$ 時，估計母體平均數（$\bar{y}_{st}$）的信賴區間爲多少？

層	N_h	n_h	S_h	$N_h S_h$	$\bar{y}_h$ (千元)	$N_h \bar{y}_h$	C_h	$\sqrt{C_h}$	$\dfrac{N_h S_h}{\sqrt{C_h}}$
I	80	29	12	960	50	4,000	4.66	2.16	444.44
II	160	39	8	1,280	30	4,800	4.66	2.16	592.60
III	260	32	4	1,040	10	2,600	4.66	2.16	481.48
	500	100		3,280	90	11,400			

答：

(1) 紐曼分配的分配樣本數

式 8.38：$n_h = \dfrac{N_h S_h}{\sum N_h S_h} \times n$

$n_1 = \left(\dfrac{960}{3,280}\right) \times 100 \doteqdot 29$

$n_2 = \left(\dfrac{1,280}{3,280}\right) \times 100 \doteqdot 39$ ⎬ 合計 100

$n_3 = \left(\dfrac{1,040}{3,280}\right) \times 100 \doteqdot 32$

(2) 估計每天平均營業額（$\bar{y}_{st}$）

式 8.39：$\bar{y}_{st} = \dfrac{\sum N_h \bar{y}_h}{N}$

$= \dfrac{11,400}{500} = 22.8$

(3) 估計平均數的變異數（$\hat{\sigma}^2_{\bar{y}_{ney}}$）

先整理成下表：

$(N_hS_h)^2$	Ⓐ$(N_hS_h)^2/n_h$	Ⓑ$(N_h-n_h)/N_h$	Ⓐ×Ⓑ
960^2	$960^2/29$	$51/80$	20,000
$1,280^2$	$1,280^2/39$	$121/160$	31,000
$1,040^2$	$1,040^2/32$	$228/260$	30,000
			81,000

式 8.41：$\hat{\sigma}^2_{\bar{y}_{ney}} = \dfrac{1}{N^2} \cdot \sum \dfrac{N_h-n_h}{N_h} \cdot \dfrac{(N_hS_h)^2}{n_h}$

$$= \left(\dfrac{1}{500}\right)^2 \cdot (81,000) = 0.324$$

(4) 求標準差

式 8.42：$s_{(\bar{y}_{ney})} = \sqrt{\hat{\sigma}^2_{\bar{y}_{ney}}} = \sqrt{0.324} \doteqdot 0.569$

(5) 求 $Z = 2$ 之信賴區間

式 8.43：$(\bar{y}_{st} - ZS_{\bar{y}_{ney}}) < \mu < (\bar{y}_{st} + ZS_{\bar{y}_{ney}})$

$$22.8 - 2(0.569) < \mu < 22.8 + 2(0.569)$$

$$21.662 < \mu < 23.938$$

4. 紐曼分配與最適分配、比例分層抽樣的比較

(1) 紐曼分配與最適分配的比較

　　比較例 25 及例 26 之結果，因為最適分配內各層調查費不同，而紐曼分配各層調查費相同，所以：(1) 在各層樣本分配兩者不同，但合計相同都是 100（最適分配：16、32、52，紐曼：29、39、32）；(2) 兩者所得到的平均數相同（22.8）；(3) 兩者變異數不同，最適分配（0.414）大於紐曼分配（0.324），標準差最適分配（0.643）大於紐曼分配（0.569），由標準差估計的信賴區間，最適分配為 20.871～24.729，紐曼分配為 21.662～23.938，後者較小，表示紐曼分配較精確。

抽樣理論之應用

(2) 紐曼分配與比例分層抽樣的比較

抽樣理論指出：比例分配抽樣的變異數大於紐曼分配（$\sigma^2_{\bar{y}_{prop}} > \sigma^2_{\bar{y}_{ney}}$）。當各層間數量差異很大，而各層間變異數的差異也很大時，用紐曼分配能增加很大效率；如果層間差異不大，紐曼分配比簡單比例分配所得到的好處不會大。

六、樣本大小（n）之決定

1. 如果n已知，前述各種分配的各層分配為：

(1) 各層抽出相同樣本，$n_h = \dfrac{n}{L}$（同式 8.19-1）。

(2) 比例分配時，$n_h = \dfrac{N_h}{N} \times n$（同式 8.19-2）

(3) 最適分配時，$n_h = \dfrac{N_h S_h / \sqrt{C_h}}{\Sigma(N_h S_h)/\sqrt{C_h}} \times n$（同式 8.29）（固定預算，各層不同抽樣費用）

(4) 紐曼分配時，$n_h = \dfrac{N_h S_h}{\Sigma N_h S_h} \times n$（同式 8.38）（固定樣本數量，各層相同抽樣費用）

要知道上述方法的變異數，才能決定樣本數量（n），因為 $\bar{y}_{st}$ 之變異數的基本式是：

$$\sigma^2_{\bar{y}_{st}} = \Sigma \left(\frac{N_h}{N}\right)^2 \cdot \frac{N_h - n_h}{N_h} \cdot \frac{S_h^2}{n_h} \qquad \text{（同式 8.12）}$$

把上述之 (1)、(2)、(3) 及 (4) 代入，並以 s^2 代替 S^2，得估計變異數：

$(5)\ \sigma^2_{\bar{y}_{st}} = \dfrac{L}{N^2}\Sigma\dfrac{N_h^2 S_h^2}{n} - \dfrac{1}{N^2}\Sigma N_h S_h^2$ （各層抽出相同樣本） 式 8.44

$(6)\ \sigma^2_{\bar{y}_{prop}} = \dfrac{1}{N}\dfrac{\Sigma N_h S_h^2}{n} - \dfrac{1}{N^2}\cdot\Sigma N_h S_h^2$ （比例分配） 式 8.45

$(7)\ \sigma^2_{\bar{y}_{opt}} = \dfrac{1}{N^2}\cdot\dfrac{1}{n}\Sigma\ (N_h S_h\sqrt{C_h})\left(\Sigma\dfrac{N_h S_h}{\sqrt{C_h}}\right) - \dfrac{1}{N^2}\Sigma N_h S_h^2$ （最適分配）

式 8.46

$(8)\ \sigma^2_{\bar{y}_{ney}} = \dfrac{1}{N^2}\cdot\dfrac{\Sigma(N_h S_h)^2}{n_h} - \dfrac{1}{N^2}\cdot\Sigma N_h S_h^2$ （紐曼分配） 式 8.47

2. 決定樣本大小（n）

式 1.1：$(y-\mu) = Z\times\sigma$，$(y-\mu)$ 是誤差，即精確度，Z 是可靠水準，σ 是標準差，以 d 代表 $(y-\mu)$，則 $d = Z\times\sigma$，亦即 $d^2 = Z^2\times\sigma^2$，或 $\sigma^2 = \dfrac{d^2}{Z^2}$。如果 d^2 及 Z^2 為已知，以 d_0^2 及 Z_0^2 代表，則 $\dfrac{d_0^2}{Z_0^2}$ 稱希望的變異數（desired variance），以 D^2 表示，即 $D^2 = \dfrac{d_0^2}{Z_0^2}$（註：$d_0^2$ 是絕對誤差）。

如樣本數是很大，$\sigma_{\bar{y}_{st}}$ 就會很小，找出一種樣本數量 n，使 $\bar{y}_{st}$ 的變異數 $= D^2$，得出各種樣本大小（n）如下，下列的 S_h 先由初步樣本或過去資料，或用其他方法去估計之。

$$n = \dfrac{L\Sigma N_h^2 S_h^2}{N^2 D^2 + \Sigma N_h S_h^2}$$ （各層抽出相同樣本） 式 8.48

$$n = \dfrac{N\Sigma N_h S_h^2}{N^2 D^2 + \Sigma N_h S_h^2}$$ （比例分配） 式 8.49

$$n = \dfrac{(\Sigma N_h S_h\sqrt{C_h})(\Sigma N_h S_h/\sqrt{C_h})}{N^2 D^2 + \Sigma N_h S_h^2}$$ （最適分配） 式 8.50

$$n = \dfrac{(\Sigma N_h S_h)^2}{N^2 D^2 + \Sigma N_h S_h^2}$$ （紐曼分配） 式 8.51

註：所有符號說明同前，僅有 D^2 是希望的變異數。

例27 某城市旅館分大、中、小三種規模，調查一週住客人數，大型為 600 人，中型為 300 人，小型為 100 人。假設標準差已知：大型 20，中型 30，小型 50。設定 Z=3，精確度 ±3 人。又假設涉及調查費時有二種狀況，一種是大、中、小型各為 $C_1 = \$1$，$C_2 = \$2$，$C_3 = \$3$；另一種是大、中、小型都為 $C = \$2$。請問：(1) 在相同樣本分配時：(a) 樣本大小（n）為多少人？(b) 各層分配（n_i）為多少人？(c) 變異數為多少？(2) 在比例分配時：(a) 樣本大小（n）為多少？(b) 各層分配（n_i）為多少人？及 (c) 變異數各為多少？(3) 在最適分配時：(a) 樣本大小（n）為多少人？(b) 各層分配（n_i）為多少人？及 (c) 變異數為多少？(4) 在紐曼分配時：(a) 樣本大小（n）為多少人？(b) 各層分配（n_i）為多少人？及 (c) 變異數為多少？

層	N_h	S_h	S_h^2	$N_h S_h$	$N_h S_h^2$	$N_h^2 S_h^2$
I	600	20	400	12,000	240,000	144,000,000
II	300	30	900	9,000	270,000	81,000,000
III	100	50	2,500	5,000	250,000	25,000,000
	1,000			26,000	760,000	250,000,000

答：

(1) 相同樣本分配

已知 $Z = 3$，精確度 ±3 人，$D = d/Z = 3/3 = 1$ 人，$L = 3$，$N_1 = 600$，$N_2 = 300$，$N_3 = 100$，$N = 1000$，$S_1 = 20$，$S_2 = 30$，$S_3 = 50$

(a) 代入式 8.48：$n = \dfrac{L\Sigma N_h^2 S_h^2}{N^2 D^2 + \Sigma N_h S_h^2} = \dfrac{3(250,000,000)}{(1,000)^2(1)^2 + 760,000} = 426$ 人

(b) 代入式 8.19-1：每層分配 $n_h = \dfrac{n}{L} = \dfrac{426}{3} = 142$ 人

第三層只有 100 人要全抽出，不足 42 人平均分給第一層及第二層，第一及二層各為 142 + 21 = 163 人。

(c) 代入式 8.44，變異數：$\sigma_{\bar{y}_{st}}^2 = \dfrac{L}{N^2} \Sigma \dfrac{N_h^2 S_h^2}{n} - \dfrac{1}{N^2} \Sigma N_h S_h^2 = \dfrac{1}{(1,000)^2} \times$

$\left[\dfrac{3(250,000,000)}{426} - 760,000 \right] = 1.76 - 0.76 = 1$（與所要求之 D = 1 相符合）

(2) 比例分配

(a) 樣本大小：式 8.49 $n = \dfrac{N \Sigma N_h S_h^2}{N^2 D^2 + \Sigma N_h S_h^2} = \dfrac{1,000(760,000)}{(1,000)^2 (1)^2 + 760,000} = 432$ 人

(b) 每層分配數：式 8.19-2 $n_h = \dfrac{N_h}{N} \times n$

$$\begin{cases} \text{第一層 } n_1 = (600/1,000) \times 432 = 259 \text{ 人} \\ \text{第二層 } n_2 = (300/1,000) \times 432 = 130 \text{ 人} \\ \text{第三層 } n_3 = (100/1,000) \times 432 = 43 \text{ 人} \end{cases}$$

(c) 變異數：式 8.45 $\hat{\sigma}_{\bar{y}_{prop}}^2 = \dfrac{1}{N} \dfrac{\Sigma(N_h S_h^2)}{n} - \dfrac{1}{N^2} \Sigma N_h S_h^2$

$$= \dfrac{1}{1000} \left(\dfrac{760,000}{432} \cdot \dfrac{760,000}{1000} \right)$$

$$= 1.76 - 0.76 = 1 \text{（與所要求之 D = 1 相符合）}$$

(3) 最適分配

假設 $C_1 = \$1$，$C_2 = \$2$，$C_3 = 3$

先算下表：

$N_h S_h$	$\sqrt{C_n}$	$N_h S_h \sqrt{C_n}$	$N_h S_h / \sqrt{C_n}$
12,000	1	12,000	12,000
9,000	1.414	12,726	6,365
5,000	1.732	8,660	2,887
26,000		33,386	21,252

(a) 樣本大小：式 8.50

$$n = \frac{(\Sigma N_h S_h \sqrt{C_h})(\Sigma N_h S_h / \sqrt{C_h})}{N^2 D^2 + \Sigma N_h S_h^2} = \frac{(33,386)(21,252)}{1,000,000 + 760,000} \doteq 403$$

(b) 每層分配數：式 8.29：$n_h = \dfrac{N_h S_h / \sqrt{C_h}}{\Sigma(N_h S_h) / \sqrt{C_h}} \times n$

$$\begin{cases} \text{第一層 } n_1 = (12,000/21,502) \times 403 \doteq 225 \text{ 人} \\ \text{第二層 } n_2 = (6,365/21,502) \times 403 = 120 \text{ 人} \\ \text{第三層 } n_3 = (2,887/21,502) \times 403 = 55 \text{ 人} \end{cases}$$

(c) 變異數：式 8.46

$$\hat{\sigma}_{\bar{y}_{opt}}^2 = \left(\frac{1}{N}\right)^2 \cdot \frac{1}{n} \Sigma(N_h S_h \sqrt{C_h})\left(\Sigma \frac{N_h S_h}{\sqrt{C_h}}\right) - \left(\frac{1}{N}\right)^2 \Sigma N_h S_h^2$$

$$= \left(\frac{1}{1,000}\right)^2 \cdot \left(\frac{1}{403}\right)(33,390)(21,250) - \left(\frac{1}{1,000}\right)^2(760,000)$$

$$= 1.76 - 0.76 = 1$$

(4) 紐曼分配

(a) 樣本大小，式 8.51：$n = \dfrac{(\Sigma N_h S_h)^2}{N^2 D^2 + \Sigma N_h S_h^2} = \dfrac{(26,000)^2}{(1,000)^2(1)^2 + 760,000} = 384$

(b) 每層分配數：式 8.38 $n_h = \dfrac{N_h S_h}{\Sigma N_h S_h} \times n$

$$\begin{cases} \text{第一層 } n_1 = (12,000/26,000) \times 384 = 177 \text{ 人} \\ \text{第二層 } n_1 = (9,000/26,000) \times 384 = 133 \text{ 人} \\ \text{第三層 } n_3 = (5,000/26,000) \times 384 = 74 \text{ 人} \end{cases}$$

(c) 變異數：式 8.47：$\sigma_{\bar{y}_{ney}}^2 = \dfrac{1}{N^2} \cdot \dfrac{\Sigma(N_h S_h)^2}{n_h} - \dfrac{1}{N^2} \Sigma N_h S_h^2$

$$= \frac{1}{(1,000)^2} \cdot \left[\frac{(26,000)^2}{384} - 760,000\right]$$

$$= 1.76 - 0.76 = 1$$

第九章

比例分層任意抽樣
（Proportional Stratified Random Sampling）

分層任意抽樣是從各層的觀察值（N_i）中，以抽出不放回方式抽出觀察值 n_i，將各 n_i 組成所需樣本大小 n（$n = \Sigma n_i$）。如果把抽出觀察值 n_i 改爲比例，就是比例分層任意抽樣。比例可分爲成功者比例（如看過的人數、肯定的人數、同意的人數、用過的人數，以「1」表示），簡稱樣本比例，以 p 表示（$p = \dfrac{a}{n}$，a 是成功者，n 是總人數）；而相對的是失敗者比例（如未看過的人數、否定的人數、反對的人數、未用過的人數，以「0」表示），以 q 表示（$q = 1 - p$）。用比例分層任意抽樣來估計母體平均數、變異數、決定樣本大小、各層樣本數分配等都很方便。

一、比例分層任意抽樣之程序與本章使用符號

1. 比例分層任意抽樣之程序

　　(1)母體分層 N，不限制層內相似性（如分年級），每一年級人數 N_h 不一樣。

　　(2)從 N_h 中抽出 n_h（如一年級 $= N_h = 200$ 中，抽 $n_h = 50$）。

　　(3)以「1」代表成功者，

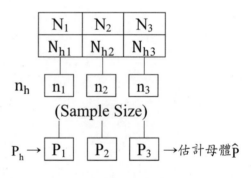

「0」代表失敗者，計算出樣本比例 P_h，用以估計母體比例（$\hat{p}$）。

　　(4)決定 Sample Size 及各層分配數有三種方式：①比例分配；②最適分配；③紐曼分配。

2. 本章使用計算式之符號說明

$$p = \frac{a}{n} \text{（樣本比例）}, \quad q = 1 - p, \quad P = \frac{A}{N} \text{（母體比例）}, \quad Q = 1 - P,$$

N = 母體總數目，N_h = 第 h 層母體總數目，n_h = 第 h 層樣本總數目，

p_h = 第 h 層樣本比例，$q_h = (1 - p_h)$，P_h = 第 h 層母體比例，

$Q_h = 1 - P_h$，P_{st} = 估計母體比例，S_h^2 = 以自由度爲分母的母體變異數，

$\hat{\sigma}_{p_{st}}^2$ = 估計母體變異數，$S_{P_{st}}$ = 估計母體比例標準差，

C_h = 第 h 層的費用

D^2 = 希望變異數 $D^2 = \left(\dfrac{d_0}{Z}\right)^2$，$d_0$ 是精確度，以相對誤差表示

估計比例：$p_{st} = \dfrac{\Sigma N_h P_h}{n}$

二、估計母體比例平均數

請看下列工作表，母體分兩層，第一層觀察值爲 y_{11} 到 y_{15}，第二層觀察值爲 y_{21} 到 y_{25}，母體觀察值共 N=10，以「1」表示近視者，「0」表示正常者。

工作表

第一層		第二層	
觀察值	代號	觀察值	代號
y_{11}	1	y_{21}	1
y_{12}	0	y_{22}	0
y_{13}	1	y_{23}	1
y_{14}	0	y_{24}	1
y_{15}	0	y_{25}	1
平均數	$\bar{y}_1$		$\bar{y}_2$	
觀察值	5		5	

請回答下列問題（使用計算式是抽樣理論導出的）：

1. 各層近視者比例多少？

第一層：$P_1 = \dfrac{2}{5}$，第二層：$P_2 = \dfrac{4}{5}$

即：$P_h = \dfrac{\Sigma y_{hi}}{N_h}$　　　　　　　　　　　　　　　　　式 9.1

2. 母體近視者比例多少？

$P = \dfrac{6}{10}$ 或 $P = \dfrac{\left(5 \times \frac{2}{5}\right) + \left(5 \times \frac{4}{5}\right)}{10} = \dfrac{6}{10}$

即：$P = \dfrac{\Sigma y_{hi}}{N} = \dfrac{\Sigma N_h P_h}{N}$　　　　　　　　　　式 9.2

3. 如果以抽出不放回又不考慮次序方式，從第一層抽出 2 個，第二層抽出 2 個，各層抽出幾組樣本？請列出二層搭配共 9 組樣本。

抽出組數：$_N C_n = \dfrac{N!}{n!(N-n!)}$

第一層抽出：$_3 C_2 = \dfrac{3 \times 2 \times 1}{2 \times 1(3-2)} = 3$ 組

第二層亦抽出 3 組

列出工作表如下：

工作表

第I層	第II層	P_1	P_2	P_{st}
1、0	1、0	0.5	0.5	0.50
	1、0		0.5	0.50
	0、0		0.0	0.25
1、1	1、0	1.0	0.5	0.75
	1、0		0.5	0.75
	0、0		0.0	0.50

第I層	第II層	P_1	P_2	P_{st}
0、1	1、0	0.5	0.5	0.50
	1、0		0.5	0.50
	0、0		0.0	0.25
				4.50

4. 第一組樣本（1、0，1、0）由第一層（1、0）及第二層（1、0）組成，請問：(1) 第一層及第二層樣本比例各多少？(2) 用此估計第一組樣本的母體比例多少？(3) 估計母體比例平均數多少？

(1) 第一組樣本的第一層的樣本比例：$p = \dfrac{1}{2} = 0.5$

第一組樣本的第二層的樣本比例：$p = \dfrac{1}{2} = 0.5$

(2) 估計第一組成功者比例（平均數）：

$$\hat{p}_{st} = \frac{(2 \times 0.5) + (2 \times 0.5)}{4} = 0.5$$

即：$\hat{p}_{st} = \dfrac{\Sigma N_h P_h}{n}$　　　　　　　　　　　式 9.3

(3) 估計母體成功者比例平均數：

$\hat{P} = \dfrac{4.5}{9} = 0.5$（估計母體比例平均數是估計母體比例的不偏估計值）

即：$\hat{P} = \dfrac{\Sigma P_{st}}{N}$　　　　　　　　　　　式 9.4

三、母體比例變異數及估計母體比例變異數

　　抽樣理論提出估算比例分層任意抽樣的母體比例變異數，應先求各層以自由度（$N_h - 1$）為分母的變異數 S_h^2：

$$S_h^2 = \frac{N}{N-1}PQ \qquad \text{式 9.5}$$

抽樣理論指出母體變異數爲：

$$\sigma_{p_{st}}^2 = \frac{1}{N^2} \Sigma N_h^2 \frac{N_h - n_h}{N_h} \cdot \frac{1}{n_h} \cdot \frac{N_h}{N_h - 1} \cdot P_h Q_h \qquad \text{式 9.6}$$

如果 fpc = 1 時，則式 9.6 變爲：

$$\sigma_{p_{st}}^2 = \frac{1}{N^2} \Sigma N_h^2 \frac{P_h Q_h}{n_h} \qquad \text{式 9.7}$$

上式因 **P** 一般未知，以子樣本之 $\mathbf{P_h}$ 代之，則估計母體變異數爲：

$$\hat{\sigma}_{p_{st}}^2 = \frac{1}{N^2} \Sigma N_h (N_h - n_h) \frac{1}{n_h} \cdot \frac{N_h}{N_h - 1} \cdot p_h q_h \ （是式 9.6 之不偏估計值） \quad \text{式 9.8}$$

式 9.8 爲計算方便，可寫成：

$$\hat{\sigma}_{p_{st}}^2 = \frac{1}{N^2} \Sigma N_h (N_h - n_h) \cdot \frac{1}{n_h} \cdot p_h q_h \ （\text{fpc} \neq 1） \qquad \text{式 9.9}$$

$$\hat{\sigma}_{p_{st}}^2 = \frac{1}{N^2} \Sigma N_h^2 \frac{p_h q_h}{n_h} \ 〔當 \mathbf{N_h} \gg \mathbf{n_h}，\text{fpc} = 1 （\gg 表示大很多，如 100 \gg 1）〕$$
$$\text{式 9.10}$$

估計母體比例標準差爲：

$$S_{p_{st}} = \sqrt{\hat{\sigma}_{p_{st}}^2} \qquad \text{式 9.11}$$

請看下列工作表，資料如下：

1. 請問各層以自由度爲分母的變異數（S_h^2）爲多少？

第一層 觀察值代號	第二層 觀察值代號
1	1
0	0
1	1
0	1
0	1

註：「1」表示近視者，「0」表示正常者

以自由度爲分母的變異數，式 9.5：$S_h^2 = \dfrac{N}{N-1}PQ$

第一層近視者比例 $P_1 = \dfrac{2}{5}$，即正常者 $Q_1 = \dfrac{3}{5}$；第二層近視者 $P_2 = \dfrac{4}{5}$，

即正常者 $Q_2 = \dfrac{1}{5}$，已知 $N_1 = N_2 = 5$。

代入式 9.5：第一層：$S_1^2 = \left(\dfrac{5}{5-1}\right)\left(\dfrac{2}{5}\right)\left(\dfrac{3}{5}\right) = \dfrac{3}{10}$

第二層：$S_2^2 = \left(\dfrac{5}{5-1}\right)\left(\dfrac{4}{5}\right)\left(\dfrac{1}{5}\right) = \dfrac{1}{5}$

2. 如果第一層抽出 $n_1 = 2$ 個子樣本爲「1」、「0」，第二層抽出 $n_2 = 3$ 個子樣本爲「1」、「1」、「0」，母體變異數爲多少？

已知：$N = 10$，$N_1 = N_2 = 5$，$n_h = 2$，$P_1 = 2/5$，$Q_1 = 3/5$，$P_2 = 4/5$，

$Q_2 = 1/5$

代入式 9.6：$\sigma_{p_{st}}^2 = \dfrac{1}{N^2}\Sigma N_h^2 \dfrac{N_h - n_h}{N_h} \cdot \dfrac{1}{n_h} \cdot \dfrac{N_h}{N_h - 1} \cdot P_h Q_h$

$= \dfrac{1}{10^2}\left\{\left[(5^2)\left(\dfrac{5-2}{5}\right) \cdot \left(\dfrac{1}{2}\right) \cdot \left(\dfrac{5}{5-1}\right) \cdot \left(\dfrac{2}{5}\right)\left(\dfrac{3}{5}\right)\right]\right.$

$\left. + \left[(5^2)\left(\dfrac{5-3}{5}\right) \cdot \left(\dfrac{1}{3}\right) \cdot \left(\dfrac{5}{5-1}\right) \cdot \left(\dfrac{4}{5}\right)\left(\dfrac{1}{5}\right)\right]\right\} = 0.0292$

3. 如果以子樣本 $n_1 = 2$，$n_2 = 3$，求估計母體比例變異數爲多少？

已知：$N_1 = N_2 = 5$，$n_1 = 2$，$p_1 = 1/2$，$q_1 = 1/2$，$n_2 = 3$，$p_2 = 2/3$，$q_2 = 1/3$

代入式 9.8：$\hat{\sigma}_{p_{st}}^2 = \dfrac{1}{N^2}\Sigma N_h^2 \dfrac{N_h - n_h}{N_h} \cdot \dfrac{1}{n_h} \cdot \dfrac{N_h}{N_h - 1} \cdot p_h q_h$

$$= \dfrac{1}{10^2}\left\{\left[(5^2)\left(\dfrac{5-2}{5}\right) \cdot \left(\dfrac{1}{2}\right) \cdot \left(\dfrac{5}{5-1}\right)\left(\dfrac{1}{2}\right)\left(\dfrac{1}{2}\right)\right]\right.$$

$$\left.+ \left[(5^2)\left(\dfrac{5-3}{5}\right) \cdot \left(\dfrac{1}{3}\right) \cdot \left(\dfrac{5}{5-1}\right)\left(\dfrac{2}{3}\right)\left(\dfrac{1}{3}\right)\right]\right\} = 0.0327$$

例28 假設資料如下，調查小學校四個年級，各年級學生數已知 (如一年級：$N_1 = 200$)，從各年級人數中抽出 25%（如一年：$N_1 = 200 \times 25\% = 50$ 人），算出近視者比例（如一年級的 50 人中有 5 人近視，比例爲 $P_1 = 5/50 = 0.1$），算出 $N_h P_h$（如一年級 $N_1 = 200$，$P_h = 0.1$，所以 $N_h P_h = 200 \times 0.1 = 20$），請回答 (1) 估計母體近視者比例爲多少？(2) 估計母體比例變異數爲多少？(3) 估計母體比例標準差爲多少？

年級	年級人數N_h	從N_h中抽出人數n_h	已知近視者比例P_h	$N_h P_h$
1	200	50	0.1	20
2	160	40	0.3	48
3	120	30	0.4	48
4	120	30	0.7	84
	600			200

答：

(1) 估計母體近視者比例

式 9.3 $\hat{P}_{st} = \dfrac{\Sigma N_h P_h}{n} = \dfrac{200}{600} = \dfrac{1}{3}$

抽樣理論之應用

(2) 先將資料整理如下：

年級	N_h	n_h	p_h	$N_h - n_h$	$p_h q_h$	$N_h(N_h - n_h) \cdot \frac{1}{n_h} p_h q_h$
1	200	50	0.1	150	0.1×0.9	$30,000 \times 0.0018 = 54$
2	160	40	0.3	120	0.3×0.7	$19,200 \times 0.0053 = 101.76$
3	120	30	0.4	90	0.4×0.6	$10,000 \times 0.0080 = 80$
4	120	30	0.7	90	0.7×0.3	$10,000 \times 0.0070 = 70$
	600				$(q_h = 1 - p_h)$	305.76

註：例如一年級：$200(200 - 50) \times \dfrac{1}{50} \times 0.1 \times 0.9 = 54$

估計母體比例變異數

代入式 9.9：$\hat{\sigma}_{p_{st}}^2 = \dfrac{1}{N^2} \Sigma N_h(N_h - n_h) \dfrac{1}{n_h} \cdot p_h q_h = \dfrac{1}{600^2} \times 305.76 = 0.0008$

(3) 估計母體比例標準差

代入式 9.11：$S_{p_{st}} = \sqrt{\hat{\sigma}_{p_{st}}^2} = \sqrt{0.0008} \doteqdot 0.0291$

四、比例分層之樣本分配與樣本大小之決定
——比例分配、最適分配及紐曼分配

1. 樣本分配——假設樣本大小n已知，抽樣理論採三種不同分配方式

(1) 比例分配

$$n_h = \frac{N_h}{N} \times n \qquad\qquad 式 9.12$$

(2) 最適分配

$$n_h = \frac{N_h\sqrt{P_hQ_h}/\sqrt{C_h}}{\Sigma(N_h\sqrt{P_hQ_h}/\sqrt{C_h})} \times n \quad (P_hQ_h \text{ 常不知，利用初步調查之 } p_hq_h \text{ 代之})$$

式 9.13

(3) 紐曼分配

$$n_h = \frac{N_h\sqrt{P_hQ_h}}{\Sigma(N_h\sqrt{P_hQ_h})} \times n \quad (P_hQ_h \text{ 常不知，利用初步調查之 } p_hq_h \text{ 代之}) \quad \text{式 9.14}$$

式 9.12、9.13 及 9.14 中：

n_h = 第 h 層的分配數目，N_h = 第 h 層的觀察值數目，N = 母體觀察值數目，n = 已決定的樣本大小，P_h = 第 h 層的某現象比例，$Q_h = 1 - P_h$，C_h = 第 h 層的費用

2. 樣本大小（n）的決定

抽樣理論提出下列樣本大小的計算式：

(1) 希望變異數

$$D^2 = \left(\frac{d_0}{Z}\right)^2$$

（d_0 是精確度，在比例分層任意抽樣時是相對誤差，Z 是信賴水準）

式 9.15

要估計母體比例 P 時：

$$d_0 = |\hat{P} - P| = |P_{st} - P|$$

例如：要估計精確度 $\pm 3\%$，即 $d_0 = |P_{st} - P| \leq 0.03$，如 $Z = 3$，則 $D = \left(\dfrac{d_0}{Z}\right) = \dfrac{0.03}{3} = 0.01$。

(2) 以比例分配決定樣本大小

$$n = \frac{N\Sigma N_h P_h Q_h}{N^2 D^2 + \Sigma N_h P_h Q_h} \quad (\text{fpc} \neq 1) \qquad \text{式 9.16}$$

$$n = \frac{N\Sigma N_h P_h Q_h}{N^2 D^2} \quad (\text{fpc}=1) \qquad \text{式 9.17}$$

P 及 P_h 不知時，就用 P_{st} 和 p_h 估計之。

(3) 按最適分配決定樣本大小

$$n = \frac{(\Sigma N_h \sqrt{P_h Q_h C_h})(\Sigma N_h \sqrt{P_h Q_h}/\sqrt{C_h})}{N^2 D^2 + \Sigma N_h P_h Q_h} \quad (\text{fpc} \neq 1) \qquad \text{式 9.18}$$

$$n = \frac{(\Sigma N_h \sqrt{P_h Q_h C_h})(\Sigma N_h \sqrt{P_h Q_h}/\sqrt{C_h})}{N^2 D^2} \quad (\text{fpc}=1) \qquad \text{式 9.19}$$

(4) 紐曼分配決定樣本大小

$$n = \frac{(\Sigma N_h \sqrt{P_h Q_h})^2}{N^2 D^2 + \Sigma N_h P_h Q_h} \qquad \text{式 9.20}$$

當 P_h 不知道時，可用估計的 p_h。

式中：D = 希望變異數，d_0 = 相對精確度，Z = 標準常態分配之 Z 值，

　　　n = 各種分配法的樣本大小，N = 母體觀察值總數目，

　　　N_h = 第 h 層的觀察值總數目，P_h = 第 h 層有某現象者比例，

　　　$Q_h = 1 - P_h$，C_h = 第 h 層費用。

（例 29）已知資料如下表，在精確度 $d_0 = \pm 3\%$ 之內，設 $Z = 3$，請以比例分配法估計應抽出樣本大小為多少？並計算各層應分配多少樣本？

城市別	家庭數 N_h	已知有二部車之家庭比例P_h	$N_h P_h$	$N_h P_h Q_h$
A	2,000	0.10	200	180
B	3,000	0.15	450	382.5
C	5,000	0.20	1,000	800
	10,000		1,650	1,362.5

註：例如 A 之 $N_h P_h Q_h = 2,000 \times 0.1 \times 0.9 = 180$

答：

已知：$d_0 = 3\%$，$Z = 3$，則 $D = \dfrac{d}{Z} = \dfrac{0.03}{3} = 0.01$，$N = 10,000$，又設 $P_h = 0.5$，$Q = 0.5$

(1) 比例分配法之樣本大小

代入式 9.16（fpc $\neq$ 1）：$n = \dfrac{N \Sigma N_h P_h Q_h}{N^2 D^2 + \Sigma N_h P_h Q_h}$，

$n = \dfrac{10,000 \times 1,362.5}{\left(10,000 \times \dfrac{0.03}{3}\right)^2 + 1,362.5} = 1,200$

(2) 比例分配法各層分配數

式 9.12：$n_h = \dfrac{N_h}{N} \times n$

$n_1 = \dfrac{2,000}{10,000} \times 1,200 = 240$

$n_2 = \dfrac{3,000}{10,000} \times 1,200 = 360$

$n_3 = \dfrac{5,000}{10,000} \times 1,200 = 600$

例30 高雄市某研究，用李克特五點量表，經專家與學者討論獲得支持，內容包括 6 個變項製成的調查表，對湖內、茄定、彌陀等三個區公所各發 29 份調查表，共 87 份做預測，回收率 89%。以此資料進行項目分析、因素分析、信度分析，說明此量表能有效達成研究目的。高雄市共 27 區，訪問對象為區公所人員，例如：鳳山區有 158 人，仁武區有 98 人，大肚區有 40 人……，合計 1,717 人。研究者想在精確度 ±5%，可信性 95%（Z = 1.96），請問：(1) 以比例分層任意抽樣應抽出樣本大小（n）為多少？(2) 如果估計包括無效問卷 30%，n 要多少？(3) 請以比例分層任意抽樣，計算鳳山區公所的樣本要多少？

答：

(1) 比例分層任意抽樣

已知：$N = 1,717$，$d_0 = 0.05$，$Z = 1.96$，所以 $D^2 = \left(\dfrac{0.05}{1.96}\right)^2$，又設 $P_h = 0.5$，$Q = 0.5$，在母體而言，$N_h = N = 1,717$

① 代入式 9.16：$n = \dfrac{N\Sigma N_h P_h Q_h}{N^2 D^2 + \Sigma N_h P_h Q_h}$（fpc $\neq$ 1）

$$n = \frac{1,717 \times (1,717 \times 0.5 \times 0.5)}{\left(1,717 \times \dfrac{0.05}{1.96}\right)^2 + (1,717 \times 0.5 \times 0.5)} = 313.9 \fallingdotseq 314 \text{ 份}$$

註：如果簡單任意抽樣為式 5.19：

$$n_0 = \frac{NZ^2 pq}{Nd_0^2 + Z^2 pq} \text{（fpc} \neq 1\text{）}$$

$$= \frac{1,717 \times 1.96^2 \times 0.5 \times 0.5}{1,717 \times 0.05^2 + 1.96^2 \times 0.5 \times 0.5} = 313.9 \fallingdotseq 314 \text{ 份}$$

(2) 包括無效問卷 30%，則需要樣本大小

$n = 314 \times 1.3 = 408.2 \fallingdotseq 409$

(3) 鳳山區公所應分配樣本數：已知 $N_h = 158$，$N = 1,717$，$n = 409$

代入式 9.12：$n_h = \dfrac{N_h}{N} \times n = \dfrac{158}{1,717} \times 409 \fallingdotseq 38$

第十章

集團抽樣（I）：簡單集團抽樣（又稱二段集團抽樣）（Cluster Sampling（I）：Simple Cluster Sampling）

如果母體數量不是很大，採系統抽樣或分層任意抽樣就可解決，但母體數量很大時，如全省消費調查，有關準備底冊、調查費用及分散各地的訪問行政工作，必定是一個大問題。為解決這問題，推演出集團抽樣，可省時、省工又省費用。

一、簡單集團抽樣之程序與本章符號說明

1. 簡單集團抽樣之程序

(1)母體分層 M，M 內設計相異性（如男女混合成一個 M_i），如此少抽樣本就可代表母體。不須每層都抽出樣本，系統抽樣及分層抽樣的層必須每層都抽出樣本。

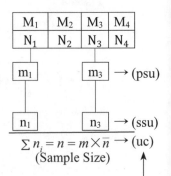

(2)第一段抽樣從 M 中抽 m_i（例如：抽到 m_1 及 m_3）。這 m_i 個集團稱原始抽樣單位（primary sampling units, psu）。

(3)第二段抽樣從 m_i 的人數 N_i 中，抽出相同的 $\bar{n}$。每個 n_i 稱次級抽樣單位（secondary sampling units, ssu）。

(4)ssu 合計 $n = \Sigma n_h$，即所需樣本大小，稱最終集團（ultimate cluster, uc）是所要的樣本大小。

2. 本章使用符號說明

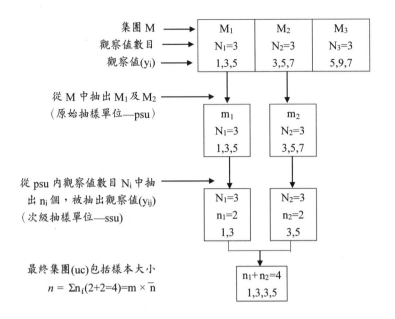

$Y =$ 母體總數 $[Y = \Sigma y_i = (1 + 3 + \cdots + 7) = 45]$

$M =$ 母體之集團（M_1、M_2 及 M_3，$M = 3$）

$N_i =$ 第 i 個集團內觀察值數目（$N_1 = 3$、$N_2 = 3$，$N_3 = 3$）

$y_i =$ 第 i 個集團內觀察值（$N_1 = 1,3,5$，$N_2 = 3,5,7$，$N_3 = 5, 9, 7$）

$m_i =$ 從 M 中抽出的原始抽樣單位（psu）（m_1、m_2）

$n_i =$ 從 m_i 內抽出的次級抽樣單位（ssu）（n_1、n_2）

$y_{ij} =$ 次級抽樣單位的觀察值（$n_1 = 1,3$，$n_2 = 3,5$）

$n =$ 最終集團（cu）內的所需樣本大小（$n = \Sigma n_i = 2 + 2 = 4$）（一組樣本包括 4 個觀察值）

y_i：各別集團觀察值總數（Σy_{ij}）

$\bar{y}_i$：各別集團 y_{ij} 的平均數（y_i/n），$\hat{y}_i$：第 i 集團估計總數（$N \times \bar{\bar{y}}_i$）

$\hat{y}$：所有集團估計總數（Σy_{ij}），Y：估計母體總數

$\hat{\sigma}_{\bar{y}}^2$：估計母體總數的變異數的估計值

$\sigma_{\bar{y}}^2$：估計母體總數的變異數

S_b^2：集團間變異數，即 psu 間之差異

S_i^2：集團內變異數，即 psu 內之差異

s_b^2：樣本組間以自由度為分母之變異數

s_i^2：樣本組內以自由度為分母之變異數

$\hat{\bar{y}}$：估計母體平均數，$\sigma_{\hat{\bar{y}}}^2$：估計母體平均數的變異數

$\hat{\sigma}_{\hat{\bar{y}}}^2$：估計母體平均數的變異數的估計值

二、簡單集團抽樣的母體總數

以例 31 說明簡單集團抽樣的母體總數，如下：

例31 假設從 M = 10 班中抽 m = 3 班，抽到 M_2、M_5 及 M_9（原始抽樣單位 psu），各班學生人數 $N_2 = 43$ 人，$N_5 = 45$ 人，$N_9 = 38$ 人，分別從 N_i 抽出 n_i 人，$n_2 = 6$ 人，$n_5 = 5$ 人，$n_9 = 4$ 人（次級抽樣單位 ssu），用這 6 + 5 + 4 = 15 為一組（樣本大小，n = 15）來估計母體總數分為二段估計。

答：

(1) 先估計最終集團（uc）的平均數（$\bar{y}_i$），用 $N_I \times \bar{y}_i$ 估計總數

例如：m_2 的 $N_2 = 43$ 人，被抽出 $n_2 = 6$ 人每人有書本數：$y_{21} = 3$，$y_{22} = 5$，$y_{23} = 4$，$y_{24} = 5$，$y_{25} = 4$，$y_{26} = 3$

① n_2 被抽出的總數寫成 $y_i = \Sigma y_{ij}$

$y_2 = \Sigma y_{2j} = 3 + 5 + 4 + 5 + 4 + 3 = 24$（本）

n_2 被抽出的平均數寫成 $\bar{y}_i = \Sigma \bar{y}_i / n_i$

$$\bar{\bar{y}}_2 = \Sigma \bar{y}_2 / n_2 = \frac{24}{6} = 4 \ (\text{本})$$

② 第 M_2 集團（psu）估計總數寫成 $\hat{y}_i = \bar{\bar{y}}_i \times N_i$

$$\hat{y}_2 = \bar{\bar{y}}_2 \times N_2 = 4 \times 43 = 172 \ (\text{本})$$

③ 假設平均數第 $\bar{\bar{y}}_5$ 是 3.4，第 M_5 集團（psu）估計總數是：

$$\hat{y}_5 = N_5 \times \bar{\bar{y}}_5 = 3.4 \times 45 = 153 \ (\text{本})$$

④ 假設平均數 $\bar{\bar{y}}_9$ 是 4.5，第 M_9 集團（psu）估計總數是：

$$\hat{y}_9 = N_9 \times \bar{\bar{y}}_9 = 4.5 \times 38 = 171 \ (\text{本})$$

⑤ 因此 m = 3 集團（psu）估計總數寫成 $\hat{y} = \Sigma \hat{y}_i = \Sigma \dfrac{N_i}{n_i} \Sigma y_{ij}$

$$\hat{y} = \hat{y}_2 + \hat{y}_5 + \hat{y}_9 = 172 + 153 + 171 = 496 \ (\text{本})$$

(2) 估計被抽出 m 個集團平均數（$\hat{y}_i \times M$）來估計母體總數（$\hat{Y}$），M =

10。寫成 $\hat{Y} = \dfrac{M}{m} \Sigma \hat{y} = \dfrac{M}{m} \Sigma \dfrac{N_i}{n_i} \Sigma Y_{ij}$

$$\hat{Y} = \frac{10}{3} \times 496 = 1,653 \ (\text{本})$$

綜合上述之符號說明如下：

(1) uc 內，樣本大小為 $n = \Sigma n_i$

(2) uc 內每一組 ssu 的總數為：$y_i = \Sigma y_{ij}$

(3) uc 內每一組 ssu 的平均數為：$\bar{y}_i = \Sigma y_i / n_i$

(4) 估計各別 m（psu）之總數：$\hat{y}_i = \bar{\bar{y}}_i \times N_i = N \dfrac{y_i}{n_i} = \dfrac{N_i}{n_i} \Sigma y_{ij}$

(5) 被抽出集團 m（psu）的總數：$\hat{y} = \Sigma \hat{y}_i = \Sigma \dfrac{N_i}{n_i} \Sigma y_{ij}$

(6) 估計母體的總數：$\hat{Y} = \dfrac{M}{m} \Sigma \hat{y} = \dfrac{M}{m} \Sigma \dfrac{N_i}{n_i} \Sigma Y_{ij}$ 　　　　式 10.1

把上面綜合起來：

$$\hat{Y} = \frac{M}{m} \Sigma \frac{N_i}{n_i} \Sigma Y_{ij}$$

$$= M \left[\frac{1}{m} \Sigma N_i \left(\frac{1}{n_i} \Sigma y_{ij} \right) \right]$$

$$= M\left[\frac{1}{m}\Sigma N_i \bar{y}_i\right]$$（第一步：先估計第 i 個 uc 的平均數 $\bar{y}_i$，用來估計 $N_i\bar{y}_i$

第 i 個 uc 的總數 y_i）

$$= M\left[\frac{1}{m}\Sigma \hat{y}_i\right]$$

$$= M(\hat{\bar{y}})$$〔第二步：估計各 psu 的平均數 $\hat{\bar{y}}$，用 $M\hat{\bar{y}}$ 來估計母體總數（$\hat{Y}$）〕

三、簡單集團抽樣的變異數

　　簡單集團抽樣的變異數估計有兩種方法，一是估計母體總數的變異數（$\sigma_{\hat{y}}^2$），二是估計母體平均數的變異數（$\hat{\sigma}_{\bar{\bar{y}}}^2$）。

1. 估計母體總數（$\hat{Y}$）的變異數（$\sigma_{\hat{y}}^2$）及變異數（$\sigma_{\hat{y}}^2$）的估計值（$\hat{\sigma}_{\hat{y}}^2$）

　　估計母體總數，式 10.1 為 $\hat{Y}=\dfrac{M}{m}\Sigma\dfrac{N_i}{n_i}\Sigma Y_{ij}$

　　(1)抽樣理論提出估計母體總數（$\hat{Y}$）的變異數（$\sigma_{\hat{y}}^2$）為：

$$\sigma_{\hat{y}}^2 = M^2\frac{M-m}{M}\cdot\frac{S_b^2}{m}+\frac{M}{m}\Sigma N_i^2\frac{(N_i-n_i)}{N_i}\cdot\frac{S_i^2}{n_i} \qquad \text{式 10.2}$$

式中：$S_b^2=\dfrac{1}{M-1}\Sigma\,(y_i-\bar{y})^2$（集團間變異數）（psu 間之差異）　　式 10.3

$\qquad S_i^2=\dfrac{1}{N_i-1}\Sigma\,(y_{ij}-\bar{\bar{y}}_i)^2$（集團內變異數）（psu 內之差異）　　式 10.4

　　＊每個集團內越相異性（例如：大、中、小在一起；城市及鄉鎮在一起），S_b^2、S_i^2 及 $\sigma_{\hat{y}}^2$ 越小，精確度越高。

(例32) 例如：有 (A)、(B)、(C) 三個集團，資料如下：此資料之集團可見 (A) 內都是小的；(B) 內是中的，(C) 內是大的，這是集團內相似性高的例子。例如：都市按收入相似的家庭分成集團，收入相似的多半住在同一地區。請問估計母體總數（$\hat{y}$）的變異數為（$\sigma_{\hat{y}}^2$）多少？

集團	y_{ij}	y_i	$\overline{\overline{y}}_i$
(A)	1、3、5	9	3
(B)	3、5、7	15	5
(C)	5、7、9	21	7
	y_i = 9、15、21	$\overline{y}$ = 15	

答：

代入式 10.3：$S_b^2 = \dfrac{1}{M-1}\Sigma(y_i - \overline{y})^2 = \dfrac{1}{3-1}[(9-15)^2 + (15-15)^2 + (21-15)^2] = 36$

代入式 10.4：$S_1^2 = \dfrac{1}{N_i-1}\Sigma(y_{ij} - \overline{\overline{y}}_i)^2 = \dfrac{1}{3-1}[(1-3)^2 + (3-3)^2 + (5-3)^2] = 4$

$S_2^2 = \dfrac{1}{3-1}[(3-5)^2 + (5-5)^2 + (7-5)^2] = 4$

$S_3^2 = \dfrac{1}{3-1}[(5-7)^2 + (7-7)^2 + (9-7)^2] = 4$

代入式 10.2：$\sigma_{\hat{y}}^2 = \left[(3)^2\left(\dfrac{3-2}{3}\right)\left(\dfrac{36}{2}\right)\right] + \dfrac{3}{2}\left[(3)^2\left(\dfrac{3-2}{3}\right)\left(\dfrac{1}{2}\right)(4+4+4)\right] = 81$

* 如果集團內相異性越大，如 A—1、5、9，B—3、7、3，C—7、5、5，所計算的 $S_b^2 = 4$，$S_1^2 = 16$，$S_2^2 = 5\dfrac{1}{3}$，$S_3^2 = 1\dfrac{1}{3}$，$\sigma_{\hat{y}}^2 = 57$，小於上之 81，表示集團內越相異性，估計越精確。

(2) 估計母體總數（$\hat{y}$）的變異數（$\sigma_{\hat{y}}^2$）的估計值（$\hat{\sigma}_{\hat{y}}^2$）

實際上母體都是很大，直接計算估計母體總數（$\hat{y}$）的變異數（$\sigma_{\hat{y}}^2$）是不可能，因此用其估計值（$\hat{\sigma}_{\hat{y}}^2$）來代替。抽樣理論指出式 10.2 中，以

第十章
集團抽樣（Ⅰ）：簡單集團抽樣（又稱二段集團抽樣）

s_b^2 代 S_b^2，以 s_i^2 代 S_i^2（s 是樣本以自由度為分母的變異數），則估計母體總數的變異數的估計值為：

$$\hat{\sigma}_{\hat{y}}^2 = M^2 \frac{M-m}{M} \cdot \frac{s_b^2}{m} + \frac{M}{m} \Sigma N_i^2 \frac{(N_i - n_i)}{N_i} \cdot \frac{s_i^2}{n_i} \qquad \text{式 10.5}$$

其中：$s_b^2 = \dfrac{1}{m-1} \Sigma \left(\hat{y}_i - \dfrac{\Sigma \hat{y}_i}{m}\right)^2$（psu 間之差異） 式 10.6

$s_i^2 = \dfrac{1}{n_i - 1} \Sigma (y_{ij} - \bar{\bar{y}}_i)^2$（psu 內之差異） 式 10.7

式 10.5 等號右邊最後一項是包含 m 個 psu，而式 10.2 是包含 M 個 psu，計算式 10.5 是很繁複的，設法簡化，使計算方便，有四種方法可用：

(1)第一種方法：假設 $\dfrac{M-m}{M} = 1 - \dfrac{m}{M}$，$< \dfrac{m}{M} < 1\%$，即 $\dfrac{M-m}{M} \fallingdotseq 1$（$\fallingdotseq$ 表示大約等於），將式 10.5 中的 s_b^2 及 s_i^2 變為：

式 10.6 中之 $\Sigma \left(\hat{y}_i - \dfrac{\Sigma \hat{y}_i}{m}\right)^2 = \Sigma \hat{y}_i^2 - m \left(\dfrac{\Sigma \hat{y}_i}{m}\right)^2$，所以式 10.6 可改為

$$s_b^2 = \frac{1}{m-1} \left[\Sigma \hat{y}_i^2 - m \left(\frac{\Sigma \hat{y}_i}{m}\right)^2 \right] \qquad \text{式 10.8}$$

式 10.7 之 $\Sigma (y_{ij} - \bar{\bar{y}}_i)^2 = \Sigma y_{ij}^2 - n_i (\bar{\bar{y}}_i)^2$，所以式 10.7 可改為

$$s_i^2 = \frac{1}{n_i - 1} \left[\Sigma (y_{ij}^2 - n_i \bar{\bar{y}}_i^2) \right] \qquad \text{式 10.9}$$

$\bar{\bar{y}}_i = \dfrac{y_i}{n_i} = \dfrac{1}{n_i} \Sigma y_i y$，因此，只要計算出 $\Sigma \hat{y}_i$、$\Sigma \hat{y}_i^2$ 及 Σy_{ij}^2，就可算出式 10.8 及式 10.9。

例如：母體包括 (1)、(2) 及 (3) 三個集團（psu），(1) 有 1、2、3；(2) 有 2、2、3、5；(3) 有 4、5、6（如工作表 1）。工作表 2 假設抽出 m = 2，抽出 psu (1) 及 (2)，從 (1) 內抽出 n_i = 2，為 1、3；從 (2) 內抽出 n_i = 3，為 2、2、5。工作表 3 是為了求 $\bar{y}_1$ 及 $\bar{y}_2$，工作表 4 為了求 $\hat{y}_i$ 及 $\sum N_i^2 \frac{(N_i - n_i)}{N_i}$，依此計算 s_b^2、s_i^2 及 $\hat{\sigma}_{\hat{y}}^2$。

工作表1

psu	y_{ij}	y_i
(1)	1,2,3	6
(2)	2,2,3,5	12
(3)	4,5,6	15
		33

工作表2

抽出 (1)		抽出 (2)	
y_{1j}	y_{1j}^2	y_{2j}	y_{2j}^2
1	1	2	4
3	9	2	4
		5	25
4	10	9	33

工作表3

	$\sum y_{ij}$	N_i/n_i	$\hat{y}_i = \frac{N_i}{n_i} \sum y_{ij}$	$\hat{y}_i^2$
$i = 1$	4	3/2	6	36
$i = 2$	9	4/3	12	144
			18	180
$\bar{\bar{y}}_1 = 4/2 = 2$，$\bar{\bar{y}}_2 = 9/3 = 3$				

工作表4

	$\frac{N_i^2(N_i - n_i)}{N_i}$ $= N_i(N_i - n_i)$	s_i^2/n_i	$N_i(N_i - n_i)\frac{s_i^2}{n_i}$	$\sum y_{ij}$	$\frac{N_i}{n_i}$	$\hat{y}_i = (N_i/n_i)\sum y_{ij}$	$\hat{y}_i^2$
(1)	$3(3 - 2) = 3$	2/2=1	3	4	3/2	6	36
(2)	$4(4 - 3) = 4$	3/3=1	4	9	4/3	12	144
			7		$\sum \hat{y}_i = 18$		180

第十章
集團抽樣（I）：簡單集團抽樣（又稱二段集團抽樣）

從表中已知：

m = 2，$\Sigma \hat{y}_i^2 = 180$，$\Sigma \hat{y}_i = 18$，$n_1 = 2$，$\Sigma y_{1j}^2 = 10$，$\bar{\bar{y}}_1 = 4/2 = 2$，

$n_2 = 3$，$\Sigma y_{2j}^2 = 33$，$\bar{\bar{y}}_2 = 9/3 = 3$

代入式 10.8、10.9 及 10.5：

式 10.8：$s_b^2 = \dfrac{1}{m-1}\left[\Sigma \hat{y}_i^2 - m\left(\dfrac{\Sigma \hat{y}_i}{m}\right)^2\right] = \dfrac{1}{2-1}\left[180 - 2\left(\dfrac{18}{2}\right)^2\right] = 18$

式 10.9：$s_1^2 = \dfrac{1}{n_i - 1}\left[\Sigma y_{ij}^2 - n_i(\bar{\bar{y}}_i)^2\right] = \dfrac{1}{2-1}[10 - 2(2)^2] = 2$

式 10.9：$s_2^2 = \dfrac{1}{n_i - 1}\left[\Sigma y_{ij}^2 - n_i(\bar{\bar{y}}_i)^2\right] = \dfrac{1}{3-1}[33 - 3(3)^2] = 3$

將 $s_b^2 = 18$，$s_1^2 = 2$ 及 $s_2^2 = 3$ 代入式 10.5：

$$\hat{\sigma}_{\hat{y}}^2 = M^2 \frac{M-m}{M} \cdot \frac{s_b^2}{m} + \frac{M}{m}\Sigma N_i^2 \frac{(N_i - n_i)}{N_i} \cdot \frac{s_i^2}{n_i}$$

$$= (3)^2 \frac{3-2}{3} \cdot \frac{18}{2} + \frac{3}{2} \cdot 7 = 37.5$$

(2)第二種方法：假設 M >> m 和 N_i >> n_i（>> 表示大很多，例如：100>>1）可設定 fpc = 1，則估計母體總數（$\hat{y}$）的變異數（$\sigma_{\hat{y}}^2$）的估計值（$\hat{\sigma}_{\hat{y}}^2$）為：

$$\hat{\sigma}_{\hat{y}}^2 = M^2 \frac{s_b^2}{m} + \frac{M}{m}\Sigma N_i^2 \frac{s_i^2}{n_i} \qquad \text{式 10.10}$$

（＊第一種方法之工作表，亦可應用在第二種方法）

(3)第三種方法：假設 M >> m，在 m/M < 1% 時，則估計母體總數（$\hat{y}$）的變異數（$\sigma_{\hat{y}}^2$）的估計值（$\hat{\sigma}_{\hat{y}}^2$）為：

$$\hat{\sigma}_{\hat{y}}^2 = M^2 \frac{s_b^2}{m} \qquad \text{式 10.11}$$

(4)第四種方法：假設 M >> m，N_i >> n_i，還假設 $N_i = \bar{N} = \dfrac{N}{m}$（$\bar{N}$ 表示

每一個 psu 大約有相同人數），則估計母體總數（$\hat{y}$）的變異數（$\sigma_{\hat{y}}^2$）的
估計值（$\hat{\sigma}_{\hat{y}}^2$）為：

$$\hat{\sigma}_{\hat{y}}^2 = (M\bar{N})^2 \frac{1}{m} \cdot \frac{1}{m-1} \Sigma (\hat{\bar{\bar{y}}}_i - \hat{\bar{\bar{y}}})^2 \qquad \text{式 10.12}$$

2. 估計母體平均數的變異數（$\sigma_{\hat{\bar{\bar{y}}}}^2$）

抽樣理論指出計算式如下：

(1) 母體平均數

$$\bar{\bar{y}} = y/N \text{（母體總數／母體觀察值數目）}$$

(2) 估計母體平均數

$$\hat{\bar{\bar{y}}} = \frac{\hat{y}}{N} = \frac{1}{N} \cdot \frac{M}{m} \Sigma \frac{N_i}{n_i} \Sigma y_{ij}$$

（估計母體總數／母體觀察值數目）（是母體平均數的不偏估計值）

$$\text{式 10.13}$$

(3) 估計母體平均數的變異數

$$\sigma_{\hat{\bar{\bar{y}}}}^2 = \frac{1}{N^2} \left(M^2 \frac{M-m}{M} \cdot \frac{S_b^2}{m} + \frac{M}{m} \Sigma N_i^2 \frac{N_i - n_i}{N_i} \cdot \frac{S_i^2}{n_i} \right) \qquad \text{式 10.14}$$

(4) 估計母體平均數的變異數的估計值為：

$$\hat{\sigma}^2_{\bar{\bar{y}}} = \frac{1}{N^2}\left(M^2\frac{M-m}{M}\cdot\frac{s_b^2}{m} + \frac{M}{m}\Sigma N_i^2\frac{N_i-n_i}{N_i}\cdot\frac{s_i^2}{n_i}\right) \qquad \text{式 10.15}$$

要計算式 10.13、10.14、10.15 應先知道 N，但 N 有時是未知，有三種方法可以克服。其中一種方法是假設集團數量（N_i）相等（$\bar{N}$），子樣本數量（n_i）相等（$\bar{n}_i$）（註：＝表示相等）。（其他二種方法，下章會提到）

即 $N_i = \bar{N} = \dfrac{N}{M}$

$n_i = \bar{n}_i = \dfrac{n}{m}$

例如：M = 10，每個 M 內人數都是 $\bar{N}$ = 10 人，總人數為 $N = \bar{N} \times M$ = 100 人。抽出 m = 3（psu），這 3psu 內人數都是 $\bar{n}$ = 10 人，都抽出 $\bar{n}_1 = 2$ 人，總人數為 $\bar{n}_i \times m = 2 \times 3 = 6$ 人，這 6 人就是 uc 內的樣本大小 n。

如估計原木產量（山地）、玉米產量（平地），把土地分成相等區塊，每塊 40 公頃（psu），共有 M 塊。每 40 公頃一塊的面積再分成 $\bar{N}$ = 40 小塊（每小塊 1 公頃），先從 M 中抽出 m 塊（psu），再從 m 中抽出 $\bar{N}_i$ 塊（ssu），計算產量 n_i，所有 n_i 就是最終集團（uc）內的樣本大小。

又如某市小學六年級學生有 M=60（班）（psu），每 psu（班）有 $\bar{N}$=40 人，從 M 中抽出 m = 6（班），每班抽出 $\bar{n}$ = 10 人（ssu）。如果想估計所有學生有書本的數量，y_{ij} 表示第 i 班（psu）第 j 個學生（ssu）的書本數量，例如：y_{34} 是第 3 班第 4 個學生的書本數量，所有 y_{ij} 是最終集團（uc）內的樣本大小。

當 $\bar{N}$ = N/M 和 $\bar{n}$ = n/m 時，母體平均數（$\bar{\bar{y}}$）的估計值（$\hat{\bar{\bar{y}}}$），式 10.13 可成為下式，用此式估計母體平均數時，不必要知道 N。

$$\bar{\bar{y}} = \frac{1}{m\bar{n}}\Sigma\Sigma y_{ij} \qquad\qquad 式\ 10.16$$

變異數成為：

$$\sigma^2_{\hat{\bar{y}}} = \frac{M-m}{M}\cdot\frac{s^2_{1b}}{m} + \frac{\overline{N}-\bar{n}}{\overline{N}}\cdot\frac{s^2_{2i}}{m\bar{n}} \qquad\qquad 式\ 10.17$$

變異數的估計值成為：

$$\hat{\sigma}^2_{\hat{\bar{y}}} = \frac{M-m}{M}\cdot\frac{s^2_{1b}}{m} + \frac{\overline{N}-\bar{n}}{\overline{N}}\cdot\frac{m}{M}\frac{s^2_{2i}}{m\bar{n}} \qquad\qquad 式\ 10.18$$

式 10.18 之 $s^2_{1b} = \dfrac{1}{m-1}\overset{m}{\Sigma}(\bar{\bar{y}}_i - \bar{\bar{y}})^2 = \dfrac{1}{m-1}(\Sigma\bar{\bar{y}}^2_i - m\bar{\bar{y}}^2)$ 　　式 10.19

式 10.19 之 $\Sigma\bar{\bar{y}}^2_i = \left(\dfrac{1}{\bar{n}}\right)^2\Sigma(\Sigma y_{ij})^2$

$$= \left(\frac{1}{\bar{n}}\right)^2[(\Sigma y_{1j})^2 + (\Sigma y_{2j})^2] \qquad\qquad 式\ 10.20$$

式 10.19 之 $\bar{\bar{y}}^2 = \left(\dfrac{1}{m\bar{n}}\right)^2\overset{m}{\Sigma}\left(\overset{n}{\Sigma}y_{ij}\right)^2$

$$= \left(\frac{1}{m\bar{n}}\right)^2(\Sigma y_{1j} + \Sigma y_{2j})^2 \qquad\qquad 式\ 10.21$$

$s^2_{2i} = \dfrac{1}{m(\bar{n}-1)}\overset{m}{\Sigma}\overset{\bar{n}}{\Sigma}(y_{ij} - \bar{\bar{y}})^2$

$$= \frac{1}{m(\bar{n}-1)}\left[\Sigma\Sigma y^2_{ij} - \frac{1}{n}\Sigma(\Sigma y_{ij})^2\right] \qquad\qquad 式\ 10.22$$

　　例如：有 (A)、(B)、(C) 三集團：(A) 包括 1、3、5；(B) 包括 3、5、7；(C) 包括 5、7、9（$\overline{\overline{N}} = 3$）（如工作表 1）。從 M 中抽出 (A) 及 (B)（m = 2，psu），從 (A) 及 (B) 中抽出 $n_1 = n_2 = 2 = \overline{N}$（ssu）（如工作表 2），請計算估計樣本平均數的變異數的估計值為多少？

工作表1			
psu	y_{ij}	y_i	$\bar{\bar{y}}_i$
(A)	1,3,5	9	3
(B)	3,5,7	15	5
(C)	5,7,9	21	7
		45	

工作表2			
抽出(A)		抽出(B)	
y_{1j}	y_{1j}^2	y_{2j}	y_{2j}^2
3	9	5	25
5	25	7	49
8	34	12	74

　　從表 1 及表 2 中可知：$\Sigma y_{1j}=8$，$\Sigma y_{2j}=12$，$\bar{n}=2$，$m = 2$，代入式 10.20 及 10.21

式 10.20：$\Sigma \bar{\bar{y}}_i^2 = \left(\frac{1}{\bar{n}}\right)^2 [(\Sigma y_{1j})^2 + (\Sigma y_{2j})^2] = \left(\frac{1}{2}\right)^2 [(8)^2 + (12)^2] = 52$

式 10.21：$\bar{\bar{y}}^2 = \left(\frac{1}{m\bar{n}}\right)^2 (\Sigma y_{1j} + \Sigma y_{2j})^2 = \left(\frac{1}{2 \times 2}\right)^2 (8 + 12)^2 = 25$

把已知及式 10.20、式 10.21 代入式 10.19、10.22 及式 10.18：

式 10.19：$s_{1b}^2 = \frac{1}{m-1} (\Sigma \bar{\bar{y}}_i^2 - m\bar{\bar{y}}^2) = \frac{1}{2-1}[(52) - (2)(25)] = 2$

式 10.22：$s_{2i}^2 = \frac{1}{m(\bar{n}-1)} \left[\Sigma \Sigma y_{ij}^2 - \frac{1}{\bar{n}} \Sigma (\Sigma y_{ij})^2 \right]$

$\qquad = \frac{1}{2(2-1)} \left\{ (34+74) - \frac{1}{2}[(8)^2 + (12)^2] \right\}$

$\qquad = 2$ 〔如果 $s_{1b}^2 < s_{2i}^2$，最好少抽 ssu（$\bar{n}$），多抽 M〕

式 10.18：$\hat{\sigma}_{\bar{\bar{y}}}^2 = \frac{M-m}{M} \cdot \frac{s_{1b}^2}{m} + \frac{\bar{N}-\bar{n}}{\bar{N}} \cdot \frac{m}{M} \cdot \frac{s_{2i}^2}{m\bar{n}}$

$\qquad = \frac{3-2}{3} \cdot \frac{2}{2} + \frac{3-2}{3} \cdot \frac{2}{3} \cdot \frac{2}{2 \times 2} = \frac{4}{9}$

＊如果又假設 $M \gg m$，$\bar{N} \gg \bar{n}$，式 10.18 可簡化爲：

$\hat{\sigma}_{\bar{\bar{y}}}^2 = \frac{1}{m(m-1)} \Sigma (\bar{\bar{y}}_i - \bar{\bar{y}})^2$（最終集團內差異可以不計在內）　　　式 10.23

例 33 想知道臺灣雞蛋消費量，研究者擬採用簡單集團抽樣來估計雞蛋消費量，理論上可從估計母體總數及估計母體平均數著手，請問這二種方法有何區別？

答：

(1) 估計母體總數（$\hat{Y}$）

估計母體總數為：$\hat{Y} = \dfrac{M}{m}\Sigma\hat{y} = \dfrac{M}{m}\Sigma\dfrac{N_i}{n_i}\Sigma Y_{ij}$（式 10.1）

估計母體總數的變異數：

$$\sigma_{\hat{y}}^2 = M^2\dfrac{M-m}{M}\cdot\dfrac{S_b^2}{m} + \dfrac{M}{m}\Sigma N_i^2\dfrac{(N_i-n_i)}{N_i}\cdot\dfrac{S_i^2}{n_i}\quad（式 10.2）$$

式中：$S_b^2 = \dfrac{1}{M-1}\Sigma(y_i-\bar{y})^2$（式 10.3）

$S_i^2 = \dfrac{1}{N_i-1}\Sigma(y_{ij}-\bar{\bar{y}}_i)^2$（式 10.4）

實際上母體都很大，只能以變異數的估計值（$\hat{\sigma}_{\hat{y}}^2$）估計之，則計算式改為母體總數的變異數估計值為：

$$\hat{\sigma}_{\hat{y}}^2 = M^2\dfrac{M-m}{M}\cdot\dfrac{s_b^2}{m} + \dfrac{M}{m}\Sigma N_i^2\dfrac{(N_i-n_i)}{N_i}\cdot\dfrac{s_i^2}{n_i}\quad（式 10.5）$$

其中：$s_b^2 = \dfrac{1}{m-1}\Sigma\left(\hat{y}_i-\dfrac{\Sigma\hat{y}_i}{m}\right)^2$（式 10.6）

$s_i^2 = \dfrac{1}{n_i-1}\Sigma(y_{ij}-\bar{\bar{y}}_i)^2$（式 10.7）

為計算方便，可有四種假設：

① 假設 $\dfrac{M-m}{M}\doteqdot 1$，（即 $\dfrac{m}{M}<1\%$）

則 $s_b^2 = \dfrac{1}{m-1}\left[\Sigma\hat{y}_i^2 - m\left(\dfrac{\Sigma\hat{y}_i}{m}\right)^2\right]$（式 10.8）

$s_i^2 = \dfrac{1}{m-1}\left[\Sigma(y_{ij}^2-n_i\bar{\bar{y}}_i^2)\right]$（式 10.9）

以此 s_b^2 及 s_i^2 代入式 10.15（需設計三種工作表）

② 假設 M >> m，N_i >> n_i（例如：100 >> 1）

則 $\hat{\sigma}_{\hat{y}}^2$ 改爲：$\hat{\sigma}_{\hat{y}}^2 = M^2 \dfrac{s_b^2}{m} + \dfrac{M}{m} \Sigma N_i^2 \dfrac{s_i^2}{n_i}$（式 10.10）

③ 假設 M＞m，$m/M < 1\%$

則 $\hat{\sigma}_{\hat{y}}^2$ 改爲：$\hat{\sigma}_{\hat{y}}^2 = M^2 \dfrac{s_b^2}{m}$（式 10.11）

④ 假設 M＞＞m，$N_i \gg n_i$，$N'_i = \overline{N} = \dfrac{N}{M}$

則 $\hat{\sigma}_{\hat{y}}^2$ 改爲：$\hat{\sigma}_{\hat{y}}^2 = (M\overline{N})^2 \dfrac{1}{m} \cdot \dfrac{1}{m-1} \Sigma (\overline{\overline{y}}_i - \overline{\overline{y}})^2$（式 10.12）

(2) 估計母體平均數（$\overline{\overline{y}}$）

估計母體平均數：$\overline{\overline{y}} = \dfrac{\hat{y}}{N} = \dfrac{1}{N} \cdot \dfrac{M}{m} \Sigma \dfrac{N_i}{n_i} \Sigma y_{ij}$（式 10.13）

估計母體平均數的變異數估計值：

$\hat{\sigma}_{\overline{\overline{y}}}^2 = \dfrac{1}{N^2} \left(M^2 \dfrac{M-m}{M} \cdot \dfrac{s_b^2}{m} + \dfrac{M}{m} \Sigma N_i^2 \dfrac{N_i - n_i}{N_i} \cdot \dfrac{s_i^2}{n_i} \right)$（式 10.15）

假設 $N_i = \overline{N} = \dfrac{N}{M}$ 及 $n_i = \overline{n} = \dfrac{n}{m}$

則 $\hat{\sigma}_{\overline{\overline{y}}}^2 = \dfrac{M-m}{M} \cdot \dfrac{s_{1b}^2}{m} + \dfrac{\overline{N} - \overline{n}}{\overline{N}} \cdot \dfrac{m}{M} \dfrac{s_{2i}^2}{m\overline{n}}$（式 10.18）

式中 $s_{1b}^2 = \dfrac{1}{m-1} \overset{m}{\Sigma} (\overline{\overline{y}}_i - \overline{\overline{y}})^2 = \dfrac{1}{m-1} (\Sigma \overline{\overline{y}}_i^2 - m\overline{\overline{y}}^2)$（式 10.19）

上式中 $\Sigma \overline{\overline{y}}_i^2 = \left(\dfrac{1}{n} \right)^2 [(\Sigma y_{1j})^2 + (\Sigma y_{2j})^2]$（式 10.20）

$$\overline{\overline{y}}^2 = \left(\dfrac{1}{m\overline{n}} \right)^2 (\Sigma y_{1j} + \Sigma y_{2j})^2 \text{（式 10.21）}$$

$$s_{2i}^2 = \dfrac{1}{m(\overline{n}-1)} \left[\Sigma \Sigma y_{ij}^2 - \dfrac{1}{n} \Sigma (\Sigma y_{ij})^2 \right] \text{（式 10.22）}$$

（設計二個工作表可完成計算）

假設：M＞＞n，$\overline{N} \gg \overline{n}$，則

$$\hat{\sigma}_{\overline{\overline{y}}}^2 = \dfrac{1}{m(m-1)} \Sigma (\overline{\overline{y}}_i - \overline{\overline{y}})^2 \text{（式 10.23）}$$

(3) 估計母體總數的變異數之估計值需要設計三種工作表，估計母體平均數的變異數之估計值需要設計二種工作表，而且又不必知道 N，所以採用估計母體平均數進行研究較方便。

四、抽多少 m（psu）及多少 n_i（ssu）構成 uc 內的樣本大小（m×n）？

　　簡單集團抽樣是從集團（M）中，抽出初級抽樣單位（psu）（m）；再從 m 中之 N_i 抽出次級抽樣單位（ssu）（n_i），組成最終集團（uc）（m×n_i）。然而應多抽 m 少抽 n_i，或少抽 m 多抽 n_i？例如：$m\bar{n} = 200$，如果 $\bar{n} = 2$，則 m = 100；如果 $\bar{n} = 4$，m = 50。這可從簡單集團抽樣的變異數（$\sigma^2_{\bar{\bar{y}}_{CL}}$）與簡單任意抽樣的變異數（$\sigma^2_{\bar{\bar{y}}_{ran}}$）看出端倪。

　　抽樣理論指出兩者間之關係如下式，而 $\sigma^2_{\bar{\bar{y}}_{CL}}$ 越小表示越精確。

$$\sigma^2_{\bar{\bar{y}}_{CL}} = \sigma^2_{\bar{\bar{y}}_{ran}} [1 + (\bar{n} - 1)\rho] \qquad \text{式 10.24}$$

1. 當 $\rho > 0$ 時，$\bar{n}$ 越大，$\sigma^2_{\bar{\bar{y}}_{CL}}$ 越大，應少抽 $\bar{n}$，多抽 m，使 $\sigma^2_{\bar{\bar{y}}_{CL}}$ 變小。

2. 當 $\rho < 0$ 且負數時，$\bar{n}$ 越大，$\sigma^2_{\bar{\bar{y}}_{CL}}$ 越小，應多抽 $\bar{n}$，少抽 m，使 $\sigma^2_{\bar{\bar{y}}_{CL}}$ 變小。

3. 當 $\rho = 0$ 或接近 0 時，$\sigma^2_{\bar{\bar{y}}_{CL}}$ 與 $\sigma^2_{\bar{\bar{y}}_{ran}}$ 的精確度差異很小，兩者效果相同。

4. 以 ρ 的變動，調動 m 及 $\bar{n}$：

   (1) 當 $\rho > 0$，而接近 1 時，表示集團內各抽樣單位是相似的。例如：從織布機抽出樣本，此時各集團間的差異會變大，應少抽 $\bar{n}$（布匹—ssu），多抽 m（織布機—psu）。

   (2) 當 $\rho = 0$ 或接近 0 時，表示集團內各抽樣單位是相異的。例如：一集團內有多種不同織布機，此時各集團間的差異會變小，應多抽 $\bar{n}$（布匹—ssu），少抽 m（織布機—psu）。

   (3) 當 $\rho = 0$，$\bar{n}$ 及 m 對 $\sigma^2_{\bar{\bar{y}}_{CL}}$ 無影響。

(4) 集團內要有高相異性的樣本設計（例如：大都市的消費調查，各自消費都不同），ρ 因此很小，應增加 n（家庭）的數量，減少 m（都市）的數量。集團內低相異性設計（例如：小麥產量，同一鄉鎮很接近，但各別鄉鎮間可能差異大），ρ 會變大，此時應少抽 $\bar{n}$，多抽 m。

第十一章

集團抽樣（II）：機率與集團數量成比例抽樣（Probability Proportional to Size；簡稱pps）

簡單集團抽樣指每個集團（psu）被抽出的機率為 $1/M$，如果其中有 psu 包括很大的 N_i（例如：臺北市對其他縣市），很有可能不會被抽到而失去每個 M 同等重要原則，改善之道為每個集團（psu）內的觀察值總數（n_i）被抽出的機率為 N_i/N（N 是母體總數量），這就是原始抽樣單位數量大小（size of psu）成比例的機率。這抽樣稱為機率與集團數量成比例的抽樣（pps）。

一、機率與集團數量成比例抽樣（pps）之優點與機率及數量成比例

1. 機率與集團數量成比例抽樣（pps）之優點

(1) pps 抽出 psu 的重要理由，是能設計對母體更有代表性的樣本。

(2) pps 之母體平均數、母體總數、母體平均數的變異數、母體平均數的變異數的估計值等，設計簡單又計算容易。

(3) 同 pps 抽樣，當集團數量（N_i）間大小差異很大，又當集團大小（y 與 N_i）成比例變動時，估計平均數（$\hat{\bar{y}}_{pps}$）很接近母體平均數（$\bar{y}$）。

(4) 如果設計時 $N_i = N = \dfrac{N}{M}$，pps 與簡單集團的變異數是相同的，$\sigma^2_{(\hat{\bar{y}}_{cl})} - \sigma^2_{(\bar{y}_{PPS})} = 0$。

(5) 如果 N_i 變動很大時，$\sigma^2_{(\hat{\bar{y}}_{cl})} - \sigma^2_{(\bar{y}_{PPS})} > 0$，指出 pps 更精確。

2. 機率與集團數量成比例

假設資料如下：

集團 M	集團內觀察值個數（N_i）	集團內觀察值（y_{ij}）	各集團觀察值總數（$y_i = \Sigma y_{ij}$）	各集團平均數（$\bar{y}_i = y_i / N_i$）
M_1	2	2,8	10	5
M_2	5	1,2,2,10,10	25	5
M_3	3	1,6,8	15	5
	集團觀察值總數目（$N = \Sigma N_i$）10		集團觀察值總數（$y = \Sigma y_i$）50	各集團平均數的平均數=母體平均數（$\bar{\bar{y}}_i = \Sigma \bar{y}_i / M$）5

pps 抽樣，第一步從 M 中抽一個 m（psu），是從母體觀察值數（量）抽出，被抽出的機會是 y_i / y，這是集團數量比例：

(1) $\text{psu}_1 = \dfrac{10}{50}$ ，$\text{psu}_2 = \dfrac{25}{50}$ ，$\text{psu}_3 = \dfrac{15}{50}$

psu 抽樣，第二步從 N_i 中抽出一個 ssu，是從母體觀察值數目抽出，被抽出的機會是 n_i / N，這是機率。

(2) $\text{ssu}_1 = \dfrac{2}{10}$ ，$\text{ssu}_2 = \dfrac{5}{10}$ ，$\text{ssu}_3 = \dfrac{3}{10}$

如果 (2) 之 $\text{ssu}_1 = \dfrac{2}{10}$ ，$\text{ssu}_2 = \dfrac{5}{10}$ ，$\text{ssu}_3 = \dfrac{3}{10}$ 分子與分母都 ×5，ssu 值不變，則與 (1) 集團數量比例相同。

由此得知 ssu（機率）與 psu 成比例之比值相同，而倍數不同。若各集團內觀察值相異性，而其平均數相同或相差很小時，用 ssu 的機率來估計 ssu 集團數量比例是一個很好的估計值。

二、機率與集團數量成比例的抽樣程序與計算式符號說明

1. 抽樣程序

(1)簡單集團抽樣從 M_i 中抽出 m_i，如果數量大的 m_i 被漏抽出（如消費調查，大都市臺北被漏掉），有失 M_i 同等重要原則，因而設計出 pps。

(2)pps 是二段抽樣，簡單集團亦是二段抽樣。

(3)第一段抽樣由亂數表指數字，在組距上找該數字，對照 M，找出 M_i（例如：抽到 m_1 及 m_3），此段抽樣以抽出又放回方式，方便計算。psu 被抽出機率 N_i/N。

集團分層 M(psu)	層內人數 N_i	ΣN_i	組距
M_1	10	10	1-10
M_2	20	30	11-30
M_3	30	60	31-60

(4)第二段抽樣由 m_i 內的人數 N_i 中抽出 n_i 人（ssu），這段抽樣可用抽出不放回或抽出又放回方式，被抽出機率 n_i/N_i。

psu	N_i	n_i
m_1	10	4
m_2	30	4

$$n = \Sigma n_i$$
(sample size)(uc)

pps 的機率，請見工作表 1 及 2，A 的觀察值及 C 的觀察值（y_{ij}）被抽出的機率各為多少？

工作表1

psu	y_{ij}	N_i	y_{ij}	$\bar{y}_i$	ΣN_i	組距
A	1,2,3	3	6	2	3	1-3
B	5,6,6,7	4	24	6	7	4-7
C	9,9,10,11,11	5	50	10	12	8-12
		12	80			

抽樣理論之應用

工作表2

A y_{1j}	C y_{2j}
$y_{11} = 1$ $y_{12} = 2$	$y_{21} = 10$ $y_{22} = 11$
$y_1 = 3$	$y_2 = 21$

① 從 m = 2 個 psu 中抽出樣本，用亂數表抽出 2 和 11，對照組距。也就是抽到 A 和 C，A 的機率是 $\frac{N_1}{N} = \frac{3}{12}$，C 是 $\frac{N_3}{N} = \frac{5}{12}$。

② 用隨機抽樣法，從 A 和 C 中抽出 $\bar{n} = 2$，A 的 y_{1j} 被抽出機率 $\frac{1}{3}$（即 $\frac{n_i}{N_i}$），C 的 y_{2j} 被抽出的機率是 $\frac{2}{5}$（即 $\frac{n_i}{N_i}$）。

2. 使用符號說明

M：母體集團者，M_h：第 h 個集團，N：集團內觀察值數目

N_i：第 i 個集團內觀察值數目，y_{ij}：第 i 個集團內第 j 個觀察值

$\bar{y}_i$：各集團平均數，y_i：各集團觀察值總數

$\bar{\bar{y}}$：各集團平均數的平均數，母體平均數，$\hat{y}$：母體總數的估計值

$\hat{\bar{\bar{y}}}_{pps}$：pps 抽樣之估計母體平均數，m：從 M 中抽出之 psu

$\bar{N}$：每個集團內有相同的觀察值數目，n：從 m 中抽出之 ssu

$\bar{n}$：每個 ssu 內有相同的觀察值數目，$\bar{y}_{pps}$：pps 抽樣的母體平均數

$\sigma^2_{\bar{\bar{y}}_{PPS}}$：pps 抽樣的母體平均數的變異數

$S_{(\bar{\bar{y}}_{pps})}$：pps 抽樣的母體平均數的標準差，C：調查費用

C_1：psu 之調查費用，C_2：ssu 之調查費用

假設 pps 抽樣的 psu（集團）的觀察值數目（N_i）都相等（以 $\overline{N}$ 表示），從 psu 抽出的 ssu 的觀察值數目（n_i）都相等（以 $\overline{n}$ 表示），即 $N_i = \overline{N} = \dfrac{N}{M}$ 和 $n_i = \overline{n} = \dfrac{n}{m}$，則計算估計母體平均數（$\hat{\bar{y}}$）與估計母體總數（$\hat{y}$）就很容易。抽樣理論提出：

$$\text{估計母體平均數}：\hat{\bar{y}}_{pps} = \frac{1}{m\overline{n}}\Sigma\Sigma y_{ij} \qquad\qquad \text{式 11.1}$$

$$\text{估計母體總數}：\hat{y} = N\hat{\bar{y}}_{pps} \qquad\qquad \text{式 11.2}$$

例如：從前述之抽樣程序說明中，工作表 1 中 N = 12，工作表 2 中，已知 $y_1 = 3$，$y_2 = 21$，即從 M = 3 中抽 m = 2，抽出 A 的 2 個觀察值總計 $\Sigma y_{Aj} = 3$，抽出 C 的 2 個觀察值總計 $\Sigma y_{Bj} = 21$。

代入式 11.1，估計母體平均數：$\hat{\bar{y}}_{pps} = \dfrac{1}{2\times2}(3+21) = 6$

代入式 11.2，估計母體總數：$\hat{y} = 12\times6 = 72$

實際母體平均數 $\overline{y} = \dfrac{\Sigma y_{ij}}{N} = \dfrac{80}{12} = 6\dfrac{2}{3}$，（$\hat{\bar{y}}_{pps}$ 很接近實際母體平均數）

例 34 下列資料，(1) 請問以抽出又放回方式從 A、B 及 C 中抽出 2 個當一組樣本，所有可能樣本有幾組？(2) 列出各組樣本搭配；(3) 以觀察值個數觀之，A、B 及 C 各被抽出機率為多少？(4) 假設以抽出不放回方式從 A 中抽 2 個觀察值，所有可能樣本有幾組？(5)A 的 1、2 與 A 的 1、2 的搭配，請列出所有可能樣本組多少？(6) 請算出 A 與 A 搭配

的各組平均數及所有各組平均數的平均數各爲多少？(7)A 的 1、2、1、2 搭配成一組樣本，這組樣本被抽出的機率爲多少？(8) 採抽出不放回又不考慮次序，從 A 之 $N_A = 3$ 中抽出 $n_A = 2$，從 B 之 $N_B = 4$ 中抽出 $n_B = 2$，兩組搭配，所有可能樣本有幾組？(9) 如果已算出 A 與 A 搭配的 6 組各平均數的平均數，A 與 B 搭配的 18 組各組平均數的平均數，又 A 與 C、B 與 A、B 與 B、B 與 C、C 與 A、C 與 B、C 與 C 的搭配之平均數也算出，合計爲 $\frac{33}{10}$，請問：這是什麼平均數？

psu	y_{ij} (觀察值)	N_i (觀察值個數)	y_i (觀察值合計)	$\bar{y}_i$ (各psu平均數)
A	1,2,3	3	6	6/3 = 2
B	2,2,3,5	4	12	12/4 = 3
C	4,5,6	3	15	15/3 = 5
		10	33	

答 ：

(1) 從 A、B 及 C 中以抽出又放回方式抽出 2 個，抽出所有可能樣本有：

$N^n = 3^2 = 9$ 組

(2) 9 組各組樣本搭配爲 AA、AB、AC、BA、BB、BC、CA、CB、CC。

(3) A、B 及 C 各被抽出機率：

機率 $= \frac{N_i}{\Sigma N}$，$A = \frac{3}{10}$，$B = \frac{4}{10}$，$C = \frac{3}{10}$

(4) A 的觀察值 3 個以抽出不放回方式抽 2 個，所有可能樣本組爲：

$_3C_2 = 3$ 組，即 1、2；1、3；2、3。

(5) A 與 A 搭配，即 3 組搭 3 組，共 $3^2 = 9$ 組。1、2 與 1、2 搭配如下：

A	A	A與A合計 $\sum\limits_{M}^{N}\sum y_{ij}$	平均數
1,2	1,2	3 + 3 = 6	6/4
	1,3	3 + 4 = 7	7/4
	2,3	3 + 5 = 8	8/4
1,3	1,2	4 + 3 = 7	7/4
	1,3	4 + 4 = 8	8/4
	2,3	4 + 5 = 9	9/4
2,3	1,2	5 + 3 = 8	8/4
	1,3	5 + 4 = 9	9/4
	2,3	5 + 5 = 10	10/4
		72	(6/4 + 7/4 + … + 10/4) = 72/4 = 18

(6) 各組平均數如前述工作表最後一欄，每組樣本由 4 位數組合，合計 72/4 = 18，共有 9 組，所以平均數為 18/9 = 2（平均數的平均數）。

(7) 1、2、1、2 成一組樣本，1、2 被抽出機率為 $\dfrac{3}{10}$，1、2 與 1、2 搭配，被抽出機率為 $\dfrac{3}{10}\times\dfrac{3}{10}$，因為共有 9 組所有可能樣本，故 1、2、1、2 同時被抽出機率為 $\dfrac{1}{9}$，這組 1、2、1、2 被抽出機率為 $\dfrac{3}{10}\times\dfrac{3}{10}\times\dfrac{1}{9}=\dfrac{1}{100}$。

(8) 計算式 $_NC_n=\dfrac{N!}{n!(N-n)!}$，A 組可抽出 $_3C_2=3$ 組，B 組可抽出 $_4C_2=6$ 組，A 與 B 搭配，所有可能樣本 36=18 組。

(9) $\dfrac{33}{10}=3\dfrac{3}{10}$ 是估計母體平均數（$\bar{\bar{y}}$）。

例35 某城市分 15 區，每一區有 N_i 個超市，以 pps 抽樣想估計某貨品存量（母體總數量），設超市資料如下工作表 1：

(1) 用 pps 抽 m = 6，在亂數表中點出 55、148、117、70、92、113，對照 ΣN_i 及區號，請問被抽到的區號是哪幾區號？

工作表1

區	N_i	ΣN_i
1	8	1-8
2	12	9-20
3	4	21-24
4	20	25-44
5	14	45-58　√
6	6	59-64
7	5	65-69
8	12	70-81　√
9	5	82-86
10	24	87-110　√
11	6	111-116　√
12	8	117-124　√
13	4	125-128
14	9	129-137
15	13	138-150　√
	$N = \Sigma N_i = 150$	

(2) 從 M = 6（psu）中，每一個被抽出之區（psu）中抽出 $\bar{n} = 4$（ssu），假設資料如下工作表 2，請問：①估計母體平均數為多少？②估計母體總數為多少？

區	$\bar{n}=4$ y_{ij}（存量）	y_i	$\bar{y}_i$
5	2,3,2,5	12	3
8	2,5,5,4	16	4
10	1,4,8,7	20	5
11	4,8,9,7	28	7
12	1,1,6,4	12	3
15	4,3,3,6	16	4
		104	36 $\left(\bar{\bar{y}}=\bar{y}_i/N=26/6=\dfrac{13}{3}\right)$

答：

(1) 對照組距，被抽出之區號是 5、8、10、11、12 及 15

(2) ① 估計母體平均數式 11.1：$\hat{\bar{\bar{y}}}_{pps}=\dfrac{1}{m\bar{n}}\Sigma\Sigma y_{ij}=\dfrac{1}{6\times4}(12+16+20+28+12$

$+16)=\dfrac{13}{3}=4\dfrac{1}{3}$

② 估計母體總數式 11.2：$\hat{y}=N\hat{\bar{\bar{y}}}_{pps}=150\times\dfrac{13}{3}=650$

四、pps 的母體平均數的變異數

1. 母體平均數 $(\bar{\bar{y}}_{pps})$ 的變異數 $(\sigma^2_{\bar{\bar{y}}_{pps}})$

抽樣理論指出，母體平均數的變異數為：

$$\sigma^2_{\bar{\bar{y}}_{pps}}=\frac{1}{mN}\Sigma N_i\,(\bar{\bar{y}}_i-\bar{\bar{y}})^2+\frac{1}{mN}\,(N_i-\bar{n})\frac{S_i^2}{n} \qquad \text{式 11.3}$$

抽樣理論之應用

式中 $S_i^2 = \dfrac{1}{N_i - 1} \Sigma (y_{ij} - \bar{\bar{y}}_i)^2$（第 i 個集團內的 y_{ij} 變異數）　　　式 11.4

式 11.3 及 11.4 的計算，要 N_i 及 M 的 y_{ij} 都已知，而實際上 y_{ij} 不可知，因此只用估計值。

2. 母體平均數的變異數（$\sigma_{\bar{\bar{y}}_{pps}}^2$）的估計值（$\hat{\sigma}_{\bar{\bar{y}}_{pps}}^2$）及標準差 $S_{(\bar{\bar{y}}_{pps})}$

用 pps 抽樣，不但計算估計母體平均數（$\hat{\bar{y}}$）及母體總數的估計值（$\hat{y}$）簡單又容易，計算母體平均數的變異數的估計值（$\hat{\sigma}_{\bar{\bar{y}}_{pps}}^2$）也是簡單又容易。

抽樣理論指出，母體平均數的變異數的估計值爲：

$$\hat{\sigma}_{\bar{\bar{y}}_{pps}}^2 = \frac{1}{m(m-1)} \Sigma (\bar{\bar{y}}_i - \bar{\bar{y}}_{pps})^2 \qquad \text{式 11.5}$$

$$\text{式中，} \bar{\bar{y}}_i = \frac{y_i}{n} \qquad \text{式 11.6}$$

$$\bar{\bar{y}}_{pps} = \frac{1}{m\bar{n}} \Sigma \Sigma y_{ij} = \frac{1}{m} \Sigma \bar{\bar{y}}_i \qquad \text{式 11.7}$$

母體平均數的標準差爲：

$$S_{(\bar{\bar{y}}_{pps})} = \sqrt{\hat{\sigma}_{\bar{\bar{y}}_{pps}}^2} \qquad \text{式 11.8}$$

母體平均數的信賴區間爲：

$$(\bar{\bar{y}}_{pps} - Z \cdot S_{\bar{\bar{y}}_{pps}}) < \mu < (\bar{\bar{y}}_{pps} + Z \cdot S_{\bar{\bar{y}}_{pps}}) \qquad \text{式 11.9}$$

式 11.5 可看出是最終集團的變異數，估計變異數大小只是由於最終集團間的差異，而不是由於在一個最終集團內的差異。這說明了由於使集

團內的抽樣單位有差異，而使集團平均數間變異小，就可以減少 $\hat{\sigma}^2_{\bar{y}_{pps}}$，這表示最好多抽 n 而少抽 m。例如：用城市當集團（psu）時，少抽城市，多抽抽樣單位 ssu（家庭），如此花費也較少。

（例36）想知道臺灣每人每年平均購買花卉多少元，研究者擬定 Z = 1.96，誤差 100 元，決定樣本大小 n = 385 人。這 385 人要從臺灣 22 個行政區域抽樣，恐怕臺北市、臺中市、高雄市等大都市不會被抽中，因此把原來想用的簡單集團抽樣改爲機率與集團數量成比例抽樣（pps）。抽出行政區域（psu）：A、B、…，再從已抽出行政區域（psu）中的人口數（N_i），以人口比例分配觀察值，抽出觀察值數（n_i）。爲計算簡化，假設 psu 只有 A、B、C 三個，第一段抽樣抽出 B、C，psu 內有人數（N_i），從 N_i 中抽出受訪人 y_{ij}（如下表），請問：

(1) 一年平均購買花卉多少元？

(2) 母體平均數的變異數估計值爲多少？

(3) 母體平均數的標準差爲多少？

(4) 母體平均數的信賴區間爲多少？

工作表1

psu	N_i	ΣN_i
A	20	1-20
B	15	21-35
C	25	36-60

工作表2

$B(y_{1j})$（千元／月）		$C(y_{2j})$（千元／月）	
y_{11}	3	y_{21}	4
y_{12}	5	y_{22}	6
y_{13}	4	y_{23}	4
y_{14}	5	y_{24}	4
y_{15}	3	y_{25}	3
Σ	20	Σ	21

抽樣理論之應用

答：

(1) 已知 $m = 2$，$\bar{n} = 5$，B 之 $\Sigma y_{ij} = 20$，C 之 $\Sigma y_{ij} = 21$

代入式 11.1：$\bar{\bar{y}}_{pps} = \dfrac{1}{m\bar{n}} \Sigma \Sigma y_{ij}$

$$= \frac{1}{2 \times 5}(20 + 21)$$

$$= 4.1 \text{（平均每人每年購買花卉 4.1 千元）}$$

(2) 在工作表 2 中，先求母體平均數 $\bar{\bar{y}}_{pps} = \dfrac{y}{n} = \dfrac{20 + 21}{10} = 4.1$

再求 B 及 C 平均數 $\bar{\bar{y}} = \dfrac{\Sigma y_{ij}}{n}$

$B：\bar{\bar{y}}_1 = \dfrac{20}{5} = 4$

$C：\bar{\bar{y}}_2 = \dfrac{21}{5} = 4.2$

代入式 11.5：$\hat{\sigma}^2_{\bar{\bar{y}}_{pps}} = \dfrac{1}{m(m-1)} \Sigma\, (\bar{\bar{y}}_i - \bar{\bar{y}}_{pps})^2$

$$= \frac{1}{2(2-1)}[(4 - 4.1)^2 + (4.2 - 4.1)^2] = 0.01$$

(3) 母體平均數的標準差估計值

代入式 11.8：$S_{(\bar{\bar{y}}_{pps})} = \sqrt{\hat{\sigma}^2_{\bar{\bar{y}}_{pps}}} = \sqrt{0.01} = 0.1$

(4) 母體平均數的信賴區間：

代入式 11.9 $\left(\bar{\bar{y}}_{pps} - Z \cdot S_{\bar{\bar{y}}_{pps}} \right) < \mu < \left(\bar{\bar{y}}_{pps} + Z \cdot S_{\bar{\bar{y}}_{pps}} \right)$

$(4.1 - 1.96 \times 0.1) < \mu < (4.1 + 1.96 \times 0.1)$

3.8 千元 $< \mu <$ 4.4 千元（每人每年購買花卉金額）

五、pps 的樣本大小（n）的 M 與 n̄ 分配

如果所需要的樣本大小 n，m 是 M 中抽出的 psu；例如：m = 4，是從每個 psu 中的抽出 n̄ = 3，則 n = 4×3 = 12，這 12 可由 m = 4 及 n̄ = 3 組成，也可由 m = 6，n̄ = 2 組成，也可由 m = 2，n̄ = 6 組成。

如何決定從 M 個 psu 中抽出多少個 m（psu）？如何從 m 個 psu 中抽出多少個 n̄（ssu）？又可抽出 m 和 n̄，如何達到母體平均數（$\bar{\bar{y}}_{pps}$）的變異數（$\sigma^2_{\bar{\bar{y}}_{pps}}$）為最低點？如果想估計城市中家庭平均食物消費額，有 M 個城市，先決定抽 m 個 psu，再決定抽 n̄ 個家庭？

當 $n_i = \bar{n} = n/m$，m 個 psu 是用 pps 方法抽出的，而最終集團（uc）的是一樣的 n̄，而且是用抽出不放回的簡單任意抽出的，在這些假設之下，抽樣理論指出母體平均數的變異數為式 11.3：

$$\sigma^2_{\bar{\bar{y}}_{pps}} = \frac{1}{mN}\Sigma N_i (\bar{\bar{y}}_i - \bar{\bar{y}})^2 + \frac{1}{mN}(N_i - \bar{n})\frac{S^2_i}{\bar{n}}$$

假設成本函數為：

$$C = C_1 m + C_2 m\bar{n} \qquad\qquad 式 11.10$$

由此可以得出：$\bar{n} = \sqrt{\dfrac{C_1}{C_2} \cdot \dfrac{s^2_{wti}}{s^2_{wtb} - \bar{s}^2_i/\bar{N}}}$ \qquad\qquad 式 11.11

式中 $S^2_{wtb} = \dfrac{1}{N}\Sigma N_i (\bar{y}_i - \bar{y})^2$（集團間的差異）\qquad\qquad 式 11.12

$\quad S^2_{wti} = \dfrac{1}{N}\Sigma N_i s^2_1$ \qquad\qquad 式 11.13

$\quad \bar{S}^2_i = \dfrac{1}{M}s^2_i$ \qquad\qquad 式 11.14

$\quad \bar{S}^2_i = \dfrac{1}{N_i}\Sigma(y_{ij} - \bar{y}_i)^2$（集團內的差異）\qquad\qquad 式 11.15

以及得出：

$$m = \frac{C}{C_1 + C_2\bar{n}} \qquad 式 11.16$$

從式 11.11，可得出下列取 m 及 $\bar{n}$ 的原則：

(1)當集團間差異（S^2_{wtb}）大時（例如：城市間家庭消費額差異很大），要少抽 $\bar{n}$（家庭），多抽 m（城市）。

(2)當集團內差異（S^2_{wti}）小時（例如：城市家庭所得調查，所有約略相同者都在同一地區，差異不大），也應少抽 $\bar{n}$（家庭），多抽 m（城市）。

(3)若 S^2_{wth} 與 S^2_i 同時變小，則 $\sigma^2_{\bar{y}_{pps}}$ 也會變小。

(4)集團間差異（S^2_{wth}）趨於小時，估計母體總數（$\hat{y}$）會接近母體總數（y），也會使 $\sigma^2_{\hat{y}_{pps}}$ 變小。

(5)抽出一個 psu（如城市）的費用大時，應多抽些 ssu（$\bar{n}$）（如家庭），少抽 psu（城市）；抽出一個 ssu（家庭）的費用大時，就少抽 ssu（家庭），多抽 psu（城市）。

(6)m 越大，$\sigma^2_{\bar{y}_{pps}}$ 越小，但成本（C）要越大，故 m 和 $\bar{n}$ 的分配就成為增加成本和減低精確度間，如何達到平衡的問題。

(7)母體數量 $m\bar{n}$ = n 為已知時，$\bar{n}$ 的數量不影響 $\sigma^2_{\bar{y}_{pps}}$。

(8)母體數量 $m\bar{n}$ = n 與總成本無關。

(9)可參考美國人口普查局人口調查抽樣例子。先說明由幾個縣市（countries）組成的 psu，然後合併幾個 psu 成為層，從每一層抽出一個 psu。設法增加 psu 內部相異性，就是使 psu 增加，要包括不同縣市（如工業與農業、市區與農村、……），當局認為要達到差異，最重要的是農業與非農業的特性。相反的，psu 的數量受到調查費用的限制，所以使 psu 數量限制在 1,500 至 2,000 平方公里。全美國大約 3,000 縣市，重組成約 2,000 psu，再把 2,000 psu 組成 68 層，每一層抽出一個 psu。

第十二章

集團抽樣（III）：比例估計（Estimation of Proportion）

集團抽樣分二段，第一段從 M 個集團抽 m 個 psu（原始抽樣單位），第二段從 m 個 psu 內的 N_i 中抽出 n_i 個觀察值。如果把這些觀察值改變爲「1」代表成功者（如同意者），「0」代表失敗者（如不同意者），計算成功者比例 p_i，失敗者比例 q_i。用這些樣本去推估母體成功者比例及其變異數是很方便之事，因此比例估計廣泛應用，例如：A 品牌市佔率、候選人的支持率、人口的失業率、電視節目的收視率、近視者的比例、擁有二部汽車的家庭比例。

一、集團抽樣的比例估計之抽樣程序與本章使用符號說明

1. 集團抽樣的比例估計之抽樣程序

　　(1) 比例估計是簡單集團的變化，pps 抽樣亦可應用比例估計。

　　(2) 第一段抽樣從 M 中隨機抽出 m（psu）：

母體分層M	抽出m_i	m_i內的人數N_i	N_i內觀察值y_{ij}
M_1	m_1	50	$y_{11}, y_{12}, y_{13}, \cdots$
M_2	-	-	-
M_3	m_3	50	$y_{31}, y_{32}, y_{33}, \cdots$
M_4	-	-	-

抽樣理論之應用

(3)第二段抽樣從 N_i 中抽 n_i：

M	m_i	N_i	N_i中抽n_i (n_i)	成功者	失敗者	成功比例
M_1	m_1	50	2	y_{11}	y_{12}	1/2
M_2	-	-	-	-	-	-
M_3	m_3	50	3	y_{33}, y_{31}	y_{34}	2/3
M_4	-	-	-	-	-	-

樣本成功者比例用以估計母體比例（$\hat{p}$）↑

2. 符號說明

母體分層 M	第一段抽樣				第二段抽樣			
	從M_i中抽出m_i	m_i中觀察值N_i	y_{ij}	從N_i中抽觀察值n_i	成功者	失敗者	成功比例p_i
M_1	m_1	50	y_{1j}	2	y_{11}	y_{12}	1/2
M_2				-	-	-	-
M_3	m_3	50	y_{3j}	3	y_{32}, y_{33}	y_{32}	2/3
M_4	-	-	-	-	-	-	-
$M = \Sigma M_i$ $=4$	$m = \Sigma m_i$ $=2$	$N = \Sigma M_i$ $=100$	$\Sigma y_i = \Sigma y_{ij}$	$n = \Sigma n_i = 5$			

M：集團總數（例如分四層：M = 4，$M = \Sigma M_i$）

M_i：母體之集團（例如有 M_1、M_2、M_3 及 M_4）

m_i：從 M_i 中抽出原始抽樣單位（psu）（例如：被抽出 m_1 及 m_3）

N_i：各 m_i 內的觀察值個數（例如：M_1 及 M_3 內各有觀察值 50 個，

$\quad N_1 = N_3 = 50$）

m：原始抽樣單位（psu）合計（$= \Sigma m_i$）

N：N_i 的合計（$N = \sum N_i$）

n_i：第 m_i 個（psu）內的觀察值 N_i 內被抽出的觀察值（例如：$n_1 = 2$）（即子樣本）

Y_{ij}：第 i 個 n_i 內第 j 個觀察值（例如：第 n_3 內抽出 y_{31}、y_{32}）

n：n_i 合計（$n = \sum n_i$）（即子樣本合計）

y_i：在 y_{ij} 內的成功者數目（例如：y_{ij} 共有 1,1,0,1，成功者為 $y_i = 3$）

p_i ＝ 樣本成功數目 / n_i，是樣本成功者比例，簡稱樣本比例（例如：y_{ij} 有 4 個，成功者有 3 個，$p_i = 3/4$）

P_i ＝ 母體成功者數目 / N，是母體成功者比例，簡稱母體比例

二、比例估計

1. 比例分層任意抽樣（第九章所提）

母體分層（N_h），從每一層（N_n）中抽出受訪者（n_h）（例如：N_h 的 40%），計算 N_h 內的成功者數目（a）（例如：例 37 中 N_2 抽出 40% ＝ 40 人，成功者 12 人），N_2 的樣本成功比率，$p_i = \dfrac{12}{40} = 0.3$，以各 N_i 的 p_i 來估計母體 P_i。

抽樣理論指出比例分層任意抽樣：

估計母體比例為：$\hat{p}_{st} = \dfrac{\sum N_h P_h}{n}$（式 9.3）

估計母體比例變異數為：

$$\hat{\sigma}_{p_{st}}^2 = \frac{1}{N^2} \sum N_h (N_h - n_h) \frac{1}{n_h} \cdot \frac{N_h}{N_h - 1} p_h q_h \quad （式 9.8）$$

$$= \frac{1}{N^2} \sum N_h^2 \frac{p_h q_h}{n_h} \quad （當 N_h \gg n_h，\text{fpc} = 1）\quad （式 9.10）$$

例37 假設下表是從 4 班中，各班抽 25% 人數，調查近視人數及比例，請問：估計母體近視者比例爲多少？

	N	抽出N_h （N×25%）	調查N_h近視人數 (a)	$P_h = a/N_h$	$N_h \times P_h$
N_1	200	50	5	0.1	200×0.1=20
N_2	160	40	12	0.3	160×0.3=48
N_3	120	30	12	0.4	120×0.4=48
N_4	120	30	21	0.7	120×0.7=84
	600				200

估計母體近視者比例平均數：$\hat{p} = \frac{\Sigma N_h P_h}{N} = \frac{200}{600} = \frac{1}{3}$，比例分層任意抽樣，就怕重要的 N_i 不被抽出（如消費調查臺北市對其他縣市，而臺北市沒被抽出），而有失公平性。

2. 簡單集團抽樣的比例估計

　　簡單集團抽樣是爲改善分層任意抽樣必須每一層都抽的麻煩，而設計出來的。把母體分 M 集團（即層之意）。隨機從 M 中抽出 m 個集團（psu），再從抽出的 m 個集團內的觀察值數目 N_i 中抽出樣本 n_i，n_i 包括觀察值（y_{ij}），把觀察值的「1」代表成功者（如同意者）、「0」代表失敗者（如不同意者），而後計算樣本成功者比例 p_i，用以估計母體比例、變異數、標準差，這就是簡單集團抽樣的比例估計。

(1) 簡單集團抽樣的比例估計來估計母體比例

　　抽樣理論指出，簡單集團抽樣的母體比例是母體成功者的平均數之意，其估計值爲：

$$\hat{p} = \frac{M}{Nm}\Sigma N_i P_i \qquad\qquad \text{式 12.1}$$

① 假設：$\overline{N} = N_i = N/M$（例如：M = 3 班，每班人數都是 N_i = 50 人，寫成 $\overline{N} = N_i = 50$，$N = \Sigma N_i = 50 + 50 + 50 = 150$，N/M = 150/3 = 50 人）

則母體抽樣比例計算式為：

$$\hat{p} = \frac{1}{m}\Sigma p_i \qquad\qquad \text{式 12.2}$$

② 假設 $\overline{n} = n_i = n/m$（例如：m = 2 班，每班 N_i = 50 人，都抽出 n_i = 20 人，寫成 $\overline{n} = n_i = 20$，$n = \Sigma n_i = 20 + 20 = 40$，n/m = 40/2 = 20 人）

則母體抽樣比例計算式為：

$$\hat{p} = \frac{1}{m\overline{n}}\Sigma y_i \qquad\qquad \text{式 12.3}$$

(2) 簡單集團抽樣的比例估計來估計母體比例的變異數（$\sigma_{\hat{p}}^2$）

母體比例的變異數（$\sigma_{\hat{p}}^2$）在三種不同假設下，抽樣理論推出計算式如次：

① 假設：$\overline{n} = n_i$（例如：每班人數 N_i = 50 人中抽出 n_i = 20 人，抽出的 n_i 都相同，寫成 $\overline{n} = n_i$）

則母體比例的變異數（$\sigma_{\hat{p}}^2$）為：

$$\sigma_{\hat{p}}^2 = \frac{M-m}{M(M-1)\overline{N}^2} \cdot \frac{\Sigma(N_iP_i - \overline{N}P)^2}{m} + \frac{M}{mN^2}\Sigma\frac{N_i^2(N_i - n_i)}{N_i - 1} \cdot \frac{P_iQ_i}{n_i} \qquad \text{式 12.4}$$

母體比例的標準差 $\sigma_{\hat{p}}$ 為：

$$\sigma_{\hat{p}} = \sqrt{\sigma_{\hat{p}}^2} \qquad\qquad \text{式 12.5}$$

抽樣理論之應用

② 假設：M＝m 及 $N_i = n_i$（即所有的層 M 都抽出 m，所有的 psu 都抽出來當子樣本）

則母體比例的變異數（$\sigma_{\hat{p}}^2$）為：

$$\sigma_{\hat{p}}^2 = \frac{1}{N^2} \Sigma \frac{N_i^2(N_i - n_i)}{N_i - 1} \cdot \frac{P_i Q_i}{n_i} \qquad \text{式 12.6}$$

母體比例的標準差，同式 12.5。

③ 假設：$\overline{N} = N_i = N/M$ 及 $\overline{n} = n_i = n/m$（例如：有 2 班，每班都是 50 人，$\overline{N} = N_i = 50$ 人，$N = \Sigma N_i = 50 + 50 = 100$ 人，N/M＝100/2＝50 人，從每班內各抽出 $n_1 = 20$ 人，即 $\overline{n} = n_i = 20$ 人，$n = \Sigma n_i = 20 + 20 = 40$ 人，n/m＝40/2＝20 人）

則母體比例的變異數（$\sigma_{\hat{p}}^2$）為：

$$\sigma_{\hat{p}}^2 = \frac{M - m}{M(M - 1)} \cdot \frac{\Sigma(P_i - P)^2}{m} + \frac{\overline{N} - \overline{n}}{M(\overline{N} - 1)} \cdot \frac{\Sigma P_i Q_i}{m\overline{n}} \qquad \text{式 12.7}$$

母體比例的標準差，同式 12.5。

(3) 估計母體變異數（$\sigma_{\hat{p}}^2$）的估計值（$\hat{\sigma}_{\hat{p}}^2$）

式 12.4、12.6、及 12.7 因為 P_i 及 P 常未知，實用上以估計值（$\hat{\sigma}_{\hat{p}}^2$）來估計 $\sigma_{\hat{p}}^2$。

抽樣理論指出，由式 12.4 推算出估計母體變異數（$\sigma_{\hat{p}}^2$）的估計值（$\hat{\sigma}_{\hat{p}}^2$）為：

$$\hat{\sigma}_{\hat{p}}^2 = \frac{1}{N^2}\left[M^2 \frac{M - m}{M} \cdot \frac{1}{m} \cdot \frac{1}{m - 1}\Sigma\left(N_i P_i - \frac{1}{m}\Sigma N_i P_i\right) + \right.$$
$$\left. \frac{M}{m}\Sigma N_i^2 \cdot \frac{N_i - n_i}{N_i} \cdot \frac{1}{n_i} \cdot \frac{1}{n_i - 1}(n_i p_i q_i) \right] \qquad \text{式 12.8}$$

估計母體比例之標準差為：

$$S_{\hat{p}} = \sqrt{\hat{\sigma}_{\hat{p}}^2} \qquad \text{式 12.9}$$

用三種假設使式 12.8 變化為更簡單的計算，說明如下：

① 假設：$\overline{N} = N_i = N/M$，$\overline{n} = n_i = n/m$，則估計母體比例之平均數（$\hat{p}$）為：

$$\hat{p} = \frac{1}{m\overline{n}} \Sigma y_i \qquad \text{式 12.10}$$

估計母體比例的變異數的估計值（$\hat{\sigma}_{\hat{p}}^2$）為：

$$\hat{\sigma}_{\hat{p}}^2 = \frac{M-m}{M} \cdot \frac{1}{m} \cdot \frac{1}{m-1} \Sigma (p_i - \overline{p})^2 + \frac{\overline{N}-\overline{n}}{\overline{N}} \cdot \frac{1}{M} \cdot \frac{1}{m(\overline{n}-1)} \Sigma p_i q_i \qquad \text{式 12.11}$$

估計母體比例之標準差，同式 12.9。

② 假設：$\overline{N} = \overline{n}$

則估計母體比例之平均數（$\hat{p}$）為：

$$\hat{p} = \frac{1}{m} \Sigma p_i \qquad \text{式 12.12}$$

估計母體比例的變異數的估計值（$\hat{\sigma}_{\hat{p}}^2$）為：

$$\hat{\sigma}_{\hat{p}}^2 = \frac{M-m}{M} \cdot \frac{1}{m(m-1)} \cdot \Sigma (p_i - \overline{p})^2 \qquad \text{式 12.13}$$

估計母體比例之標準差，同式 12.9。

③ 假設：$\overline{N} = N_i$，$\overline{n} = n_i$，$m \ll M$（例如：從 M = 600 中抽出 m =

10，<< 是大很多之意。）

則估計母體比例之平均數（$\hat{p}$）爲：

$$\hat{p} = \frac{1}{m\bar{n}}\Sigma y_i \qquad\qquad 式\ 12.14$$

估計母體比例的變異數的估計值（$\hat{\sigma}_{\hat{p}}^2$）爲：

$$\hat{\sigma}_{\hat{p}}^2 = \frac{1}{m} \cdot \frac{1}{m-1}\Sigma(p_i - \bar{p})^2 \qquad\qquad 式\ 12.15$$

估計母體比例之標準差，同式 12.9。

其應用詳見例 38、39、40、41。

例38 假定有 3 組小孩，問他們是否看過某電視卡通節目。如果如下工作表 1，用 pps 抽樣，請問：(1) 母體比例變異數爲多少？(2) 母體比例標準差爲多少？

工作表1

組	N_i	y_{ij}	y_i	P_i	Q_i
1	3	1,0,1	2	2/3	1/3
2	4	1,0,1,0	2	2/4	2/4
3	5	1,0,1,1,0	3	3/5	2/5
	12		7		

答：

這是一個母體，都抽出 2 人，即假設 $\bar{n} = n_1 = 2$，採用式 12.4 及 12.5。

(1) 母體比例的變異數的計算：

已知：$N = 12$，$M = 3$，$\overline{N} = \dfrac{N}{M} = \dfrac{12}{3} = 4$，$P = \dfrac{y_i}{N} = \dfrac{7}{12}$，$\overline{N}P = 4\left(\dfrac{7}{12}\right)$

$$= \frac{7}{3}$$

$$\Sigma(N_iP_i - \overline{N}P)^2 = \left[3\left(\frac{2}{3}\right) - \frac{7}{3}\right]^2 + \left[4\left(\frac{2}{4}\right) - \frac{7}{3}\right]^2 + \left[5\left(\frac{3}{5}\right) - \frac{7}{3}\right]^2 = \frac{6}{9}$$

$$\Sigma N_i^2 \frac{N_i - n_i}{N_i - 1} \frac{P_iQ_i}{n_i} = (3)^2 \frac{3 - 2}{3 - 1} \frac{\left(\frac{2}{3}\right)\left(\frac{1}{3}\right)}{2} + (4)^2 \frac{4 - 2}{4 - 1} \frac{\left(\frac{2}{4}\right)\left(\frac{2}{4}\right)}{2} +$$

$$(5)^2 \frac{5 - 2}{5 - 1} \frac{\left(\frac{3}{5}\right)\left(\frac{2}{5}\right)}{2}$$

$$= \frac{49}{12}$$

代入式 12.4

$$\sigma_{\hat{p}}^2 = \frac{M - m}{M(M - 1)\overline{N}^2} \frac{\Sigma(N_iP_i - \overline{N}P)^2}{m} + \frac{M}{mN^2} \Sigma \frac{N_i^2(N_i - n_i)}{N_i - 1} \frac{P_iQ_i}{n_i}$$

$$= \left[\frac{3 - 2}{3(3 - 1)(4)^2}\right] \frac{1}{2}\left(\frac{6}{9}\right) + \left[\left(\frac{3}{2(12)^2}\right)\left(\frac{49}{12}\right)\right]$$

$$= 0.046$$

(2) 計算：母體比例之標準差（$\sigma_{(\hat{p})}$）

代入式 12.5

$$\sigma_{\hat{p}} = \sqrt{0.046} = 0.21$$

例39 假設 $M = 5$ 班學生，如下工作表，用 pps 抽樣抽到第二班及第四班，每班抽 $\overline{n} = 10$ 人，戴眼鏡人數分別是 5 和 3。假設這二班人數相同 $\overline{N} = n_i = 50$ 人，請問：(1) 估計母體比例（$\hat{p}$）平均數多少？(2) 估計母體比例的變異數之估計值 $\hat{\sigma}_{\hat{p}}^2$ 多少？

班	N_i	n_i	y_i	p_i	q_i
1	49	-	-	-	-
√ 2	52	10	5	0.5	0.5
3	51	-	-	-	-
√ 4	48	10	3	0.3	0.7
5	50	-	-	-	-
	250	20	8		

答：

本題以抽出樣本估計母體，假設 $\bar{n} = n_i = n/m = 10$ 人，另 $\bar{N} = N_i = N/M = 50$ 人，採用式 12.10 及式 12.11。

(1) 估計母體比例平均數：

已知：$m = 2$，$\bar{n} = 10$，$\Sigma y_i = 8$，$\bar{N} = 50$

代入式 12.10：$\hat{p} = \dfrac{1}{m\bar{n}}\Sigma y_i = \dfrac{1}{2 \times 10} \times 8 = 0.4$

(2) 估計母體比例的變異數估計值（$\hat{\sigma}_{\hat{p}}^2$）：

已知：$\bar{N} = 50$，$\bar{p} = 0.4$

代入式 12.11：

$$\hat{\sigma}_{\hat{p}}^2 = \frac{M-m}{M} \cdot \frac{1}{m} \cdot \frac{1}{m-1}\Sigma(p_i - \bar{p})^2 + \frac{\bar{N}-\bar{n}}{\bar{N}} \cdot \frac{1}{M} \cdot \frac{1}{m(\bar{n}-1)}\Sigma p_i q_i$$

$$= \frac{5-2}{5} \cdot \frac{1}{2} \cdot \frac{1}{2-1}[(0.5-0.4)^2 + (0.3-0.4)^2] + \frac{50-10}{50}$$

$$\cdot \frac{1}{5} \cdot \frac{1}{2(10-1)}[(0.5 \times 0.5) + (0.3)(0.7)] = 0.0101$$

例40 假設賒帳簿有 M = 400（頁），每頁有 25 行，登記 25 個姓名，想要知道欠帳超過四週的平均比例，抽 m = 10（頁），抽樣區間 400/10 = 40 區間。在這 40 區間，抽 m = 10，如下工作表。請問母體比例估計值爲多少？其變異數估計值爲多少？標準差爲多少？

區	頁（psu）	$\overline{N}=\overline{n}$	超過四週欠帳數目（y_i）	p_i
1	10	25	5	0.20
2	50	25	6	0.24
3	90	25	5	0.20
4	130	25	4	0.16
5	170	25	8	0.32
6	210	25	7	0.28
7	250	25	3	0.12
8	290	25	5	0.20
9	330	25	6	0.24
10	370	25	6	0.24
		250	55	2.20

答：

本題由樣本估計母體，假設 $\overline{N}=\overline{n}=50$，採式 12.9、12.10、12.13

(1) 已知 m=10，$\overline{n}=25$，$\Sigma y_i=55$，$\Sigma p_i=2.20$

代入式 12.10：$\hat{p}=\dfrac{1}{m\overline{n}}\Sigma y_i=\dfrac{1}{10\times25}(55)=0.22$

(2) 求 $\hat{\sigma}_{\hat{p}}^2$，計算成下表

區	p_i	$p_i-\hat{p}$	$(p_i-\hat{p})^2$
1	0.20	-0.02	0.0004
2	0.24	0.02	0.0004
3	0.20	-0.02	0.0004
4	0.16	-0.06	0.0036
5	0.32	0.10	0.0100
6	0.28	0.06	0.0036

抽樣理論之應用

區	p_i	$p_i - \hat{p}$	$(p_i - \hat{p})^2$
7	0.12	-0.10	0.0100
8	0.20	-0.02	0.0004
9	0.24	0.02	0.0004
10	0.24	0.02	0.0004
		0.00	0.0296

已知：M = 400，m = 10，$(p_i - \hat{p})^2 = 0.0296$

代入式 12.13：$\hat{\sigma}_p^2 = \dfrac{M-m}{M} \cdot \dfrac{1}{m(m-1)} \Sigma (p_i - \hat{p})^2$

$$= \frac{400-10}{400} \cdot \frac{1}{10(10-1)}(0.0296) = 0.0003$$

(3) 代入式 12.9：$S_{\hat{p}} = \sqrt{\hat{\sigma}_p^2} = \sqrt{0.0003} \doteqdot 0.0173$

例 41 假設某市有 M = 600 所小學校，估計六年級看某電視節目的比例。從 M = 600 中抽出 m = 10 所小學，再從這 10 所小學每所抽出 $\bar{n}$ = 20 人。從 M 中抽 m 是採用系統抽樣，N = nk，N = 600，k = 10，所以 n = 600/10 = 60（抽樣單位或間隔）。在 60 間隔中任抽出 m = 10（1～10），資料如下表，請問：(1) 看過某電視節目的母體比例多少？ (2) 其估計變異數多少？(3) 其標準差多少？

m	$\bar{n}$	y_i	p_i	$p_i - \hat{p}$	$(p_i - \hat{p})^2$
1	20	5	0.25	-0.01	0.0001
2	20	7	0.35	0.09	0.0081
3	20	4	0.20	-0.06	0.0036
4	20	4	0.20	-0.06	0.0036
5	20	6	0.30	0.04	0.0016

m	$\overline{n}$	y_i	p_i	$p_i - \hat{p}$	$(p_i - \hat{p})^2$
6	20	5	0.25	-0.01	0.0001
7	20	3	0.15	-0.11	0.0121
8	20	7	0.35	0.09	0.0081
9	20	5	0.25	-0.01	0.0001
10	20	6	0.30	0.04	0.0016
	200	52	2.60	0.00	0.0390

答：

本題由樣本估計母體，假設 $\overline{n} = n_i = 20$，$m << M = 10 << 600$（只抽 1.66%），若再假設 $\overline{N} = N_i$，則採用式 12.14、12.15 及 12.9。

(1) 已知：$m = 10$，$\overline{n} = 20$，$\Sigma y_i = 52$

代入式 12.14：看過某電視節目的母體比例

$$\hat{p} = \frac{1}{m\overline{n}}\Sigma y_i = \frac{1}{10 \times 20} \times 52 = 0.26$$

(2) 已知：$m = 10$，$\Sigma(p_i - \hat{p})^2 = 0.0390$

代入 12.15：看過某電視節目的母體比例估計值

$$\hat{\sigma}_{\hat{p}}^2 = \frac{1}{m(m-1)}\Sigma(p_i - \hat{p})^2 = \frac{1}{10(10-1)} \times 0.0390 = 0.0004$$

(3) 已知：$\hat{\sigma}_{\hat{p}}^2 = 0.0004$

代入式 12.9：看過某電視節目的母體比例標準差

$$S_{\hat{p}} = \sqrt{\hat{\sigma}_{\hat{p}}^2} = \sqrt{0.0004} \doteqdot 0.0208$$

三、機率與集團數量成比例抽樣（pps）的比例估計

pps 抽樣分二段，pps 的比例估計抽樣同 pps 的第一段抽樣，即以亂數表點出數字，由組距對照 psu，抽出 M 中的 m。pps 的第二段抽樣是由被抽出 m 內的 N_i 抽出 n_i，pps 的比例估計在此段改為被抽出的 N_i，以「1」及「0」表示成功者或失敗者。

機率與集團大小成比例抽樣，用於集團大小不同時，比簡單集團抽樣精確且計算容易。抽樣理論推出下列計算式：

估計母體比例的平均數：$\hat{P}_{pps} = \dfrac{1}{m}\Sigma P_i$ 式 12.16

估計母體比例的變異數估計值：$\hat{\sigma}^2_{(\hat{P}_{pps})} = \dfrac{1}{m} \cdot \dfrac{1}{(m-1)}\Sigma(P_i - \hat{P}_{pps})^2$ 式 12.17

估計母體比例的標準差：$S_{(\hat{P}_{pps})} = \sqrt{\hat{\sigma}^2_{(\hat{P}_{pps})}}$ 式 12.18

例 42 假設城市分 M = 50 區，共有家戶數 N = 160,000 戶，用 pps 抽出 m = 4 區，從 A、B、C、D 各區任抽 100 人，使用 A 品牌肥皂之比例 P_i，請問：(1)A 品牌肥皂市佔率多少？(2) 其母體變異數估計值為多少？(3) 其標準差為多少？

區	N_i	$\bar{n}$	P_i	$P_i - \hat{P}_{pps}$	$(P_i - \hat{P}_{pps})^2$
A	2,000	100	0.70	-0.075	0.005625
B	3,000	100	0.75	-0.025	0.000625
C	4,000	100	0.80	0.025	0.000625
D	5,000	100	0.85	0.075	0.005625
	14,000		3.10	0.000	0.0125

答：

(1) A 品牌市佔率

已知：$m = 4$，$\Sigma P_i = 3.10$

代入式 12.16：$\hat{P}_{pps} = \dfrac{1}{m} \Sigma P_i = \dfrac{1}{4} \times 3.10 = 0.775$

(2) 變異數估計值

已知：$m = 4$，$\Sigma (P_i - \hat{P}_{pps})^2 = 0.0125$

代入式 12.17：$\hat{\sigma}^2_{(\hat{P}_{pps})} = \dfrac{1}{m} \cdot \dfrac{1}{(m-1)} \Sigma (P_i - \hat{P}_{pps})^2 = \dfrac{1}{4} \cdot \dfrac{1}{4-1} \times 0.0125$

$\quad\quad\quad\quad = 0.0010$

(3) 標準差

已知：$\hat{\sigma}^2_{(\hat{P}_{pps})} = 0.0010$

代入式 12.18：$S_{(\hat{P}_{pps})} = \sqrt{\hat{\sigma}^2_{(\hat{P}_{pps})}} = \sqrt{0.0010} \doteqdot 0.0316$

第十三章

三段集團抽樣
（Three-Stage Cluster Sampling）

二段集團抽樣（Two-Stage Cluster Sampling）很容易擴展爲三段集團抽樣，三段集團抽樣在許多情況下是有效的抽樣方法。

一、三段集團抽樣的程序與優缺點

1. 三段集團抽樣程序

可從橫或直方向看程序，兩者都相同。

(1) 橫向看

第一段抽樣：母體分層（L）中任抽出（psu），例如：$\ell = 2$

↓

第二段抽樣：從ℓ內的 M中任抽m_i（ssu），例如：$\overline{m} = 2$

↓

第三段抽樣：從m_i內的 N_{ij}抽出n_{ij}（tsu），例如：$\overline{n}_{ij} = 2$

↓

L = 3校 ℓ = 2校	ℓ內有六年級 M班	從M班抽m_i班	m_i班有人數 N_{ij}	從N_{ij}抽n_{ij} （n_{ij} = 2）
√ ℓ_1	M_1=3	m_{11}	m_{11} = 3	
		√ m_{12}	m_{12} = 3	√ y_{121}, √ y_{122}
		√ m_{13}	m_{13} = 3	√ y_{131}, √ y_{133}
√ ℓ_3	M_3=3	√ m_{31}	m_{31} = 3	√ y_{312}, √ y_{313}
		m_{32}	m_{32} = 3	
		√ m_{33}	m_{33} = 3	√ y_{331}, √ y_{333}

註：①打勾者是被抽出之樣本　　　　　　　　　Sample Size = 8
　　②$\overline{m} = 2$，$\overline{n}_{ij} = 2$，即 m 都抽 2 個，$\overline{n}_{ij}$ 都抽 2 個。

(2) 直向看

　　第一段抽樣從 ℓ 中，任意抽出 ℓ（psu）（例如：$\ell=2$）

　　第二段抽樣從 ℓ_i 內的 $\overline{M}_i$ 抽出 $\overline{m}_i$（ssu）（例如：$\overline{m}_i=2$）

　　第三段抽樣從 $\overline{m}_i$ 內的 N_{ij} 抽出 $\overline{n}_{ij}$（例如：$\overline{n}_{ij}=2$）（tsu）

Sample Size $= \ell \times \overline{m} \times \overline{n}_{ij} = 2 \times 2 \times 2 = 8$

（3）psu、ssu 及 tsu 大小必須大概相等，當 psu 大小差很大時，改用 pps 或分層集團抽樣（下述）。

　　(4)準備抽出之 psu、ssu 及 tsu 工作底冊，可減輕工作、調查費及管理費。

　　例如：估計某城市咖啡消費量：設街道有 L，從 L 抽 ℓ 街道（psu 是街道），第 i 個 ℓ 上有咖啡店，M_i 家，從其中抽 $\overline{m}=10$ 家（ssu 是咖啡店），再從各 m 家的顧客人數 N_{ij} 中抽出人數 n_{ij}（tsu 是人）。

　　又如估計某地區稻米產量：設該地區有 L 個鄉鎮，從 L 抽 ℓ 鄉鎮（psu 是鄉鎮），從 ℓ 中抽出 M_i 田塊，從其中抽小田塊 $\overline{m}$（ssu 是田塊），再從各 m 田塊內的小田塊（小田塊組成田塊）N_{ij} 中抽出 n_{ij}（tsu 是小田塊）。

2. 三段集團抽樣的優點與缺點

　　與二段抽樣的優點相似：(1) 只準備抽出來的 psu、ssu 及 tsu 底冊，不必準備全部母體底冊。(2) 與簡單任意抽樣比較，可減低調查旅費及管理費。

　　三段抽樣的缺點，與二段抽樣的缺點相似：(1) 如簡單任意抽樣 psu、ssu 及 tsu 的各單位必須大概相等。當各 psu 大小有很大差異時，幸好尚有機率與數量成比例的抽出 psu，或分層集團抽出 psu 可用。(2) 當各 psu 間有很大不同，但各 ssu 間與各 tsu 間又很相似時，必須多抽 psu 的數量才可得到母體較多的資料，而 psu 若分散在廣大地區，這又增加旅費和管

理費。

三段抽樣雖有上述之缺點，但總有許多情形能很有效的利用三段抽樣。

二、三段集團抽樣之估計母體平均數（$\hat{\bar{y}}$）與估計母體總數（$\hat{y}$）

抽樣理論指出，估計母體平均數與估計母體總數的計算式爲：

$$\text{估計母體平均數 } \hat{\bar{y}} = \frac{1}{\ell} \Sigma \frac{M_i}{m} \Sigma \frac{N_{ij}}{n_{ij}} \Sigma y_{ijk} \qquad \text{式 13.1}$$

$$\text{估計母體總數 } \hat{y} = \frac{L}{\ell} \Sigma \frac{M_i}{m} \Sigma \frac{N_{ij}}{n_{ij}} \Sigma y_{ijk} \text{ 或 } L \times \hat{\bar{y}} \qquad \text{式 13.2}$$

例 43　下表是假設母體有學校 L = 3 所，從中抽出 ℓ = 2 所，每所學校有六年級生 3 班（M = 3），從 M = 3 中抽 m = 2，每班有 3 人（N_{ij} = 3），從 N_{ij} = 3 中抽出 n_{ij} = 2 人。表中打勾者，表示被抽中者。母體總共 27 位學生，27 位學生共有書本 y = 189 冊，平均每校各有 $\overline{Y}_i$ = 189/3 = 63 冊，平均每位學生有 $\overline{Y}_i$ = 189/27 = 7 冊。i 表校 j 表人，k 表第 ij 人的有書冊數。

L=3抽ℓ=2 校	M=3班抽 m=2班	每班人數 N_{ij}=3	N_{ij}=3人中抽n_{ij}=2人，抽出y_{ijk}，i是第i校，j是第i校被抽第m_j的學生，k是有書數		
√ 第一校	M_1=3	m_{11}=3	y_{111}=2	y_{112}=4	y_{113}=4
		√ m_{12}=3	√ y_{121}=6	√ y_{122}=6	y_{123}=8

L=3抽ℓ=2校	M=3班抽m=2班	每班人數 $N_{ij}=3$	N_{ij}=3人中抽n_{ij}=2人，抽出y_{ijk}，i是第i校，j是第i校被抽第m_j的學生，k是有書數		
		√ $m_{13}=3$	√ $y_{131}=4$	$y_{132}=8$	√ $y_{133}=10$
第二校	$M_2=3$	$m_{21}=3$	$y_{211}=9$	$y_{212}=6$	$y_{213}=8$
		$m_{22}=3$	$y_{221}=6$	$y_{222}=8$	$y_{223}=10$
		$m_{23}=3$	$y_{231}=8$	$y_{232}=10$	$y_{233}=12$
√第三校	$M_3=3$	√ $m_{31}=3$	$y_{311}=6$	√ $y_{312}=8$	√ $y_{313}=10$
		$m_{32}=3$	$y_{321}=8$	$y_{322}=4$	$y_{323}=6$
		√ $m_{33}=3$	√ $y_{331}=4$	$y_{332}=6$	√ $y_{333}=8$

註：打勾者是被抽出的樣本

被抽出觀察值的平均數計算表：

ℓ=2	y_{ijk} ($n_{ij}=2$)	Σy_{ijk}	$\bar{y}_{ijk}=\dfrac{\Sigma y_{ijk}}{n_{ij}}$	$\bar{\bar{y}}_{ijk}=\dfrac{1}{n_{ij}}\dfrac{\Sigma y_{ijk}}{n_{ij}}$	$\hat{\bar{\bar{y}}}_{ijk}=\dfrac{N_{ij}}{n_{ij}}\dfrac{\Sigma y_{ijk}}{n_{ij}}$	$\hat{y}=\dfrac{\bar{m}}{n_{ij}}\times\hat{\bar{y}}_i$
第1校	M_{12}=6,6 M_{13}=4,10	12 14	12/2=6 14/2=7	(6+7)/2 =6.5	$\dfrac{3}{2}$(6+7) =19.5	$\dfrac{3}{2}$(19.5+22.5) =63
第3校	M_{31}=8,10 M_{33}=4,8	18 12	18/2=9 12/2=6	(9+6)/2 =7.5	$\dfrac{3}{2}$(9+6) =22.5	（是母體平均數的不偏估計值）
	班內抽出觀察值人數的各有書本數(1)	(1)的合計=(2)	（1）的平均數=$\dfrac{(2)}{(\ell)}$=(3)	（3）的平均數=(1)的平均數的平均數=(4)	(3)的合計估計二個校的平均數=(5)	以(5)二校估計母體三校的平均數

依據題意得 L＝3，ℓ＝2，M＝3，m＝2，N_{ij}＝3，n_{ij}＝2，可知

估計母體平均數，式 13.1：

$$\hat{\bar{y}} = \frac{1}{\ell} \Sigma \frac{M_i}{\bar{m}} \Sigma \frac{N_{ij}}{n_{ij}} \Sigma y_{ijk}$$

$$= \frac{1}{2} \times \frac{3}{2} \times \frac{3}{2} \times [(6+6)+(4+10)+(8+10)+(4+8)]$$

$$= 63 \; \text{冊}$$

或 $\hat{\bar{y}} = \frac{\bar{m}}{n_{ij}} \times \hat{\bar{\bar{y}}}_i = \frac{3}{2}(19.5+22.5) = 63 \; \text{冊}$

估計母體總數，式 13.2：$\hat{y} = L \times \hat{\bar{y}} = 3 \times 63 = 189 \; \text{冊}$

$$或 \hat{\bar{y}} = \frac{L}{\ell} \Sigma \frac{M_i}{\bar{m}} \Sigma \frac{N_{ij}}{n_{ij}} \Sigma y_{ijk}$$

$$= \frac{3}{2} \times \frac{3}{2} \times \frac{3}{2} \times [(6+6)+(4+10)+(8+10)+(4+8)]$$

$$= 189 \; \text{冊}$$

三、三段集團抽樣之估計母體總數的變異數 $(\sigma_{\hat{y}}^2)$ 的估計值 $(\hat{\sigma}_{\hat{y}}^2)$

由二段抽樣的估計母體總數的變異數 $(\sigma_{\hat{y}}^2)$ 估計值為（式 10.5）：

$$\hat{\sigma}_{\hat{y}}^2 = M^2 \frac{M-m}{m} \cdot \frac{s_b^2}{m} + \frac{M}{m} \Sigma N_i^2 \frac{(N_i - n_i)}{N_i} \cdot \frac{s_i^2}{n_i}$$

其中：$s_b^2 = \frac{1}{m-1} \Sigma \left(\hat{y}_i - \frac{\Sigma \hat{y}_i}{m} \right)$（集團間—psu 間之變異）（式中 $\frac{\Sigma \hat{y}_i}{m} = \hat{\bar{\bar{y}}}_i$）
（式 10.6）

$s_i^2 = \frac{1}{n_i - 1} \Sigma (y_{ij} - \bar{y}_i)^2$（集團內—psu 內之變異）（式 10.7）

推論出三段抽樣的估計母體總數的變異數估計值：

抽樣理論之應用

$$\hat{\sigma}_{\hat{y}}^2 = L^2 \cdot \frac{L-\ell}{L} \cdot \frac{s_b^2}{\ell} + \frac{L}{\ell} \sum M_i^2 \cdot \frac{M_i - \overline{m}}{M_i} \cdot \frac{s_i^2}{\overline{m}} + \frac{L}{\ell} \sum \frac{M_i}{\overline{m}} \sum N_{ij}^2 \cdot \frac{N_{ij} - n_{ij}}{N_{ij}} \cdot \frac{s_{ij}^2}{n_{ij}}$$

式 13.3

$$s_b^2 = \frac{1}{\ell - 1} \Sigma \left(\hat{y}_i - \overline{\hat{\overline{y}}} \right)^2$$

式 13.4

$$s_i^2 = \frac{1}{m_i - 1} \Sigma \left(\hat{y}_{ij} - \overline{\hat{\overline{y}}}_i \right)^2$$

式 13.5

$$s_{ij}^2 = \frac{1}{n_{ij} - 1} \Sigma \left(y_{ijk} - \overline{\overline{y}}_{ij} \right)^2$$

式 13.6

如果假設 $\ell \ll L$ 時，則式 13.3 可化爲：$\hat{\sigma}_{(\hat{y})}^2 = L^2 \frac{s_b^2}{\ell}$ 式 13.7

式 13.4、13.5 及 13.6 之符號，以例 43 說明如次：

1. y_{ijk}：被抽出之第 i 校第 j 班（m_{ij}）的被抽出學生有書數

第 1 校第 2 班（m_{12}）：$y_{121} = 6$，$y_{122} = 6$，平均數 $\overline{\overline{y}}_{12} = \frac{1}{2}(6+6) = 6$

第 1 校第 3 班（m_{13}）：$y_{131} = 4$，$y_{133} = 10$，平均數 $\overline{\overline{y}}_{13} = \frac{1}{2}(4+10) = 7$

第 3 校第 1 班（m_{31}）：$y_{312} = 8$，$y_{313} = 10$，平均數 $\overline{\overline{y}}_{31} = \frac{1}{2}(8+10) = 9$

第 3 校第 3 班（m_{33}）：$y_{331} = 4$，$y_{333} = 8$，平均數 $\overline{\overline{y}}_{33} = \frac{1}{2}(4+8) = 6$

2. $\hat{y}_{ij} = \Sigma y_{ijk}$，被抽出之第 i 校第 j 班的被抽出學生有書數合計

第 1 校第 2 班（m_{12}）：$\hat{y}_{12} = \Sigma y_{ijk} = y_{121} + y_{122} = 6 + 6 = 12$

第 1 校第 3 班（m_{13}）：$\hat{y}_{13} = \Sigma y_{ijk} = y_{131} + y_{133} = 4 + 10 = 14$

第 3 校第 1 班（m_{31}）：$\hat{y}_{31} = \Sigma y_{ijk} = y_{312} + y_{313} = 8 + 10 = 18$

第 3 校第 3 班（m_{33}）：$\hat{y}_{33} = \Sigma y_{ijk} = y_{331} + y_{333} = 4 + 8 = 12$

3. $\overline{y}_i = \Sigma \hat{y}_{ij}$，被抽出之 i 校的被抽出學生有書數合計

第 1 校：$\overline{y}_1 = \hat{y}_{12} + \hat{y}_{13} = 12 + 14 = 26$

第 3 校：$\overline{y}_3 = \hat{y}_{31} + \hat{y}_{33} = 18 + 12 = 30$

4. $\hat{y}_i = \dfrac{M}{m}\bar{y}_i$，被抽出 i 校內的 2 班各別估計 i 校的三班的學生有
書數

$\quad$ 第 1 校：$\hat{y}_1 = \dfrac{3}{2} \times 26 = 39$

$\quad$ 第 3 校：$\hat{y}_3 = \dfrac{3}{2} \times 30 = 45$

5. $\hat{\bar{\bar{y}}} = \dfrac{\Sigma \hat{y}_i}{m}$，被抽出 i 校內 2 班學生有書數平均數

$\quad \hat{\bar{\bar{y}}} = \dfrac{\hat{y}_1 + \hat{y}_2}{2} = \dfrac{39 + 45}{2} = 42$

$\quad$ 第 1 校平均數：$\hat{\bar{\bar{y}}}_1 = \dfrac{1}{m}\hat{y}_1 = \dfrac{1}{2} \times 39$

$\quad$ 第 3 校平均數：$\hat{\bar{\bar{y}}}_3 = \dfrac{1}{m}\hat{y}_3 = \dfrac{1}{2} \times 45$

例 44　用例 43 資料來計算估計母體總數的變異數估計值（$\hat{\sigma}_{\hat{y}}^2$），觀察
值各總數演算表如次頁。

答：

由題目得知：L = 3，ℓ = 2，M = 3，m_i = 2，n_{ij} = 2

由上之符號說明可知：$\hat{y}_1 = 39$，$\hat{y}_3 = 45$，$\hat{\bar{\bar{y}}} = 42$，已知 $\hat{y}_{12} = 12$，$\hat{y}_{13} =$
14，$\hat{y}_{31} = 18$，$\hat{y}_{33} = 12$，$\hat{\bar{\bar{y}}}_1 = 39$，$\hat{\bar{\bar{y}}}_3 = 45$

(1) 求 $s_b^2 = \dfrac{1}{\ell - 1}\Sigma\left(\hat{y}_i - \hat{\bar{\bar{y}}}\right)^2$（式 13.4）

$$s_b^2 = \dfrac{1}{2-1}\left[\left(\dfrac{3}{2} \times 39\right) - \left(\dfrac{3}{2} \times 42\right)\right]^2 + \left[\left(\dfrac{3}{2} \times 45\right) - \left(\dfrac{3}{2} \times 42\right)\right]^2 = \dfrac{81}{2} = 40.5$$

(2) 求 $s_i^2 = \dfrac{1}{m-1}\Sigma^{\bar{m}}\left(\hat{y}_{ij} - \hat{\bar{\bar{y}}}_i\right)^2$（式 13.5）

$$s_1^2 = \dfrac{1}{2-1}\left[\left(\hat{y}_{12} - \hat{\bar{\bar{y}}}_1\right)^2 + \left(\hat{y}_{13} - \hat{\bar{\bar{y}}}_1\right)^2\right]$$

$$= \left[12 - \left(\dfrac{1}{2} \times 39\right)\right]^2 + \left[14 - \left(\dfrac{1}{2} \times 39\right)\right]^2 = 86.5$$

抽樣理論之應用

$\ell=2$	y_{ijk} ($n_{ij}=2$)	$\hat{\bar{y}}_{ij}=\Sigma y_{ijk}$	$\hat{y}_i=\dfrac{M_i}{m}\times\Sigma\hat{y}_{ij}$	$\hat{\bar{y}}$	$\hat{\bar{\bar{y}}}=\dfrac{1}{\ell}\Sigma\dfrac{N_{ij}}{n_{ij}}\hat{y}_i$	$\hat{\bar{\bar{y}}}_i=\dfrac{1}{m}\Sigma_j^m\hat{y}_i$	$\bar{\bar{y}}_{ij}=\dfrac{1}{n_{ij}}\Sigma y_{ij\cdot}$
第1校	$y_{121}=6,$ $_{122}=6$ $y_{131}=4,$ $y_{133}=10$	12 14	$\hat{y}_1=\dfrac{3}{2}(12+14)$ $=39$	$\hat{\bar{y}}=\dfrac{3}{2}(39+45)=126$	$\hat{\bar{\bar{y}}}=\dfrac{1}{2}\left[\left(\dfrac{3}{2}\times39\right)+\left(\dfrac{3}{2}\times45\right)\right]=\dfrac{3}{2}\times42=63$	$\hat{\bar{\bar{y}}}_1=\dfrac{1}{2}\times39$	$\bar{\bar{y}}_{12}=\dfrac{1}{2}(6+6)=6$ $\bar{\bar{y}}_{13}=\dfrac{1}{2}(4+10)=7$
第3校	$y_{312}=8,$ $y_{313}=10$ $y_{331}=4,$ $y_{333}=8$	18 12	$\hat{y}_3=\dfrac{3}{2}(18+12)$ $=45$			$\hat{\bar{\bar{y}}}_3=\dfrac{1}{2}\times45$	$\bar{\bar{y}}_{31}=\dfrac{1}{2}(8+10)=9$ $\bar{\bar{y}}_{33}=\dfrac{1}{2}(4+8)=6$
			第i校有書數	全部校有書數	平均每校有書數	第i校有書數估計值	各班內抽出觀察值平均數

$$s_3^2 = \frac{1}{2-1}\left[\left(\hat{y}_{31} - \bar{\bar{\hat{y}}}_3\right)^2 + \left(\hat{y}_{33} - \bar{\bar{\hat{y}}}_3\right)^2\right] = \left[18 - \left(\frac{1}{2} \times 45\right)\right]^2 + \left[12 - \left(\frac{1}{2} \times 45\right)\right]^2$$

$$= 130.5$$

(3) 求 $s_{ij}^2 = \dfrac{1}{n_{ij}-1} \Sigma_i^{n_{ij}} \left(y_{ikl} - \bar{\bar{y}}_{ij}\right)^2$ （式 13.6）

$$\bar{\bar{y}}_{12} = \frac{1}{m_{12}}(y_{121} + y_{122}) = \frac{1}{2}(6+6) = 6$$

$$\bar{\bar{y}}_{13} = \frac{1}{m_{13}}(y_{131} + y_{133}) = \frac{1}{2}(4+10) = 7$$

$$\bar{\bar{y}}_{31} = \frac{1}{m_{31}}(y_{312} + y_{313}) = \frac{1}{2}(8+10) = 9$$

$$\bar{\bar{y}}_{33} = \frac{1}{m_{33}}(y_{331} + y_{333}) = \frac{1}{2}(4+8) = 6$$

$$s_{12}^2 = \frac{1}{2-1}[(6-6)^2 + (6-6)^2] = 0$$

$$s_{13}^2 = \frac{1}{2-1}[(7-7)^2 + (10-7)^2] = 9$$

$$s_{31}^2 = \frac{1}{2-1}[(8-9)^2 + (10-9)^2] = 2$$

$$s_{33}^2 = \frac{1}{2-1}[(4-6)^2 + (8-6)^2] = 8$$

(4) 求 $\dfrac{L}{\ell}\Sigma M_i^2 \dfrac{M_i - \bar{m}}{M_i} \cdot \dfrac{s_i^2}{m}$

$$= \frac{3}{2}\left\{\left[(3)^2\left(\frac{3-2}{3}\right)\left(\frac{1}{2}\right)(86.5)\right] + \left[(3)^2\left(\frac{3-2}{3}\right)\left(\frac{1}{2}\right)(130.5)\right]\right\} = 488.3$$

(5) 求 $\dfrac{L}{\ell}\Sigma \dfrac{M_i}{\bar{m}} \Sigma N_{ij}^2 \dfrac{N_{ij} - n_{ij}}{N_{ij}} \cdot \dfrac{s_{ij}^2}{n_{ij}}$

$$= \frac{3}{2}\left\{\frac{3}{2}\left[(3)^2\frac{1}{3} \cdot \frac{1}{2}(0+9+2+8)\right]\right\} = \frac{3}{2}(42.7) = 64.1$$

(6) $\hat{\sigma}_{\bar{y}}^2 = L^2 \cdot \dfrac{L-\ell}{L} \cdot \dfrac{s_b^2}{\ell} + \dfrac{L}{\ell}M_i^2 \cdot \dfrac{M_i - \bar{m}}{M_i} \cdot \dfrac{s_i^2}{m} + \dfrac{L}{\ell} \Sigma \dfrac{M_i}{\bar{m}} \Sigma N_{ij}^2 \cdot \dfrac{N_{ij} - n_{ij}}{N_{ij}}$

$\cdot \dfrac{s_{ij}^2}{n_{ij}}$ （式 13.3）

$$= \left[(3)^2\left(\frac{3-2}{3}\right) \cdot \left(\frac{1}{2}\right)(40.5)\right] + 488.3 + 64.1$$

$$= 60.75 + 488.3 + 64.1 = 613.1$$

$$(7) \, 求 \, S_{(\hat{y})} = \sqrt{\hat{\sigma}^2_{(\hat{y})}}$$
$$= \sqrt{613.1} = 24.8$$

四、三段集團抽樣的樣本分配

　　三段集團抽樣的程序，第一段抽樣是從母體 L 中抽出 ℓ（psu），第二段抽樣是從 ℓ 內的 M_i 中抽出 m（ssu），第三段是從 m 內的 N_{ij} 中抽出 n_{ij}（tsu）。如果估計全縣小學生六年的書本數，ℓ（psu）是從全縣所有的學校抽出的學校，m（ssu）是 ℓ 內的六年級班數，n_{ij}（tsu）是從六年級班數中抽出的學生數（子樣本）。

　　如果估計全縣對某物的消費金額，ℓ（psu）是從全縣所有鄉鎮抽出的鄉鎮，m（ssu）是 ℓ 鄉鎮內抽出村數，n_{ij} 是從村的家戶中抽出的家戶數（子樣本）。樣本大小 $n = \ell \times m \times n_{ij}$。例如：樣本大小 n = 400，可為 $4(\ell) \times 10(m) \times 10(n_{ij})$，亦可為 $10(\ell) \times 2(m) \times 20(n_{ij})$ 或其他，樣本的分配是指 $\ell \times m \times n_{ij}$ 如何分配才能使變異數變小，精確度提高。

　　抽樣理論指出，當抽出 psu、ssu 和 tsu 的費用相同時，要使 $\bar{n}$ 小，使 ℓ 增大，可使變異數變小。假設抽出費用，psu 為 C_1，ssu 為 C_2，tsu 為 C_3，總費用為 C，則 C 為：

$$C = C_1 \ell + C_2 \ell \bar{m} + C_3 \ell \bar{m} \bar{n}$$

抽樣理論提出，當 $n_{ij} = \bar{n}$，可求出：

$$\bar{m}^2 = \frac{C_1}{C_2} \cdot \frac{s^2_{2i}}{s^2_b} \, , \, \bar{m} = \sqrt{\frac{C_1}{C_2} \cdot \frac{s_{2i}}{s_b}} \qquad 式 13.8$$

$$\bar{n}^2 = \frac{C_2}{C_3} \cdot \frac{s_{3j}^2}{s_b^2} , \ \bar{n} = \sqrt{\frac{C_2}{C_3} \cdot \frac{s_{3j}}{s_b}} \qquad\qquad 式\ 13.9$$

從式 13.8 及 13.9，得出結論是：

1. 當 s_b 比 s_{2i} 及 s_{3j} 大時，即 psu 間變異較大，ssu 及 tsu 間變異較小，此時多抽 psu，少抽 ssu 及 tsu，可使變異數變小。

2. 當 C_1 比 C_2 大時，即調查費用 psu 比 ssu 大，此時多抽 ssu，可使變異數變小。

3. 當調查費 psu、ssu 和 tsu 相同或都不大時，多抽 psu，少抽 ssu，可以使變異數變小。

　　例如：製造奶油工廠 L = 100 家（psu），測試含鹽成分。假定每工廠 M_i = 10 桶（ssu），從 $\bar{m}$ = 3 桶中抽一些小樣本（tsu）。如果在一廠的 M_i = 10 桶成分很相似，但各廠成分差異很大，應當多抽工廠（psu），少抽桶（ssu）和少抽樣本（tsu）。

（例 45）假設某縣想知道該縣家戶每月對水果消費金額支出多少元，決定以 n = 385 人為樣本大小，預計約 4% 的人不合作，所以 n 以 400 人計。以三段集團抽樣，縣內有鄉鎮數為 L，每鄉鎮有村數 M_i，每村有家戶 N_{ij}，從 L 抽出 ℓ，從 M 抽出 $\bar{m}$（從 M 中抽出相同的 m 之意），從 N_{ij} 抽出 $\bar{n}_{ij}$，請問：(1) 要使 $\ell \times \bar{m}_i \times \bar{n}_{ij}$ = 400 人，而且要使變異數趨小，應如何抽樣？(2) 假設從 L = 20 鄉鎮抽 ℓ = 10 鄉鎮，從 M_i = 20 村中抽 $\bar{m}_i$ = 10 村，從每村家戶 N_{ij} = 50 戶中抽 $\bar{n}_{ij}$ = 4 戶，這樣本大小 n = $10 \times 10 \times 4$ = 400 戶的每月對水果消費金額支出合計 480,000 元，請問某縣估計該縣水果消費金額一個月平均多少元？(3) 請問該縣一個月消費水果多少元？

答：

(1) 有關 $\ell \times \bar{m}_i \times n$

抽樣理論之應用

① 以各鄉鎮（psu）的收入看，有農業、漁業、林業、軍公教……，因各鄉鎮各有特色，所以鄉鎮內具相似性，各鄉鎮內之村（ssu）及家戶（tsu）的變異不大，應多抽 psu，少抽 ssu 及 tsu。所以 $\ell \times \overline{m}_i \times \overline{n}_{ij} = 400$，亦可爲 $20 \times 5 \times 4 = 400$。

② 如果考慮調查費，若 psu 比 ssu 大，多抽 ssu，例如：把 ssu = 5 改爲 ssu = 10，少抽 psu，把 psu = 20 改爲 10，則 $10 \times 10 \times 4 = 400$。

③ 如果考慮調查費，psu、ssu 及 tsu 各約相同，則多抽 psu，少抽 ssu，所以 $10 \times 10 \times 4 = 400$ 的三段分配會使變異數變小。

(2) 該縣一個月平均消費水果金額支出估計：

已知 L = 20，ℓ = 10，M_i = 20，$\overline{m}_i$ = 10，N_{ij} = 50，$\overline{n}_{ij}$ = 4

$\sum y_{ijk}$ = 480,000 代入式 13.1：

$$\hat{\overline{y}} = \frac{1}{\ell} \sum \frac{M_i}{\overline{m}} \sum \frac{N_{ij}}{n_{ij}} \sum y_{ijk} = \frac{1}{10}\left[\frac{20}{10}\left(\frac{50}{4} \times 480,000\right)\right]$$

= 1,200,000（元）

(3) 該縣一個月消費水果估計，代入式 13.2：$\hat{y} = L \times \hat{\overline{y}}$

$\hat{y} = 20 \times 1,200,000 = 24,000,000$（元）

第十四章

分層集團抽樣（Stratified Cluster Sampling）

1. 分層集團抽樣的程序

　　以「組」為例，「組內相似性」是指組內觀察值大致相同，例如：一組內都是男性，另一組都是女性，要從組單位抽樣代表母體，每組都要抽出才能代表母體，分層任意抽樣的組（層）就是這種設計。「組內相異性」是指組內觀察值呈現不同，例如：一組內部是男女混合，另一組也是男女混合，要從組單位抽樣代表母體，只要少抽幾組就可，集團抽樣的集團（組）就是這種設計。

　　分層集團抽樣是把分層任意抽樣的「層（組）內相似性」及集團抽樣的「層（組）內相異性」設計在一起。例如：全省分層（設 L = 300 縣），每一縣內分選區 M（設 M = 10），從 M 中抽 $\overline{m}$（設 $\overline{m}$ = 1），選區內有投票名冊 n 人，從 n 人中抽 $\overline{n}$ = 20 人，則樣本大小 n = L×$\overline{m}$×$\overline{n}$ =300×1×20 = 6,000 人。

　　「層（組）內相似性」的設計，可為地區別、農業別、漁業別、非農業區、職業（軍、公、教、商、工）別、性別、年齡別、學歷別、族群別、文化別……歸在同一層（組）內。「層（組）內相異性」的設計，把上述類別依研究目的選幾項混在一起成一層（組）。

　　例如：大都市消費調查，把都市分區（設 L = 10 區），每區內有道路 M（設 M = 10 條），抽出 2 條（$\overline{m}$ = 2），再從每條道路抽出家戶 $\overline{n}$（設 $\overline{n}$ = 2），如此樣本大小 n = 10×2×2 = 40 家戶。必要時，再從家戶中抽人口數 k（設 k = 2 人），則樣本大小 n = 10×2×2×2 = 80 人，所以分層集團抽樣帶有變化彈性。

　　抽樣程序說明如下：

(1)分層集團抽樣合併分層抽樣與集團抽樣兩特性。分層抽樣之母體

分層（N），設計層內相似性，所以每一層都要抽出樣本。集團抽樣之母體分層（M），設計層內相異性，所以可少抽樣本就可代表母體。

(2) 分層集團抽樣母體分 L 層，每一層是一個抽樣單位 M，M 內設計為相似性（例如：一般高中、商校高中、工校高中、水產高中），M 內的 N（例如：校內的班）設計相異性（例如：一班內良莠不齊），從 M 中抽少數 N 的樣本就可以代表母體。

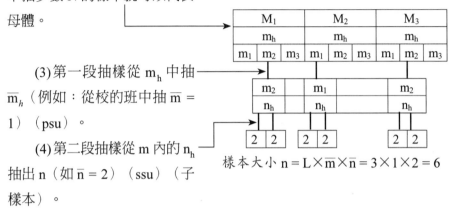

(3) 第一段抽樣從 m_h 中抽 $\overline{m}_h$（例如：從校的班中抽 $\overline{m} = 1$）（psu）。

(4) 第二段抽樣從 m 內的 n_h 抽出 n（如 $\overline{n} = 2$）（ssu）（子樣本）。

樣本大小 $n = L \times \overline{m} \times \overline{n} = 3 \times 1 \times 2 = 6$

(5) 每一層同等重要，都被抽取，只要準備 psu 工作底冊，從這底冊抽 ssu，節省調查費及管理費，抽樣設計具彈性，變異數小於簡單任意抽樣變異數，層間差異越大（即層內越相似性），分層集團抽樣效率越高。

例如：美國普查局之人口調查（在 1950 年）：

(1) 全國 3,000 個縣，以「層內相似性」合成 68 層（L），每層人口約 1.95 百萬人，$1.95 \times 68 = 132.6$ 百萬人（投票人口數）。「層內相似性」以地理接近性、都市化、工業化……，例如：A 層是農業區，B 層是工業區……，可使層間彼此「相異性」。

(2) 每層（L）包括 30 個集團（M）（psu）盡量使「層內相異性」，全國分 2,000 集團。「層內相異性」以農業、非農業、其他混在一起。每層（L）抽出 4 個集團（$\overline{M} = 4$）。此段由普查局職員編製。

(3) 每個集團內包括約 1,000 小區（m）（投票所），全國分

1,000×2,000 = 2,000,000 小區。每小區內的居住單位（投票所投票名單）有投票人口 66 人，全國投票人口為 66×2,000,000 = 132 百萬人。樣本小區（sample segment）由普查局職員編製，隨機抽出 $\overline{m}$ = 4 小區居住單位（dwelling unit），底冊由一般調查員編製。隨機抽出 $\overline{n}$ = 5，則樣本大小 n = L×$\overline{m}$×$\overline{n}$ = 68×4×5 = 1,360 人（超過 1,068 人）。

2. 分層集團抽樣之優點

(1) 只準備 psu 工作底冊，從這底冊抽出 ssu。

(2) 節省調查費用及管理費用（與簡單任意抽樣比）。

(3) 抽樣設計具彈性。

(4) 每一層同等重要，都有被抽出機會。分層集團抽樣抽出的樣本代表母體比三段集團抽樣高。

(5) 分層集團抽樣的變異數比簡單任意抽樣的還小。

(6) 層（組）間差異越大（即層「組」內越相似性），分層集抽樣效率越高。

二、分層集團抽樣的估計母體總數（$\hat{y}$）

想估計母體總數（$\hat{y}$），例如：每層（L）用 pps 抽樣抽出 ℓ 個 psu，再從 psu 抽出子樣本（ssu），再從子樣本抽出家庭（tsu），作為最終集團的樣本大小 n，用 n 估計母體。又如全省的縣（層），縣分選區（psu），以投票名冊當 psu，投票名冊「頁」數當 ssu，名冊中的人名當 tsu，這樣 y_{hijk} 是第 h 縣（層），第 i 個投票名冊（psu），第 j 頁（ssu），第 k 人所使用某物（如肥皂）量，以所用 y_{ijk} 來估計母體使用肥皂量。又如全省或全縣（層），每一層有學校 M_h 所（psu），在每一校有 N_{hi} 班

（ssu），在每一班有學生 W_{hij}（tsu）。這個 W_{hij} 是第 h 縣（層），第 i 校（psu），第 j 班（ssu），第 k 個學生的擁有書本數，以 W_{hij} 估計母體總數。

想估計某縣小學六年級學生擁有書本數，假設某縣有小學 3 校（L = 3），每一所學校有 2 班（$M_h = 2$，psu），每一班有學生 3 人（$N_{hi} = 3$，ssu），每一人有書本數 y_{hij}【第 h 層（校）第 i 班，第 j 學生】。抽樣理論指出：從每一層（L）抽出班（M_h）（psu），從每一班抽出人數（n_{ij}）（ssu），以這些人的書本擁有數（y_{hij}）估計母體總數為：

$$\hat{y} = \sum \frac{M_h}{m_h} \sum \frac{N_{hi}}{n_{hi}} \sum y_{hij} \qquad 式 14.1$$

　　第 ℓ 校，第 m_h 班，第 n_{hj} 學生之總數（ssu）

　　第 ℓ 校 M_h 學校總數（psu）

估計 L 層所有學校總數

把上述再加一階段：欲估計全省小學六年級擁有書本數，假設全省有 22 縣市（L = 22），每一縣市有小學 M_h 所（psu），每所小學有 N_{hi} 班（ssu），每班有學生數 W_{hij}，每一學生有書本數 y_{hijk}（第 h 縣市，第 i 所學校，第 j 個班的第 k 個學生），則式 14.1 變為再加一層如下：

$$\hat{y} = \sum \frac{M_h}{m_h} \sum \frac{N_{hi}}{n_{hi}} \sum \frac{W_{hij}}{w_{hij}} \sum y_{hijk} \qquad 式 14.2$$

　　第 ℓ 縣市，第 m_h 學校，第 n_{hi} 班，有學生數 W_{hij} 的總數

　　第 ℓ 縣市，第 m_h 學校，第 n_{hi} 班之學生總數（ssu）

　第 ℓ 縣市，第 m_h 學校

估計 L 層學校總數

第十四章
分層集團抽樣

例 46 下表假設 L = 3 校（層），每一校有 M_h = 2（班）（psu），每一班有 N_{hi} = 3 人（ssu），y_{hij} 表示學生擁有書冊數。從每一層抽出一班（psu），從每一班抽出 n_{hi} = 2 人（ssu），估計此 18 人有書冊總數為多少本？

層別	班別		y_{hij}		合計
I	1	$y_{111} = 4$	$y_{112} = 3$	$y_{113} = 2$	9
	√ 2	$y_{121} = 2$	$y_{122} = 4$	$y_{123} = 6$	12
II	√ 1	$y_{211} = 6$	$y_{212} = 2$	$y_{213} = 1$	9
	2	$y_{221} = 6$	$y_{222} = 3$	$y_{223} = 3$	12
III	√ 1	$y_{311} = 3$	$y_{312} = 9$	$y_{313} = 3$	15
	2	$y_{321} = 8$	$y_{322} = 1$	$y_{323} = 3$	12
					69

答：

層別	被抽之班（psu）	每個人有書冊數		$\Sigma\, y_{hij}$
I	#2	$y_{121} = 2$	$y_{123} = 6$	2 + 6 = 8
II	#1	$y_{211} = 6$	$y_{212} = 2$	6 + 2 = 8
III	#1	$y_{311} = 3$	$y_{313} = 3$	3 + 3 = 6

代入式 14.1：$\hat{y} = \Sigma \dfrac{M_h}{m_h} \Sigma \dfrac{N_{hi}}{n_{hi}} \Sigma y_{hij}$

$$= \frac{M_1}{m_1}\left[\frac{N_{11}}{n_{11}}(y_{121}+y_{123})\right] + \frac{M_2}{m_2}\left[\frac{N_{21}}{n_{21}}(y_{211}+y_{212})\right] + \frac{M_3}{m_3}\left[\frac{N_{31}}{n_{31}}(y_{311}+y_{313})\right]$$

$$= \frac{2}{1}\left[\frac{3}{2}(2+6)\right] + \frac{2}{1}\left[\frac{3}{2}(6+2)\right] + \frac{2}{1}\left[\frac{3}{2}(3+3)\right] = 66$$

（實際母體總數為 69 本，用上式之 6 人估計為 66 本）

抽樣理論提出，設 L = ℓ（各層包括若干 ℓ，各層都抽出一個 ℓ）時，三段集團抽樣的 ŷ 的變異數估計值，可改為分層集團抽樣的變異數估計值為：

$$\hat{\sigma}_{\hat{y}}^2 = \sum M_h^2 \frac{M_h - m_h}{M_h} \cdot \frac{s_h^2}{m_h} + \sum \frac{M_h}{m_h} \sum N_{hi}^2 \frac{N_{hi} - n_{hi}}{N_{hi}} \cdot \frac{s_{hi}^2}{n_{hi}} \qquad 式 14.3$$

式中：$s_h^2 = \frac{1}{m_h - 1} \sum (\hat{y}_{hi} - \hat{\bar{y}}_h)^2$〔是第 h 層內，各單位（班）間的差異〕

$s_{hi}^2 = \frac{1}{n_{hi} - 1} \sum (\hat{y}_{hij} - \bar{y}_h)^2$〔是第 h 層內，各單位（班）內的差異〕

上式中：$\hat{y}_{hi} = \frac{N_{hi}}{n_{hi}} \sum y_{hij} = \frac{N_{hi}}{n_{hi}} \times y_{hi} = N_{ij} \bar{y}_{hi}$〔是在第 hi 單位（班）每個學生平均有書冊的數量〕

$\hat{\bar{y}}_{hi} = \frac{1}{m_h} \sum \hat{y}_{hi}$（是在第 hi 單位有書冊的總數）

$\bar{y}_h = \frac{1}{n_h} \sum y_{hij}$〔是在第 h 層（學校）每一單位（班）psu 平均有書冊的數量〕

假設 L = ℓ，$\bar{m}_h = \bar{m}$，$\bar{n}_{hi} = \bar{n}$，$m_h \ll M_h$ 時，式 14.3 變為：

$$\hat{\sigma}_{\hat{y}}^2 = \sum M_h^2 \frac{s_h^2}{m_h} \qquad 式 14.4$$

例如：某一城市有 M_h = 2,000 條街，抽出 $\bar{m}$ = 50 條街，$\bar{m}/M_h$ = 50/2,000 = 2.5%，因此 s_{hi}^2 與 s_h^2 之比，對 $\hat{\sigma}_{\hat{y}}^2$ 影響很小；也就是說，$\hat{\sigma}_{\hat{y}}^2$ 主要受 psu 間差異的影響。

從層（學校，L）抽出（班）（psu），從 h_i 班抽出學生 n_{hi}。因為班（psu）是從每一校（層）抽出的，所以分層集團是每層都要抽，去學校調查的費用都是固定的，因此樣本分配問題不必考慮「層」，只考慮要抽出多少班 m_h 及從 h_i 班要抽出多少學生 n_{hi} 或多抽 m_h 而少抽 h_i？在一定預算下，使變異數 σ_y^2 成為最小。抽樣理論指出，樣本分配式為：

$$n_h = \overline{N}_h \sqrt{\frac{C_{1h}}{C_{2h}} \cdot \frac{S_{2h}}{S_h^2 - \overline{N}_h S_{2h}^2}} \qquad \text{式 14.5}$$

$$\overline{M}_h = \frac{C \cdot N_h \cdot S_{2h}/\overline{n}_h \sqrt{C_{2h}}}{\Sigma(C_{1h} + C_{2h}\overline{n}_h)(N_h \cdot S_{2h}/\overline{n}_h \sqrt{C_{2h}})} \qquad \text{式 14.6}$$

第一段抽樣是抽出 psu（m_h），第二段抽樣是抽出 ssu（n_h），由式 14.5 及 14.6 兩計算式指出：

(1)當 psu（m_h）的內部差異大時，可少抽 psu。

(2)當抽 psu（m_h）的費用比抽 ssu（n_h）大時，多抽 ssu（n_h）。

(3)當抽 ssu（n_h）費用很大時，就少抽 psu（m_h）。

(4)當 ssu（n_h）人數較多時，就多抽 psu（m_h）。

抽樣理論指出，簡單集團抽樣的變異數與分層集團抽樣的變異數之關係為：

$$\sigma_{ran}^2 = \sigma_{st}^2 + \frac{M-m}{Mm} \cdot \frac{\ell}{L} \Sigma\,(\bar{\bar{y}}_h - \bar{\bar{y}})^2 \qquad \text{式 14.7}$$

當 $\bar{\bar{y}}_h$ 的差異大時，分層集團抽樣的效率更高。例如：$\bar{\bar{y}}_h$ 爲在 h 學校（層）每個學生平均有書的數量，即 $\bar{\bar{y}}$ 爲在整個母體中，每個學生平均有書的數量。因此在學校（層）間差異越大，分層集團抽樣效率越大。所以當層與層變異很大時，最好採用分層抽樣。

第十五章

抽樣檢驗（Sampling Inspection）

一、概談

消費者（買方）與生產者（賣方）事先約定檢驗方法，在同樣條件的一批產品中抽取樣本加以檢驗，檢驗結果與事先約定的不良率（或不良個數）（計數值），或平均數、變異數（計量值）加以比較，判斷此批產品是否允收或拒收，稱為抽樣檢驗。

檢驗方法大多採用國家標準檢驗法，亦有自行設計檢驗法，但必須買賣雙方都同意受約束。檢驗項目如官感檢查（目測、口味）、物理性測定、化學性測定、放射性測定、超音波探測、光學分析、儀器分析……。

允收或拒收該批產品，依事先約定的合格判定數、不良品及缺點三項而定。合格判定數指是否合格的不良個數，以 C 表示。不良品指檢驗項目中有一個或以上之項目不合乎規定者。缺點指不合乎約定的規格、圖樣、買賣說明書者，包括：(1) 嚴重缺點：產品危害使用者或攜帶時危害生命或安全之缺點。(2) 主要缺點：產品不能達到所期望的目的，或顯著減低其實用性。(3) 次要缺點：產品缺點不影響使用目的。

從產品中抽取樣本，常用三個名詞是：

1. 批（lot）

凡是有相同的來源，且在相同條件下生產所得到的一群相同規格的產品，稱為一個批。例如：製造批、交貨批、裝運批。

2. 批量（lot quantity）

每個檢驗批的數量，一般以 N 表示。

3. 樣本（sample）

從檢驗批中抽取一個以上的數量來檢驗，稱為樣本，一般以 n 表示。

抽樣檢驗分為計數值抽樣檢驗方式及計量值抽樣檢驗方式，再加上抽樣檢驗之抽樣技術，共三大範圍。

　　有些產品適合抽樣檢驗，有些不適合抽樣檢驗而要用全數檢驗。適合抽樣檢驗者的條件：(1) 產量大且連續生產，無法作全數檢驗者；(2) 破壞性的試驗者；(3) 允許某程度不良品存在者；(4) 欲減少檢驗時間或經費者；(5) 刺激生產者要注意品質改善者；(6) 要滿足消費者需求者。適合全數檢驗者的條件：(1) 批量太少，失去抽樣檢驗之意義者；(2) 檢驗手續簡單，不浪費人力、時間、費用者；(3) 不允許不良品存在者；(4) 不良率超過規定，無法保證品質者。

二、計數值抽樣檢驗

1. 如果已知一批量 N = 1000 個，不良率 C = 4%（即不良品 40 個），從 N = 1000 個中抽出樣本 n = 100 個，這樣本 100 個中的不良品很難是 4 個，但重複抽樣的統計結果會趨向 4 個。因此，依買賣雙方約定的檢驗方法加以檢驗，其結果與預先決定的品質標準加以比較，以決定這批量是否合格，買方與買方都負有風險。一般規定賣方（生產者）冒 α = 5% 風險，買方（消費者）冒 β = 10% 風險。買賣雙方約定批量（N）、樣本數（n）及合格判定數（C），以決定允收或拒絕該批產品，可製成計數值抽樣計畫的特性曲線（OC 曲線）。這 OC 曲線以統計學上之超幾何分配、二項分配及卜氏分配為理論基礎，計算出各種不良品數的機率而形成實用之抽樣表，例如：JIS Z9002 計數值規準型單次抽樣表（可以拒收、退貨）、Dodge and Romig 選別型抽樣表（拒收批不退貨，進行 100% 檢查，發現不良品時剔除，補以良品，適用無法選擇供應者時）、美軍標準 105D 調整型抽樣表（適用於一連串連

續交貨批，亦可使用在單獨批的驗收）、美軍標準 MIL-STD-1235 連續生產型抽樣表內之 CSP-1、CSP-2、CSP-A、CSP-M（拒收時，供應者負責全數檢驗，購買者負責覆核檢驗）。

計數值檢驗將產品分為良品、不良品或算出產品缺點數，以檢驗產品是否合乎某規定，計算簡單、應用方便，國內大多採用此法。

例47 買賣雙方協議：合格批的最高不良率為 0.8%，不合格批之最低不良率為 5%，批量為 3,000 時，要抽樣本（n）為多少？其中不良品（C）多少？

答：

已知：$P_0 = 0.8\%$，$P_1 = 5\%$，$N = 3,000$

查 JIS Z9002 表，P_0 的 0.8% 的範圍在 0.711～0.900（列）

　　　　　　P_1 的 5% 的範圍在 4.51～5.60（行）

在行列交點中，得知 100、2，即 n = 100，C = 2

故可知 N = 3,000 時，應抽出樣本大小 n = 100，不良品允許 C = 2

2. 特性曲線（OC 曲線）：

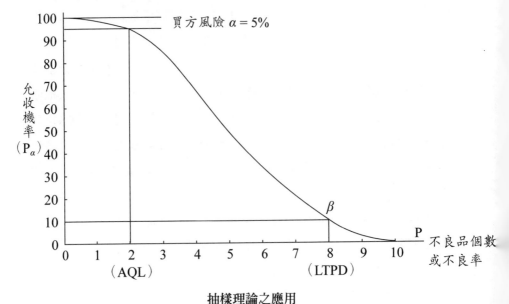

抽樣理論之應用

(1) 不良率 9%，即不良品在 100 個中有 9 個（C = 9）。假設生產者與消費者雙方約定抽樣檢驗結果，C ≤ 9 個應允收，如果檢驗結果 C = 0，則應 100% 允收，允收機率 100%。如果檢驗結果 C = 10 個，則應拒收，允收機率 0%。

(2) 假設生產者與消費者雙方約定 C ≤ 2 個應允收，此稱允收水準（AQL）C = 2 個。抽樣檢驗結果，允收水準（AQL）≤ 2，應允收。由 OC 曲線可以看出允收機率 = 95%，這是生產者與消費者雙方約定生產者冒 α = 5% 風險，也就是允收機率（P）是 $100 - \alpha = 100 - 0.05 = 0.95$。

(3) 若生產者的品質非常不良，已達拒收水準，應判爲拒收，但由於抽樣關係，樣本中不良品甚少而誤判爲允收，此稱消費者風險，以 β 表示。由 OC 曲線圖可看出允收機率 10% 時，這 C = 8 就稱拒收水準（LTPD）。

(4) OC 曲線之傾斜度越大（AQL 與 LTPD 間距離越小），表示抽驗效率越高。從 OC 曲線得知：

① 自不同數量之各批中，雖按同一比例抽取樣本，並不能得到相同程度之品質保證。

② 自數量不同各批中抽取一定數量樣本，可得到相當接近的品質保證。

③ 任何抽樣計畫無法完全避免不良品的混入。

④ 允收水準 C 不必等於 0，當抽樣 n 增大，而 C ≥ 1，亦可得到與 C = 0 時相同之品質保證。

⑤ 樣本 n 越大，OC 曲線斜度越大，區分好批與壞批的能力越強。

三、計量值抽樣檢驗

1. 計量值抽樣檢驗以統計學的常態分配爲理論基礎。設常態分配的母體，其平均數 μ，變異數 σ^2，標準差 σ。從母體抽出樣本，樣本組的平均數 $\bar{y}$，常態母體經由 $Z=\dfrac{\bar{y}-\mu}{\sigma}$ 轉換模式，成爲標準常態分配，$\mu = 0$，$\sigma^2 = 1$，$\sigma = 1$。$Z=\dfrac{\bar{y}-\mu}{\sigma}$ 變化爲 $\mu = \bar{y} - Z\sigma$，Z 是統計學標準常態的可信水準，σ 是母體標準差，規定母體允收機率之上限（X_u）及下限（X_L），不同批之不良率（P）可求得允收機率，連接各個（P）及（P_α），即可求得單邊（上限）規定。由 $Z\sigma$ 的變化，推出多種計量值抽樣檢驗表，都是實用的，如 JIS Z9003 表（規定 $\alpha = 5\%$，$\beta = 10\%$，σ 已知）、JIS Z9004 表（適用於 σ 未知）、美軍標準 414 表（以檢驗嚴格性不同來調整抽樣的樣本數，節省檢驗成本，提高進料品質，414 表全名 MIL-STD-414）。

2. 各表的使用各有規定

    (1) 某產品之含水量規定 < 3% 時是允收，> 6% 時是拒收。已知含水率之 $\sigma = 0.15$，所抽出樣本的平均含水率多少才是允收？

    已知：$\overline{X}_u = 0.6$，$\overline{X}_L = 0.3$，$\sigma = 0.15$

    先求 $\dfrac{\overline{X}_u - \overline{X}_L}{\sigma} = \dfrac{0.6 - 0.3}{0.15} = 2$，查 JIS Z9003 表，得知表上 $G_0 = 0.95$，

    計算 $\overline{X}_L + G_0 \times \sigma = 0.3 + 0.95 \times 0.15 = 0.44$

    結論：所抽出樣本的平均數 $\bar{y} \leq 0.44$ 允收，$\bar{y} > 0.44$ 拒收。（這是平均數）

    (2) 買賣約定鋼的厚度下限爲 0.5mm，不足 0.5mm ≤ 1% 時允收，0.15mm > 6% 時拒收，抽出樣本 14 個，允收的平均厚度爲多少？

    已知：$S_L = 0.5$mm（希望平均數高），$P_0 = 1\%$，$P_1 = 6\%$，$\sigma = $

0.02mm，依此查 JIS Z9003 內已指定 P_0 及 P_1 表，得 $n = 14$，$k = 1.88$，計算 $\overline{X_L} = S_L + k\alpha = 0.5 + 1.88 \times 0.02 = 0.54$

結論：要抽出樣本 14 個，平均厚度 $\bar{y} \geq 0.54$mm 允收，$\bar{y} < 0.54$mm 拒收。

各種表之應用，可參考相關書籍。計量值檢驗對產品某特性予以測定，將結果記錄後再計算，檢驗時間長、計算較繁複，目前國內較少採用。

四、抽樣檢驗之抽樣技術

各種抽樣方法簡述於次：

1. 隨機抽樣

看似簡單，實際上困難重重。例如：從倉庫取樣。若採隨機抽樣，應注意：(1) 不能讓生產者抽樣；(2) 抽樣時應會同責任者在場；(3) 抽樣者應了解目的與責任；(4) 抽樣應在送驗批移動時。

2. 系統抽樣

每隔一定數量或每隔一定時間抽樣。

3. 分層抽樣

(1)在工廠內以工作班別、機器別、材料別進行抽樣。

(2)大包裝內有中包裝，中包裝內有小包裝，一個小包裝內有產品 n 個，可抽取包裝箱數個，再從中之小包裝內全檢，成為二段抽樣。

(3)先抽出少數樣本作預測，所抽取樣本之精密度不充分時，再抽出

較多樣本作正式調查。

4. 集合體之抽樣

集合體是不可分為獨立單位，因此多採計量性測定。集合體可分為：

(1)流體：在均勻混合流體下抽樣，主要有氣體及液體。

　① 氣體

　　A. 移動氣體：品質變化週期短時，採瞬間抽樣，抽樣管抽入氣體中央部分。如果是熔爐內之氣體，抽樣管要用水冷式管子。

　　B. 停止氣體：指裝於槽或瓶內氣體，自液化部分抽樣，不可自氣化部分抽樣。

　② 液體：當黏度、濃度、比重增加時，其均勻性減少，同時發生結晶，而且不純物混入機會較多，故應加說明。抽樣方法有十幾種，如平均樣本、上部樣本……。

(2)泥狀體：如紙漿、有機化合物之反應中間物質，泥狀體常含多量水分、藥品、溶劑、油、固體……，抽樣可用抽樣卡（約準備 100 張），隨機抽出，按卡上標示位置抽樣。

(3)連續體：如絲、紙、電線、膠捲。抽樣時要剪斷會損失商品價值，因此以儀器檢測為佳。

(4)粉塊混合體：如煤，多屬工業大宗原料。有特別取樣方法。

一、系統抽樣摘要

1. 母體分間隔（抽樣單位）（n），間隔內的觀察值稱系統樣本（k），依秩序（A法或B法）從每個抽樣單位的系統樣本中抽取一個觀察值組成一組樣本，稱之系統抽樣。相異性的系統樣本會增加精確度。

2. 用亂數表對大量隨機抽樣（如 50,000 中抽 1,000）的工程很大，費時、費力又費財，此時系統抽樣比簡單任意抽樣更有效，而系統抽樣與簡單任意抽樣的精確度不相上下。

3. 系統抽樣比簡單任意抽樣更精確的原因在：

   (1) 抽樣單位是任意排列的，會得到較小的 ρ，例如：估計體重依學生名單抽樣，因體重與學生名單沒關聯；估計消費者喜愛 A 品牌依區域，因喜愛與區域無關聯；估計牛乳生產量依牧場名稱，因產量與名稱無關聯。

   (2) 有次序的母體（系統樣本內觀察值小的在一組，中的在一組，大的在一組即各組樣本內相似性），已抽出的樣本大小 n 會得到較小的 ρ，例如估計農產品產量，按農場面積大小順序排列，抽出樣本大小 n 會較相異性，ρ 會較小而帶負號，變異數會變小。

   (3) 有規律變動的母體，會得到較小的 ρ，例如：超市售貨，在週六、日多，在週一、二少，觀光地區飯店住宿率在週六、日多，其他日少。在規律處第一次抽 k 單位，第二次（k + 1）單位，……。

   有以上特性的母體能得到較小的 ρ，使變異數越小，估計越精確。

   (1) 隨機次序排列的母體；(2) 次序分類的母體（如大農場、小農場）；(3) 有規律變動的母體（如週休二日人多，其他日人少）。

4. 系統抽樣的 A 法抽樣，觀察值被抽出的機率是 $\frac{1}{k}$，B 法是 $\frac{n}{N}$。

5. 採用 A 法抽樣，當 N = nk 時，$\bar{y}_{sy} = \bar{y}$，當 N ≠ nk 時，$\bar{y}_{sy} \neq \bar{y}$。採用 B 法抽樣，當 N = nk 時，$\bar{y}_{sy} = \bar{y}$，當 N ≠ nk 時，$\bar{y}_{sy} = \bar{y}$（不偏估計值）。當 N = nk 時採用 A 法比較簡單，N > 50 時，A 法與 B 法是一樣結果。

6. 系統抽樣的平均數（$\bar{y}_{sy}$）的變異數（$\sigma^2_{\bar{y}_{st}}$），可知道。$\sigma^2_{\bar{y}_{st}}$ 越小，估計精確度越高，亦可讓人知道何時系統抽樣可代替簡單任意抽樣，抽樣單位內的系統樣本越相異性（異質化），$\sigma^2_{\bar{y}_{st}}$ 越小，精確度越高。

   (1) 系統樣本內部變異越大，即抽樣單位內部越相異，$\sigma^2_{\bar{y}_{st}}$ 越小。

   (2) 系統樣本內部變異越小，即抽樣單位內部越相似，$\sigma^2_{\bar{y}_{st}}$ 越大。

   (3) 抽樣單位內部越相異，相關係數 ρ 為小而帶正或負號，$\sigma^2_{\bar{y}_{st}}$ 越小，$\sigma^2_{\bar{y}_{st}}$ 會比 $\sigma^2_{\bar{y}_{ran}}$ 小。

   (4) 抽樣單位內部越相似，相關係數 ρ 為大而帶正號，$\sigma^2_{\bar{y}_{st}}$ 越大。

   (5) 當相關係數 $\rho = 0$ 時，$\sigma^2_{\bar{y}_{st}} = \sigma^2_{\bar{y}_{ran}}$（$\rho$ 很小時，可說兩者越相同）。

7. 系統抽樣的所有可能樣本組的各平均數（$\bar{y}_{sy}$）的變異數（$\sigma^2_{\bar{y}_{sy}}$）是母體變異數（σ^2）的不偏估計值。在實際應用上，只抽出一組樣本而非所有可能樣本，要計算 $\sigma^2_{\bar{y}_{sy}}$ 的估計值（$\hat{\sigma}^2_{\bar{y}_{sy}}$）可用簡單任意抽樣代替之。當 $\rho = 0$ 時，$\sigma^2_{\bar{y}_{sy}}$ 與 $\sigma^2_{\bar{y}_{ran}}$ 大約相同。

二、分層任意抽樣摘要

1. 母體分為比較相似性的層，從各層中用簡單任意抽樣，抽出比較相異性的子樣本組，把各子樣本組成所需要的樣本大小，叫分層任意抽樣。可簡單收集資料，相似性的層增加估計精確性，但缺點是增加費用。

2. 計算式：

   母體總數（Y）= 式 8.1，母體平均數（μ）= 式 8.2，以觀察值數目為分母之子樣本變異數（σ^2_h）= 式 8.3、以自由度（$n - 1$）為分母之

子樣本變異數（s_h^2）式 8.4、8.5，各層觀察值對母體平均數（μ）的變異數亦是母體變異數（σ^2）＝式 8.6、8.7

全部母體變異數（σ^2）＝式 8.8，層內變異數（σ_w^2）＝式 8.9，層間變異數（σ_b^2）＝式 8.10，$\sigma^2 = \sigma_w^2 + \sigma_b^2$（全部母體變異數＝層內變異數＋層間變異數）。

母體各組平均數的變異數（$\sigma_{\bar{y}_{st}}^2$）＝式 8.11、8.12、8.13、8.14、8.15-1。

母體各組平均數的變異數的估計值（$\hat{\sigma}_{\bar{y}_{st}}^2$）＝式 8.15-2。

估計母體總數的變異數的估計值（$\hat{\sigma}_{\hat{y}_{st}}^2$）＝式 8.16、8.17、8.18。

3. 不偏估計值：

(1)（估計樣本組總數合計）／樣本組數，$\Sigma \hat{y}_{st}/n$ 是母體總數（Y）的不偏估計值

(2)（估計樣本組平均數合計）／樣本組數，$\Sigma \bar{y}_{st}/n$ 是母體平均數（μ）的不偏估計值

(3)（層內變異數＋層間變異數）＝母體變異數，$\sigma_w^2 + \sigma_b^2$ 是 σ^2 的不偏估計值

(4) 估計母體總數的變異數（$\hat{\sigma}_{\hat{y}_{st}}^2$）是母體平均數的變異數（$\hat{\sigma}_{\bar{y}_{st}}^2$）的不偏估計值

4. 母體分層，使層內相似性高，可使層內變異數（σ_w^2）變小，而且小於簡單任意抽樣的變異數。因此，分層任意抽樣比簡單任意抽樣更精確。

5. 在樣本大小已知之下：

(1) 比例分配之各層分配樣本數—式 8.19-1、8.19-2，母體平均數—式 8.20，變異數—式 8.21、8.22，變異數估計值—式 8.23、8.24、8.25、8.26，標準差估計值—式 8.27。

(2) 最適分配（考慮費用）之各層分配樣本數—式 8.29，母體平均數—式 8.30，變異數—式 8.31、8.32、8.33、8.34、8.35。

(3) 紐曼分配（各層費用相差不多時）之各層分配樣本數—式 8.38，

母體平均數—式 8.39，變異數—式 8.40、8.41。

6. 各層分配樣本數、母體平均數、變異數已知下，可求母體信賴區間大小。一般母體變異數（S^2）未知，以臨時樣本（副樣本）變異數（s_h^2）代之。

7. 分層任意抽樣之比例分配的優點：

(1) 不需知道各層的變異數；(2) 不需知道各層的調查費用；(3) 母體平均數可從樣本獲得；(4) 比最適分配及紐曼分配更被人使用；(5) 與簡單任意抽樣比較，比例分配精確度更高（$\sigma_{\bar{y}_{ran}}^2 = \sigma_{\bar{y}_{prop}}^2 + \frac{1}{n}\sigma_b^2$）。

8. 當各層的變異數（s_h^2）與費用（C_h）差別不大時，最適分配與比例分配的效果相似。但當差別很大時，最適分配的效果優於比例分配。

9. 最適分配的費用各層不同，紐曼分配的各層費用大約相同，兩者在各層分配樣本大小是不同的，但兩者平均數是相同的。而紐曼分配的標準差小於最適分配，故紐曼分配較精確。

10. 比例分配的變異數大於紐曼分配（$\sigma_{\bar{y}_{prop}}^2 > \sigma_{\bar{y}_{opt}}^2$），當各層間差異大時，紐曼分配效果大於比例分配。當各層間差異不大時，兩者效果不相上下。

11. 樣本大小的決定，d 是絕對誤差。

各層抽相同樣本：式 8.48；比例分配：式 8.49，最適分配：式 8.50，紐曼分配：式 8.51。

三、比例分層任意抽樣摘要

1. 觀察值以「1」代表成功者，「0」代表失敗者。成功者指肯定之意，例如：贊成者、用過某物者、佔有某物者、消費過某物者、……；失敗者指否定者。比例是兩數相比，等於兩數相除。在母體中，成功者人數除以總人數（$P = \frac{A}{N}$）。在樣本中，成功者除以總人數（$p = \frac{a}{n}$）就是比例。在分層任意抽樣中，以成功者比例觀之，估

計母體平均數、變異數、決定樣本大小、各層樣本數分配，都很方便。

2. 計算式：

   層（子樣本）的比例：式 9.1，母體比例：式 9.2，估計母體比例數：式 9.3，估計母體成功者比例平均數：式 9.4，母體以自由度為分母的變異數：式 9.5，母體變異數：式 9.6、9.7，估計母體變異數：9.8、9.9、9.10，母體標準差：式 9.11。

3. 樣本大小（n）及在各層分配之計算式：

   比例分配之樣本大小（n）：式 9.16、9.17；各層分配：式 9.12。

   最適分配之樣本大小（n）：式 9.18、9.19；各層分配：式 9.13。

   紐曼分配之樣本大小（n）：式 9.20；各層分配：式 9.14。

   各式中之 D^2（希望變異數）$D^2 = \left(\dfrac{d_0}{Z}\right)^2$，$d_0$ 是相對誤差。

四、集團抽樣（I）：簡單集團抽樣摘要

1. 假設要調查數量很大（全國、全省），準備底冊，調查費用、分散各地的訪問行政工作……，如果採用系統抽樣或分層抽樣，必定是大問題，所以有簡單集團抽樣出現。

2. 簡單集團抽樣又稱二段集團抽樣，以簡單任意抽樣在第一段於集團 M 中抽 m，稱原始抽樣單位（抽出 psu），第二段在 m（已抽出之 psu）中的觀察值 N_i 中抽出 n_i，稱次級抽樣單位（ssu），最終集團（uc）是把 ssu 的已抽出的 n_i 合計，成為所需要的樣本大小（n）。

3. 母體總數（y）的估計值（$\hat{y}$）

   (1) 第一步先估計第 i 個 uc 的平均數（$\bar{y}_i$），用 $N_i\bar{y}_i$ 來估計第 i 個 uc 的總數。

   (2) 第二步估計各 psu 的平均數 $\hat{\bar{y}}_i$，用 $M\hat{\bar{y}}_i$ 來估計母體總數（$\hat{y}$）。

4. 估計母體總數（$\hat{y}$）的變異數（$\sigma_{\hat{y}}^2$）如式 10.2，包括集團間變異數

（psu 間之變異）（式 10.3）及集團內變異數（psu 內之差異）（式 10.4）。集團內差異越大（相異性或異質化，如大、中、小在一集團內），則 S_b^2 越小，$\sigma_{\hat{y}}^2$ 也越小，表示估計越精確。

5. 估計母體總數（$\hat{y}$）的變異數（$\sigma_{\hat{y}}^2$）的估計值（$\hat{\sigma}_{\hat{y}}^2$）是以樣本的 s_b^2（式 10.6）及 s_i^2（式 10.7）代入式 10.5，包括 S_b^2 之 psu 間之變異及 s_i^2 之 psu 內之變異。把式 10.5 簡單化有四：

    (1) 假設 $\dfrac{m}{M} < 1\%$，即 $\dfrac{M-m}{M} \fallingdotseq 1$，$s_b^2$ 變爲式 10.8 及 s_i^2 變爲式 10.9。式 10.8 及 10.9 代入式 10.5，就是 $\hat{\sigma}_{\hat{y}}^2$。

    (2) 如果 M >> m 及 N_i >> n_i（例如：m/M = n_i/N_i = 1%，即大很多），則 $\hat{\sigma}_{\hat{y}}^2$ 改爲式 10.10。

    (3) 如果 m/M 及 n_i/N_i 不到 1% 時（即 < 1%），則 $\hat{\sigma}_{\hat{y}}^2$ 可改爲式 10.11。

    (4) 如果 M >> m 及 N_i >> n_i，又 $N_i = \overline{N} = \dfrac{N}{M}$，則 $\hat{\sigma}_{\hat{y}}^2$ 可改爲式 10.12。

6. 母體平均數（$\overline{y}$）= [母體總數（y）/ 母體觀察值數目]、估計母體平均數（$\hat{\overline{y}}$）= [估計母體總數（$\hat{y}$）/ 母體觀察值數目] 爲式 10.13。$\hat{\overline{y}}$ 是 $\overline{y}$ 的不偏估計值，可用在估計山林材積產量、農產品面積產量、全省某品牌消費量、全省每月家庭用電量。

7. 估計母體平均數（$\hat{\overline{y}}$）的變異數（$\sigma_{\hat{\overline{y}}}^2$）是式 10.14，其估計值（$\hat{\sigma}_{\hat{\overline{y}}}^2$）是式 10.15；式中的母體觀察值數目（N）常不知，解決方法有三：其中之一是假設 $\overline{N}$ 及 $\overline{n}_i$（每 psu 的 N 都相等及每一個 ssu 的 n_i 都相等），則估計樣本平均數的變異數的估計值（$\hat{\sigma}_{\hat{\overline{y}}}^2$）可以由式 10.15 簡化爲式 10.18。如果再假設 M >> m，$\overline{N}$ >> $\overline{n}$，可由式 10.18 再簡化式 10.23。（其他二種，後面再述）

8. 簡單集團抽樣的變異數與簡單任意抽樣的變異數，兩者的關係爲式 10.24。

9. 要多抽 psu，少抽 ssu 或少抽 psu，多抽 ssu？

(1) 當 $\rho > 0$，且接近 1 時，表示集團內各抽樣單位是相似的，例如：從織布機抽出樣本，此時各集團間的差異會變大，應少抽 $\bar{n}$（布匹—ssu），多抽 m（織布機—psu）。

(2) 當 $\rho = 0$，或接近 0 時，表示集團內各抽樣單位是相異的，例如：一集團內有多種不同織布機，此時各集團間的差異會變小，應多抽 $\bar{n}$（布匹—ssu），少抽 m（織布機—psu）。

(3) 當 $\rho = 0$，$\bar{n}$ 及 m 對 $\sigma^2_{\bar{\bar{y}}_{CL}}$ 無影響。

(4) 集團內要有高相異性的樣本設計（例如：大都市的消費調查，各自消費都不同），ρ 因此很小，應增加 $\bar{n}$（家庭）的數量，減少 m（都市）的數量。集團內低相異性設計（例如：小麥產量，同一鄉鎮很接近，但各別鄉鎮間可能差異大），ρ 會變大，此時應少抽 $\bar{n}$，多抽 m。

五、集團抽樣（II）：機率與集團數量成比例（pps）的抽樣摘要

1. 簡單集團抽樣的每個集團被抽出機率是 $1/M$，例如：3 個集團，每個集團被抽出機率是 $\frac{1}{3}$。如果從 M = 3 中抽出 2，未被抽到的很可能是很大集團，會影響估計精確性。改善方式是：例如：M_1 集團有觀察值 1、2、3，M_2 集團有 5、6、6、7，M_3 集團有 9、9、10、11、11，以組距觀念觀之，第一組（M_1）組距為 1-3，第二組（M_2）組距為 4-7，第三組（M_3）組距為 8-12，由亂數表抽出數字，對照組距。例如：抽出 6，則第二組被抽出；抽到 11，則第三組被抽出，抽出機率為 $\frac{N_i}{N}$，這就是原始抽樣單位數量大小（size of psu）成比例的機率，每個 psu 都有同等被抽出的機率。這是第一段抽樣，採用抽出又放回方式抽樣。第二段抽樣，在抽出 ssu 時可用抽出又放回方式，亦可用抽出不放回方式，被抽出機率為 $\frac{n_i}{n}$，且 psu 內越異

質化，精確度越高，這就是機率與集團數量成比例的抽樣。

2. pps 的估計母體平均數（$\hat{\bar{y}}_{pps}$）計算式為式 11.1，估計母體總數（$\hat{y}$）計算式為式 11.2。

3. pps 的母體平均數（$\bar{\bar{y}}_{pps}$）的變異數（$\sigma^2_{\bar{\bar{y}}_{pps}}$）計算式為式 11.3、11.4，母體平均數的變異數的估計值為式 11.5、11.6、11.7，母體平均數的標準差為式 11.8，母體平均數的信賴區間為式 11.9；樣本分配參考式 11.10、11.11、11.12、11.13、11.14、11.15。

4. 機率與集團成比例抽樣之好處：

(1) 抽出樣本更能代表母體。

(2) 為了使變異數（$\sigma^2_{\bar{y}_{pps}}$）變小，最好多抽 n（ssu），少抽 m（psu），如此可省費用。

(3) 如果集團數量（N_i）間大小差異很大，又當集團大小（y_i 與 N_i）成比例變動時，估計平均數（$\hat{\bar{y}}_{pps}$）很接近母體平均數（$\bar{\bar{y}}$）。

(4) 當 $N_i = \bar{N} = \dfrac{N}{M}$ 時，$\sigma^2_{\bar{\bar{y}}_{cl}} - \sigma^2_{\bar{\bar{y}}_{pps}} = 0$，機率與集團數量成比例抽樣，與簡單集團抽樣的變異數相同。

(5) 當 N_i 變動很大時，$\sigma^2_{\bar{\bar{y}}_{cl}} - \sigma^2_{\bar{\bar{y}}_{pps}} > 0$，機率與集團數量成比例抽樣，與簡單集團抽樣比，更精確。

5. 取多少 m 或多少 $\bar{n}$ 的原則：

(1) 當集團間差異（S^2_{wtb}）大時（例如：城市間家庭消費額差異很大），要少抽 $\bar{n}$（家庭），多抽 m（城市）。

(2) 當集團內差異（S^2_{wti}）小時（例如：城市家庭所得調查，所有約略相同者都在同一地區，差異不大），也應少抽 $\bar{n}$（家庭），多抽 m（城市）。

(3) 若 S^2_{wtb} 與 s^2_i 同時變小，則 $\sigma^2_{\bar{y}_{pps}}$ 也會變小。

(4) 集團間差異（S^2_{wtb}）趨於小時，估計母體總數（$\hat{y}$）會接近母體總數（y），也會使 $\sigma^2_{\hat{y}_{pps}}$ 變小。

(5) 抽出一個 psu（m）（如城市）的費用大時，應多抽些 ssu（n̄）（如家庭），少抽 psu（m）（城市）；抽出一個 ssu（家庭）的費用大時，就少抽 ssu（n̄）（家庭），多抽 psu（m）（城市）。

(6) m 越大，$\sigma^2_{\bar{y}_{pps}}$ 越小，但成本（C）要越大，故 m 和 n̄ 的分配就成爲增加成本和減低精確度間，如何達到平衡的問題。

(7) 母體數量 mn̄ = n 爲已知時，n̄ 的數量不影響 $\sigma^2_{\bar{y}_{pps}}$，也與總成本無關。

六、集團抽樣（III）：比例估計摘要

1. 比例估計被廣爲應用，如市佔率、支持率、失業率、收視率、近視率、擁有某物比率、……。

2. 比例分層任意抽樣，抽出的觀察值數目（n）各層不相等，用以估計母體比例及母體比例變異數估計值。

3. 簡單集團抽樣的比例估計，估計母體比例（p̂）時爲式 12.1，假設 N̄ = N_i = N/M 時爲式 12.2，假設 n̄ = n_i = n/m 時爲式 12.3。估計母體比例的變異數（σ^2_p）及標準差（$\sigma_{\hat{p}}$）：假設 n̄ = n_i 時爲式 12.4 及 12.5；假設 M = m 及 N_i = n_i 時爲式 12.6 及 12.5；假設 N̄ = N_i = N/M 時爲式 12.7 及 12.5。估計母體變異數的估計值（$\hat{\sigma}^2_p$）及標準差（$S_{\hat{p}}$），由母體變異數（σ^2_p）直接估計時爲式 12.8 及式 12.9；假設 N̄ = N_i = N/M 及 n̄ = n_i = n/m 時爲式 12.10、12.11、12.9；假設 N̄ = n̄ 時爲式 12.12、12.13、12.9；假設 N̄ = N_i，n̄ = n_i，m << M 時爲式 12.14、12.15、12.9。

4. 機率與集團數量成比例抽樣（pps）的比例估計，因 pps 本身比簡單集團抽樣更精確，而其比例估計之計算簡單容易，只要條件合乎 pps 抽樣程序，效果很好及被人廣用。估計 $\hat{P}_{pps}$ 用式 12.16，$\hat{\sigma}^2_{\hat{P}_{pps}}$ 用式 12.17，$S_{\hat{P}_{pps}}$ 用式 12.18。

七、三段集團抽樣摘要

1. 例如：母體包括學校數（L），校內有班級數（M_i），班級有學生數（N_{ij}），第一段抽樣從總學校數抽出若干校（$L \to \ell$），第二段抽樣從被抽到的校內班級中抽出若干班（$M_i \to m_i$），第三段從被抽到的校內班級的若干學生中抽出人數（$N_{ij} \to n_{ij}$），以 $\ell \times m_i \times n_{ij}$ 當所需樣本大小（n），這就是三段集團抽樣。

2. 三段集團抽樣的優點：(1) 大量減少工作底冊的準備（只需準備 psu、ssu 及 tsu）；(2) 可減低調查費及管理費。三段集團抽樣的缺點：(1)psu、ssu 及 tsu 的各單位必須大概相等，若 psu 大小差異大時，幸好可用 pps 抽樣或分層抽樣；(2) 當 psu 間差異很大，各 ssu 間與各 tsu 間差異不大時，必須多抽 psu 才可得到母體更多資料，而母體若分散在廣大地區，這又增加旅費和管理。

3. 從 L 抽出 ℓ 可用簡單任意抽樣（校），抽出校內的班級時，要假設班級數相同（$\overline{M}_i$），從班級抽出學生要假設一班級學生數相同（$\overline{N}_{ij}$），從 $\overline{N}_{ij}$ 抽出的人數（$\overline{n}_{ij}$）的合計，可以簡單推出母體總數。

4. 估計母體總數（$\hat{y}$）的變異數（$\sigma_{\hat{y}}^2$）估計值（$\hat{\sigma}_{\hat{y}}^2$），先計算：$\hat{y}_{ij}$、$\overline{y}_i$、$\hat{y}_i$、$\hat{\overline{y}}$、$\overline{\overline{y}}_{ij}$，求 s_b^2、s_i^2、s_{ij}^2，而後設 L、ℓ、$\overline{M}_i$、$\overline{m}$、$\overline{N}_{ij}$、$\overline{n}_{ij}$ 加上 s_b^2、s_i^2、s_{ij}^2 代入計算式 13.3。

5. 如果校（psu）間變異大，班級（ssu）及班級人數（tsu）間變異小，就多抽校（psu），少抽班級（ssu）及班級人數（tsu）。如果調查費用校（psu）比班級（ssu）大，就多抽班級（ssu）。如果調查費三者相同或都不大，就多抽校（psu），少抽班級（ssu）。這是三段集團樣本分配原則。

八、分層集團抽樣摘要

1. 分層集團抽樣是合併分層抽樣及集團抽樣的兩特性，分層時層內有集團，例如：分三個學校（L = 3），每一個學校有 3 個集團（班）

（$M_h = 3$）（psu），每個集團（班）都要抽出一個（$m_h = 1$），從抽出的 m_h 中的人數 n_h（ssu）中抽人數（例如：$\bar{n}_h = 4$），再從中抽出 $n = 2$ 人（tsu）。爲了提高精確度，在設計集團（班）時，要使集團內（班）成相似性（例如：男的一組，女的一班），則集團間成相異性，如此可少抽集團就有母體代表性。而集團間差異大，變異數小，精確度高。

2. 分層集團抽樣之優點：

   (1) 只準備 psu 工作底冊，憑這底冊抽出 ssu。

   (2) 比簡單任意抽樣，可節省調查費用及管理費。

   (3) 抽樣設計具有彈性。

   (4) 利用 pps 抽樣及簡單任意抽樣，使每個觀察值被抽出機率都相同。

   (5) 分層集團抽樣變異數比簡單任意抽樣變異數小。

   (6) 層間差異越大時，分層集團抽樣效率越高（即層內集團要設計成相似性）。

3. 只要計算出樣本大小的合計數，可很簡單計算估計母體總數（$\hat{y}$）：式 13.1 或式 13.2。要計算估計母體總數的變異數估計值（$\hat{\sigma}_{\hat{y}}^2$）：式 13.3，如果假設 $L = \ell$，$\bar{m}_h = \bar{m}$，$\bar{n}_{hi} = \bar{n}$，$m_h \ll M_h$ 時，計算估計母體總數的變異數估計值可很簡單算出。

4. 樣本分配：抽多少 m_h 或多少 n_h 的分配原則

   (1) 當 psu（m_h）的內部差異大時，可少抽 psu。

   (2) 當抽 psu（m_h）的費用比 ssu（n_h）大時，多抽 ssu（n_h）。

   (3) 當抽 ssu（n_h）費用很大時，就少抽 psu（m_h）。

   (4) 當 ssu（n_h）人數較多時，就少抽 psu（m_h）。

5. 分層集團抽樣的變異數（σ_{st}^2）小於簡單集團抽樣（σ_{ran}^2），當層與層間變異很大時，最好採用分層集團抽樣。

第三篇摘要

附錄一

本書重點彙總

1. 樣本大小（n）決定後，進行抽樣，抽樣同時進行調查訪問，調查訪問要靠調查表（或訪問表、問卷、態度量表……）。調查表應比決定樣本大小和抽樣早，請問：(1) 設計調查表的程序有哪些？(2) 調查表包括哪些重點？

   (1) 設計調查表沒有標準程序，但不外乎下列所列：

   ①要收集什麼資訊？②決定問卷是開放式或封閉式？③決定哪些問題？④問題用語淺顯易懂；⑤安排問題先後順序（編號）；⑥決定問題版面布局；⑦預試；⑧修訂及定稿。

   (2) 調查表重點包括如下：

   ①確認身分；②合作要求：說明研究單位、研究目的、需要受訪時間；③指令：說明如何填答調查表；④調查表重要部分：收集資料的問題。

2. 設計調查表時就要注意到所收集資料如何利用統計分析，以收到想要的資訊。對調查表內題目加以衡量的單位叫尺度（measurement），用什麼尺度有一定的統計分析方法，請說明：(1) 尺度幾種？舉例各種尺度用什麼統計分析方法？

   (1) 調查表尺度一般有四種：

   ① 名目尺度：例如：在 A、B、C、D、E 五人中，對最喜歡的人打 √。名目尺度不能衡量態度，加、減、乘、除都沒意義。例如：想知道男性與女性的人數看法是否相同，採用 χ^2 分析。

   ② 順序尺度：例如：請在 A、B、C、D、E 五人中，對你喜歡的人排出序號。順序尺度只能衡量順序，不能衡量等級間距離大小。例如：想知道男性與女性對排列順序看法是否相同，採用

抽樣理論之應用

符號檢定或等級相關檢定。

③ 區間尺度：指順序尺度 A、B、C、D、E 五人間距離相等，區間尺度沒有一個絕對零點起算（溫度表就是區間尺度），如五人中排出喜歡順序。例如：想知道男性與女性對排列順序看法是否相同，採用 F-test 或等級相關分析、多元尺度法、區別分析。

④ 比率尺度：與區間尺度一樣，區間距離相等，但具有一個絕對零點起算（長度、重量、銷售額、所得就是比率尺度）。如把 100 分分配給 A、B、C、D、E 五人，標上所給分數。例如：想知道男性與女性對分數看法是否相同，採用分析法同區間尺度用之分析。

※ 有關統計分析方法，請參考統計學書籍。

3. 調查表設計後，要注意能否測出想要問題之特性，這是效度（validity）；各別受訪者回答題目的變異程度大小，這是信度（reliability）；為了說明調查表具有效度與信度，收集資料前，對調查表應進行什麼分析？

(1) 說明所出題目有鑑別力：採用項目分析，依決斷值（CR 值）判斷。

(2) 說明所出題目效度良好：採用因素分析，依因素負荷排序取捨。

(3) 說明所出題目具有信度：採用 Cronbach's α 分析，或皮爾森積差相關分析。

4. 社會行為調查使用量表（scale 或 measurement），請問量表有幾種？
有四種。

(1) 評分量表（rating）

　① 要受訪者打勾

屬性	很重要	不重要
外表		
價格		
：		
：		

　② 1 最重要，後面遞減

屬性	1	2	3	4	5	6	7
外表							
價格							
：							
：							

　③ 請受訪者把 100 分分配給下列項目

```
A 品牌：_____ 分
B 品牌：_____ 分
C 品牌：_____ 分
D 品牌：_____ 分
合　計　　　　　100 分
```

(2) 對比法（paired comparison）

100 人對 A、B、C 三店服務態度意見，A/B = 70，指 70 人認為 A
好，B/A = 30，指 30 人認為 B 好。

① 項目對比

	A	B	C
A	-	70	10
B	30	-	25
C	90	75	-

② 項目化成 %

	A	B	C
A	0.5	0.7	0.1
B	0.3	0.5	0.25
C	0.9	0.75	0.5

註：自己比自己以 0.5 計

③ 以②查常態分配表，Z = 0.5 時，rcf = 0；Z = 0.7 時，rcf = 0.525……

	A	B	C
A	0	0.525	-1.284
B	-5.25	0	-0.6.34
C	1.281	0.074	0
合計	0.756	1.199	-1.955
平均數	0.252	0.3992	-0.6517

註：最小 C 變爲 0（加上 0.6517），A 與 B 的平均數 0.252 及 0.3992 都加上 0.6517 成爲 0.9037 及 1.0509，就可看出以 C 爲 0 的 A 與 B 比 C 大多少。

④ 以圖表示被評優劣程度

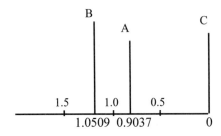

(3) 語意差異法（semantic differential method）

例如：有 A、B 兩品牌，要受訪者在自己認爲對的地方打勾，而後繪成圖。

① A 品牌

| 親切的 | 1 | 2 | 3 | 4 | 5 | 6 | 7 | 不親切 |
| 可靠的 | 1 | 2 | 3 | 4 | 5 | 6 | 7 | 不可靠 |

② B 品牌

| 親切的 | 1 | 2 | 3 | 4 | 5 | 6 | 7 | 不親切 |
| 可靠的 | 1 | 2 | 3 | 4 | 5 | 6 | 7 | 不可靠 |

③ 品牌形象圖：以實線表示 A 品牌，虛線表示 B 品牌，將表中各項目作連結，就可看出 A 品牌與 B 品牌之差別。

B 品牌

| 親切的 | 1 | 2 | 3 | 4 | 5 | 6 | 7 | 不親切 |
| 可靠的 | 1 | 2 | 3 | 4 | 5 | 6 | 7 | 不可靠 |

A 品牌

(4) 史德培尺度（Stapel scale）

同語意差異法，只是把其中親切的、1、2、3、4、5、6、7、不親切的，改爲由上而下排列 +5、+4、+3、+2、+1、-1、-2、-3、-4、-5，亦可畫出不同的品牌形象圖。

(5) 索斯洞尺度（Thurstone scale）

因建立索斯洞尺度不只費時又困難，所以很少被使用。

(6) 李克特尺度（Likert scale）

項目	非常同意 1	同意 2	不確定 3	不同意 4	非常不同意 5
外表	☐	☐	☐	☐	☐
價格	☐	☐	☐	☐	☐
⋮			⋮		
⋮			⋮		

註：有 5 點量表、7 點量表、9 點量表，都是單數。

5. 無法取得數字資料進行研究是質性研究，若採用質性研究，請問：(1) 研究類型主要有哪幾類？(2) 研究設計主要包括什麼？(3) 研究結果如何？(4) 如何說服他人？

質性研究重點應說明清楚：

(1) 屬於哪一類型研究

　① 紮根理論：研究者進入情境，收集與分析大量資料，歸納出理論或解決問題的方法。

　② 民族誌：研究者進入情境三年以內，探索對象的行為意識。

　③ 現象學：整理自己生命中之生活經驗、意圖。

　④ 個案研究：針對各別問題探索。

　⑤ 敘說分析：對問題清楚分章節說明一貫性。

(2) 研究設計內容

　① 說明研究類型、地點、場所、時間、研究者角色、立場。

　② 說明資料收集

　　A. 訪談法：a. 親自訪談（田野觀察法）；b. 團體訪談法；c. 深度訪談法。訪談法要說明訪談問題是結構性、半結構性或非結構性。

B. 資料有：記錄稿、相片、日記、錄音、問卷、逐字稿。

C. 說明如何分類資料：標號、編碼、歸納、演繹。

(3) 研究結果

① 可信度多少？（能讓人相信否？）

② 可應用性多少？（若遷移到其他相同情境，可使用否？）

③ 結果或發現是真實、偏見或捏造？（可信性為何？）

(4) 說服他人

① 題目重要性如何？

② 研究目的清楚否？

③ 情境：人、事、時、地、物是否混亂？

④ 提供對照文獻比較。

⑤ 利用三角交叉對照。

⑥ 研究結論是否回答研究目的？

6. 抽樣方式有三種，一是抽出又放回，二是抽出不放回，三是抽出不放回又不考慮次序。如果母體為 1、2、3，從中抽 2 個，請問所有可能樣本各有幾組？

(1) 抽出又放回

$N^n = 3^2 = 9$ 組

(2) 抽出不放回

$$_NP_n = N(n-1) = \frac{N!}{(N-n)!} = \frac{3 \times 2 \times 1}{(3-2)!} = 6$$

(3) 抽出不放回又不考慮次序

$$_NC_n = \frac{N!}{n!(N-n)!} = \frac{3 \times 2 \times 1}{2 \times 1 \times (3-2)} = 3$$

7. (A) 母體平均數 μ，變異數 σ^2，以 $n-1$ 為分母變異數 S^2。

(B) 所有可能樣本組的平均數 $\bar{\bar{y}}$，變異數 $\sigma_{\bar{y}}^2$，以 $n-1$ 為變異數 $S_{\bar{y}}^2$。

當 (B) 是抽出又放回時，與 (A) 的關係是：$\sigma_{\bar{y}}^2 = \frac{\sigma^2}{n}$，$\sigma_{\bar{y}}^2 = \frac{N-n}{n-1} \cdot \frac{S^2}{n}$

當 (B) 是抽出不放回時，與 (A) 的關係是：$\sigma_{\bar{y}}^2 = \dfrac{N-n}{n-1} \cdot \dfrac{\sigma^2}{n}$，

$$\sigma_{\bar{y}}^2 = \dfrac{N-n}{n-1} \cdot \dfrac{S^2}{n}$$

請問：(1) 變異數有限母體校正數（fpc）指什麼？(2) 抽樣比率指什麼？

　　　(3) 抽樣比率與 fpc 有什麼關係？

(1) $\dfrac{N-n}{n-1}$ 及 $\dfrac{N-n}{N}$ 稱為 fpc。

(2) $\dfrac{N-n}{N} = 1 - \dfrac{n}{N}$，$\dfrac{n}{N}$ 稱抽樣比率。

(3) 當 $\dfrac{n}{N} \leq 5\%$ 時，fpc 可以省略不計（即 fpc = 1）。

8. 常態曲線經過 $Z = \dfrac{y-\mu}{\sigma}$ 轉換標準常態曲線。

請問：(1) $Z = \dfrac{y-\mu}{\sigma}$ 為什麼是決定樣本大小 n 的基礎式？(2) 什麼是抽樣的精確度？

(1) $Z = \dfrac{y-\mu}{\sigma}$

　　把一組樣本的平均數及標準差 $\sigma_{\bar{y}}$ 代替的 y 及 σ。

　　則 $Z = \dfrac{\bar{y}-\mu}{\sigma_{\bar{y}}}$，因為 $\sigma_{\bar{y}}^2 = \dfrac{\sigma^2}{n}$，$\sigma_{\bar{y}} = \sqrt{\dfrac{\sigma^2}{n}}$，

　　$\therefore Z = \dfrac{\bar{y}-\mu}{\sqrt{\dfrac{\sigma^2}{n}}}$

　　$\bar{y}-\mu$ 是樣本組平均數減母體平均數，就是抽樣誤差，以 d 表示，

　　則 $Z = \dfrac{d}{\sqrt{\dfrac{\sigma^2}{n}}} = \dfrac{d}{\dfrac{\sigma}{\sqrt{n}}}$，$d = Z \times \sqrt{\dfrac{\sigma^2}{n}}$

　　由此求出 $n = \left(\dfrac{Z\sigma}{d}\right)^2$

(2) $Z = \dfrac{y-\mu}{\sigma}$ 寫成 $y-\mu = Z \times \sigma$，$y-\mu$ 是精確度或抽樣誤差，Z 是可信性，σ 是標準差。

二、決定樣本大小（N）之重點說明

1. 設定：(1) Z 值；(2) 絕對誤差 ±d；(3) 樣本變異數 s^2【註：(3) 可借用次級資料，或抽一組小樣本 n>30。y：觀察值，$\bar{y}$：樣本平均數，$s^2 = \dfrac{\Sigma(y-\bar{y})^2}{n}$，看看 n = 30、40、50 時之 s^2 是否趨於穩定（到穩定爲止）。因 n > 30 時，變異數誤差很小，而且 n 很大時，t 分配趨近於常態分配。簡化計算 $= \dfrac{1}{n}\sqrt{n\Sigma y^2 - (\Sigma y)^2}$】。

   決定樣本大小（n），採用 $n = \left(\dfrac{Z \times s}{d}\right)^2$　抽出又放回　　　　　　式 (1)

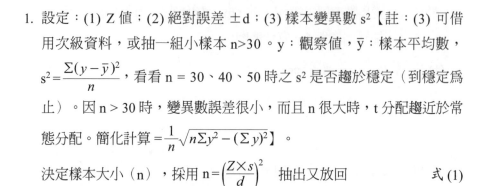

   例子　想估計今年生產牛隻每頭平均重量，要抽出樣本大小多少，才能對母體平均數的誤差在 5 公斤之內？研究者採用 Z = 3（有 99.74% 信心，相信所抽出的觀察值犯了第一型錯誤只有 0.26% 風險），抽出臨時樣本 40 頭、50 頭、60 頭，計算其變異數，發現已穩定在 600。

   答：

   已知：$s^2 = 600$，d = ±5，Z = 3

   代入式 (1)：$n = \left(\dfrac{Z \times s}{d}\right)^2 = \left(\dfrac{3^2 \times 600}{5^2}\right) = 216$ 頭

2. 設定：(1) Z 值；(2) 絕對誤差 ±d；(3) 樣本變異數 s^2；(4) 已知母體總觀察值數目 N。

   決定樣本大小（n），採用 $n_0 = \dfrac{N(Zs)^2}{Nd^2 + (Zs)^2}$　抽出不放回　　　　式 (2)

   註：式 (1) 之 n 大於式 (2) 之 n（抽出又放回之 n 大於抽出不放回）

   式 (1) 與式 (2) 可互換：$n_0 = \dfrac{n}{1+\dfrac{n}{N}}$　　　　　　　　　　式 (3)

> 例子 如果上例，已知某牧場今年飼養牛隻共 2,000 頭，同樣的 Z = 3，d = ±5 公斤，s^2 = 600，要抽出樣本大小多少才能符合所設的假設條件？
>
> 答：
>
> 已知：Z = 3，d = ±5，s^2 = 600，N = 2,000
>
> 代入式 (2)：$n_0 = \dfrac{N(Zs)^2}{Nd^2+(Zs)^2} = \dfrac{2,000 \times 3^2 \times 600}{2,000 \times 5^2 + 3^2 \times 600} = 195$ 頭

> 例子 請以216頭牛經式(3)換算成抽出不放回方式，樣本大小為多少？
>
> 答：
>
> 已知：Z = 3，d = ±5，s^2 = 600，N = 2,000
>
> 代入式 (3)：$n_0 = \dfrac{216}{1 + \dfrac{216}{2,000}} = 195$ 頭

3. 設定：(1)Z 值；(2) 絕對誤差 ±d（單位）；(3) 樣本變異數 s^2；(4) 已知母體 N。

估計母體總數，採用：$n = \dfrac{N^2(Zs)^2}{d^2}$　　抽出又放回　　　　　　式 (4)

　　　　或 $n_0 = \dfrac{N^2(Zs)^2}{d^2+N(Zs)^2}$　　抽出不放回　　　　　　式 (5)

註：估計母體總數應算出：

(1) 估計母體總數：$\hat{Y} = N \times \bar{y}$（$\bar{y}$ 是樣本平均數）　　　　式 (6)

(2) 估計母體變異數：$\hat{\sigma}^2 = N^2 \dfrac{s^2}{n}$　　抽出又放回　　　　式 (7)

　　　　　　　　　 $= N^2 \dfrac{s^2}{n} \cdot \dfrac{N-n}{N}$　　抽出不放回　　　式 (8)

(3) 估計母體標準差：$\hat{\sigma} = \sqrt{\hat{\sigma}^2}$　　　　　　　　　　　　式 (9)

(4) 估計母體信賴區間：$(\bar{Y} - Z\hat{\sigma}) < \hat{Y} < (\bar{Y} + Z\hat{\sigma})$　　　　式 (10)

例子 某校學生 2,000 人，想調查每天牛乳消費量，研究者採用 Z = 3，希望研究結論的全校牛乳消費總數對母體的牛乳消費總數之誤差在 ±100 公斤之內，應抽出樣本大小多少？並借助去年資料變異數爲 $s^2 = 0.09$。

答：

已知 N = 2,000，Z = 3，d = ±100，$s = \sqrt{0.09} = 0.3$

代入式 (4)：$n = \dfrac{N^2(Zs)^2}{d^2} = \dfrac{2000^2(3 \times 0.3)^2}{100^2} = 324$ 人

代入式 (5)：$n_0 = \dfrac{N^2(Zs)^2}{d^2 + N(Zs)^2} = \dfrac{2,000^2(3 \times 0.3)^2}{100^2 + 2,000(3 \times 0.3)^2} = 279$ 人

例子 某校有學生 1,000 人，抽取樣本 n = 50 人，平均擁有書本 12 冊，變異數爲 10。研究者採用 Z = 1.96 及抽出又放回方式取樣，請問：(1) 估計母體總數多少冊？(2) 估計母體變異數多少？(3) 估計母體標準差多少？(4) 估計母體信賴區間多少？

答：

(1) 已知：$\bar{y} = 12$，N = 1,000，代入式 (6) 估計母體總數：$\hat{Y} = N \times \bar{y} = 1,000 \times 12 = 12,000$（本）

(2) 及 (3) 已知：$s^2 = 10$，n = 50，N = 1,000

代入式 (7)：估計母體變異數：$\hat{\sigma}^2 = N^2 \dfrac{s^2}{n} = 1,000^2 \times \dfrac{10}{50} = 200,000$ 冊

代入式 (9)：估計母體標準差：$\hat{\sigma} = \sqrt{\hat{\sigma}^2} = \sqrt{200,000} = 447$

(4) 已知：$\hat{Y} = 12,000$，Z = 1.96，$\hat{\sigma} = 447$

代入式 (10) 信賴區間：$(\hat{y} - Z\hat{\sigma}) < \hat{Y} < (\hat{y} + Z\hat{\sigma})$

$(12,000 - 1.96 \times 447) < \hat{Y} < (12,000 + 1.96 \times 447)$

$11,124 < \hat{Y} < 12,876$

---

4. 設定：(1) Z 值；(2) 相對誤差 ±d_0（%）；(3) 借用次級資料；(4) 求出一組樣本平均數（$\bar{y}$）。

抽樣理論之應用

決定樣本大小（n），採用 $n=\left(\dfrac{Z\sigma}{d_0\,\overline{y}}\right)^2$ 　　　　　　　　　　　式 (11)

例子 研究者利用去年資料，標準差 = 25，今年抽出一組臨時樣本計算平均數為 30 公斤／隻，研究者採用 Z = 1.96（有 95% 信心，相信所抽出觀察值冒了 5% 風險，犯了第 I 型錯誤），希望所得的平均數對母體平均數誤差在 ±5% 之內，應抽出樣本大小多少？

答：

已知：Z = 1.96，d_0 = ±5%，σ = 25，$\overline{y}$ = 30

代入式 (11)：$n=\left(\dfrac{1.96\times25}{0.05\times30}\right)^2=1{,}067$ 隻

---

5. 設定：(1) Z 值；(2) 相對誤差 ±d_0（%）；(3) 求出一組樣本之變異數 s^2（參考 1）及平均數（$\overline{y}$），得樣本的離差係數 $\hat{c}=s/\overline{y}$。

估計母體總數，採用 $n=\left(\dfrac{Z\hat{c}}{d_0}\right)^2$ 　抽出又放回 　　　　　式 (12)

或 $n_0=\dfrac{N(Z\hat{c})^2}{Nd_0{}^2+(Z\hat{c})^2}$ 　抽出不放回 　　　　　式 (13)

註：估計母體總數應算出：

(1) 估計母體總數：$\hat{Y}=N\times\overline{y}$ 　　　　　　　　　　　　式 (14)

(2) 估計母體變異數：$\hat{\sigma}^2=N^2\,\dfrac{s^2}{n}$ 　抽出又放回 　　　　式 (15)

$\qquad\qquad\qquad =N^2\,\dfrac{s^2}{n}\cdot\dfrac{N-n}{N}$ 　抽出不放回 　式 (16)

(3) 估計母體標準差：$\hat{\sigma}=\sqrt{\hat{\sigma}^2}$ 　　　　　　　　　　式 (17)

(4) 估計信賴區間：$\left(\hat{Y}-Z\,\dfrac{s}{\sqrt{n}}\cdot\dfrac{N-n}{N}\right)<\mu<\left(\hat{Y}+Z\,\dfrac{s}{\sqrt{n}}\cdot\dfrac{N-n}{N}\right)$ 　式 (18)

例子 想知道有 2,000 人的學校，一天喝掉多少瓶礦泉水？先調查一組樣本平均數為 0.9 瓶，研究者估計母體離差係數為 1/3，希望採抽出不放

回抽樣，結果對實際全校消費瓶數的誤差在 ±5% 之內，請問：(1) 要抽出樣本大小爲多少？(2) 估計該校一天要消費多少瓶？(3) 估計母體變異數爲多少？(4)估計母體標準差爲多少？(5)估計研究的信賴區間爲多少？

(1) 已知：$N = 2,000$，$Z = 3$，$\hat{c} = \dfrac{1}{3}$，$d_0 = \pm 0.05$

代入式 (13)：$n_0 = \dfrac{2,000 \times \left(3 \times \dfrac{1}{3}\right)^2}{2,000 \times 0.05^2 + \left(3 \times \dfrac{1}{3}\right)^2} = 333$ 瓶

(2) 已知：$N = 2,000$，$\bar{y} = 0.9$

代入式 (14)：$\hat{Y} = 2,000 \times 0.9 = 1,800$ 瓶 / 天

(3) 已知：$N = 2,000$，$s = 0.3$，$n = 333$

代入式 (16)：$\hat{\sigma}^2 = (2,000)^2 \times \dfrac{(0.3)^2}{333} \times \dfrac{2,000 - 333}{2,000} = 902$ 瓶

(4) 把代入式 (17)：$\hat{\sigma} = \sqrt{\hat{\sigma}^2} = \sqrt{902} \doteqdot 30.03$

(5) 信賴區間，已知：$\hat{Y} = 1,800$，$Z = 3$，$s = 0.3$，$n = 333$

代入式 (18)：

$$\left(1,800 - 3 \times \dfrac{0.3}{\sqrt{333}} \cdot \dfrac{2,000 - 333}{2,000}\right) < \mu < \left(1,800 + 3 \times \dfrac{0.3}{\sqrt{333}} \cdot \dfrac{2,000 - 333}{2,000}\right)$$

$$1,709.67 < \mu < 1,890.33 \text{ 公升（瓶／天）}$$

6. 設定：(1) Z 值；(2) 相對誤差 $\pm d_0$（%）；(3)p = q = 50%（成功失敗各半）

以樣本比例決定樣本大小，採用 $n = \dfrac{Z^2 pq}{d_0^2}$ 抽出又放回　　　　式 (19)

$$n = \dfrac{NZ^2 pq}{d_0^2 + Z^2 pq} \text{ 抽出不放回} \qquad \text{式 (20)}$$

估計母體變異數：$\hat{\sigma}_p^2 = \dfrac{pq}{n-1}$ 抽出又放回　　　　式 (21)

$$= \dfrac{pq}{n-1} \cdot \dfrac{N-n}{N} \text{ 抽出不放回} \qquad \text{式 (22)}$$

估計母體標準差：$S_p = \sqrt{\hat{\sigma}_p^2}$　　　　　　　　　式 (23)

估計信賴區間：$(p - Z \cdot S_p) < P < (p + Z \cdot S_p)$　　　式 (24)

抽樣理論之應用

（例子）母體比例的樣本常用在對事贊成比例、品牌在市場上佔有率、零件損壞比例之研究，研究者設計 Z = 1.96，相對誤差 ±3%，即研究者有 95% 信心，相信所抽出的觀察犯了第 I 型錯誤，只有 5% 風險，採抽出又放回方式抽樣，請問：(1) 樣本大小為多少？(2) 估計母體變異數為多少？(3) 估計母體標準差為多少？(4) 估計母體信賴區間為多少？

答：

(1) 已知 Z = 1.96，$d_0 = \pm 3\%$

代入式 (19)：$n = \dfrac{Z^2 pq}{d_0^2} = \dfrac{1.96^2 \times 0.5 \times 0.5}{0.03^2} = 1,068$ 人

(2) 已知：n = 1068，設 p = q = 0.05

代入式 (21)：$\hat{\sigma}_p^2 = \dfrac{pq}{n-1} = \dfrac{0.5 \times 0.5}{1,068 - 1} = 0.0002$

(3) 把 (2) 代入式 (23)：$S_p = \sqrt{0.002} \doteqdot 0.015$

(4) 已知：p = 0.5，Z = 1.96，$S_p = 0.015$

代入式 (24)：$(p - Z \cdot S_p) < P < (p + Z \cdot S_p)$

$\qquad (0.5 - 1.96 \times 0.015) < P < (0.5 + 1.96 \times 0.015)$

$\qquad\qquad 0.47 < P < 0.53$

註：(1) $Z \cdot S_p$ 是誤差，此例 $1.96 \times 0.015 V = 0.03$，就是原題目所設之誤差。

(2) 如果知道母體總數 N，可用式 (20) 求樣本大小。估計母體變異數用式 (22)、標準差用式 (23)、信賴區間用式 (24)。

(3) 求信賴區間應注意寇克蘭原則（N 才能進行常態分配計算）

p = 0.5 時，n 至少要 30 個；

p = 0.4 或 0.6 時，n 至少要 50 個；

p = 0.3 或 0.7 時，n 至少要 80 個；

p = 0.2 或 0.8 時，n 至少要 200 個；

p = 0.1 或 0.9 時，n 至少要 600 個；

p = 0.05 或 0.95 時，n 至少要 1,400 個。

7. 分層任意抽樣決定樣本大小（n）

設定：(1) 母體觀察值總數 N；(2) 各層觀察值總數 N_h；(3) 各層樣本變異數 S_h^2；(4) 絕對誤差 $\pm d$（單位）；(5)Z 值；(6) 由 (4) 及 (5) 計算希望的變異數 $D_o = (d_o/Z_o)^2$；(7) 分層數目 L。

(1) 各層抽出相同樣本

樣本大小 $n = \dfrac{L\Sigma N_n^2 s_n^2}{N^2 D^2 + \Sigma N_h S_h^2}$

各層分配相本 $n_h = \dfrac{n}{L}$ 或 $\bar{n} = \dfrac{n}{L}$

估計母體變異數 $\hat{\sigma}_{(\bar{y}_{eq})}^2 = \dfrac{1}{N^2}\Sigma\dfrac{N_h^2 S_h^2}{n} - \dfrac{1}{N^2}\Sigma N_h S_h^2$

估計母體標準差 $S_{(\bar{y}_{eq})} = \sqrt{\hat{\sigma}_{(\bar{y}_{eq})}^2}$

(2) 比例分配

樣本大小（n）：$n = \dfrac{L\Sigma N_h S_h^2}{N^2 D^2 + \Sigma N_h S_h^2}$（各層抽出相同樣本）　式 (25-1)

$\qquad n = \dfrac{N\Sigma N_h S_h^2}{N^2 D^2 + \Sigma N_h S_h^2}$　式 (25-2)

各層分配樣本數：$n_h = \dfrac{N_h}{N}\times n$ 或 $n_h = \dfrac{n}{L}$　式 (26)

估計母體平均數（即各層銷售額平均數）：$\bar{y}_{st} = \dfrac{\Sigma y_{hi}}{n}$　式 (27)

估計母體變異數：$\hat{\sigma}_{\bar{y}_{prop}}^2 = \dfrac{1}{N^2}\Sigma\dfrac{(N_h - s_h)^2}{n} - \dfrac{1}{N^2}\cdot N_h s_h^2$　式 (28-1)

$\qquad$ 式中 $s_h^2 = \dfrac{1}{n_{h-1}}(y_{hi} - \bar{y}_n)^2$　式 (28-2)

估計母體標準差：$s_{\bar{y}_{st}} = \sqrt{\hat{\sigma}_{\bar{y}_{prop}}^2}$　式 (29)

(3) 最適分配

樣本大小（n）：$n = \dfrac{(\Sigma N_h S_h \sqrt{C_h})(\Sigma N_h S_h / \sqrt{C_h})}{N^2 D^2 + \Sigma N_h S_h^2}$　式 (30)

各層分配樣本數：$n_h = \dfrac{N_h S_h / \sqrt{C_h}}{\Sigma(N_h S_h / \sqrt{C_h})}\times n$　式 (31)

抽樣理論之應用

估計母體變異數：

$$\hat{\sigma}^2_{\bar{y}_{opt}} = \left(\frac{1}{N}\right)^2 \cdot \frac{1}{n} \Sigma \left(N_h S_h \sqrt{C_h}\right)\left(\Sigma \frac{N_h S_h}{\sqrt{C_h}}\right) - \left(\frac{1}{N}\right)^2 \Sigma N_h S_h^2 \qquad \text{式 (32)}$$

(4) 紐曼分配

樣本大小（n）：$n = \dfrac{(\Sigma N_h S_h)^2}{N^2 D^2 + \Sigma N_h S_h^2}$ \qquad 式 (33)

各層分配樣本數：$n_h = \dfrac{N_h S_h}{\Sigma N_h S_h} \times n$ \qquad 式 (34)

估計母體變異數：$\sigma^2_{\bar{y}_{ney}} = \dfrac{1}{N^2} \cdot \dfrac{\Sigma(N_h S_h)^2}{n} - \dfrac{1}{N^2} \Sigma N_h S_h^2$ \qquad 式 (35)

例子　下表資料為已知（分層任意抽樣），研究者設定 Z = 3，精確度 ±3 人，想知道各型旅館住客人數，請問：(1) 以比例分配算出樣本大小及各層分配數，估計母體變異數估計值；(2) 以最適分配及 (3) 紐曼分配計算樣本大小，估計母體變異數估計值。

層	N_h	各層標準差S_h	各層調查費用
I	600家	20	1（萬元）
II	300家	30	2（萬元）
III	100家	50	3（萬元）
	1,000家		

答：

為方便計算，先算出下表：

層	S_h^2	$N_h S_h$	$N_h S_h^2$	$N_h^2 S_h^2$	$\sqrt{C_h}$	$N_h S_h\sqrt{C_h}$	$N_h S_h/\sqrt{C_h}$
I	400	12,000	240,000	144,000,000	1	12,000	12,000
II	900	9,000	270,000	81,000,000	1.414	12,726	6,365
III	2,500	5,000	250,000	25,000,000	1.732	8,660	2,887
		26,000	760,000	250,000,000		33,386	21,252

(1) 比例分配

已知：N = 1,000，$D^2 = \dfrac{d_0}{Z} = \dfrac{3}{3} = 1$，$\Sigma N_h S_h^2 = 760,000$

代入式 (25-2)：$n = \dfrac{N\Sigma N_h S_h^2}{N^2 D^2 + \Sigma N_h S_h^2} = \dfrac{1,000(760,000)}{(1,000)^2(1)^2 + 760,000} = 432$人

代入式 (26)：$n_1 = (600/1,000) \times 432 \doteq 259$ 人

$\quad\quad n_2 = (300/1,000) \times 432 \doteq 130$ 人

$\quad\quad n_3 = (100/1,000) \times 432 = 43$ 人

已知：N = 1,000，$D^2 = \dfrac{d_0}{Z} = \dfrac{3}{3} = 1$，$\Sigma N_h S_h^2 = 760,00$

代入式 (28-2)：$\hat{\sigma}_{\bar{y}_{prop}}^2 = \dfrac{1}{1,000}\left(\dfrac{760,000}{432} - \dfrac{760,000}{1,000}\right) = 1.76 - 0.76 = 1$

(2) 最適分配

已知：$N^2 = (1,000)^2 = 1,000,000$，$D^2 = 1$，$\Sigma N_h S_h^2 = 760,00$

$\quad\quad \Sigma N_h S_h \sqrt{C_h} = 33,386$，$\Sigma N_h S_h / \sqrt{C_h} = 21,252$

① 代入式 (30)：$n = \dfrac{(33,386)(21,252)}{1,000,000 + 760,000} \doteq 403$

② 已知 n = 403，$N_h S_h \sqrt{C_h}$—第一層 12,000，第二層 6,365，第三層 2,887，$\Sigma N_h S_h / \sqrt{C_h} = 21,252$

代入式 (31)：$n_1 = (12,000/21,252) \times 403 = 228$ 人

$\quad\quad n_2 = (6,365/21,252) \times 403 = 121$ 人

$\quad\quad n_3 = (2,887/21,252) \times 403 = 55$ 人

已知：N = 1,000，n = 403，$\Sigma N_h S_h \sqrt{C_h} = 33,390$

$\quad\quad \Sigma N_h S_h / \sqrt{C_h} = 21,250$，$\Sigma N_h S_h^2 = 760,000$

代入式 (32)：

$$\hat{\sigma}_{\bar{y}_{opt}}^2 = \left(\dfrac{1}{1,000}\right)^2 \cdot \left(\dfrac{1}{403}\right)(33,390)(21,250) - \left(\dfrac{1}{1,000}\right)^2(760,000)$$

$$= 1.76 - 0.76 = 1$$

(3) 紐曼分配

① 已知：N = 1,000，$\Sigma N_h S_h = 26,000$，$D^2 = 1$，$\Sigma N_h S_h^2 = 760,000$

代入式 (33)：$n = \dfrac{(26,000)^2}{(1,000)^2(1)^2 + 760,000} = 384$

② 已知：$n = 384$，$N_h S_h$—第一層 12,000，第二層 9,000，第三層 5,000，$\Sigma N_h S_h = 26,000$

代入式 (34)：$n_1 = (12,000/26,000) \times 384 = 177$ 人

$\qquad\qquad\qquad n_2 = (9,000/26,000) \times 384 = 133$ 人

$\qquad\qquad\qquad n_3 = (5,000/26,000) \times 384 = 73$ 人

③ 已知：$N = 1,000$，$n = 384$，$\Sigma N_h S_h = 26,000$，$\Sigma N_h S_h^2 = 760,00$

代入式 (35)：$\hat{\sigma}^2_{\bar{y}_{ney}} = \dfrac{1}{(1,000)^2} \cdot \left[\dfrac{(26,000)^2}{384} - 760,000 \right] = 1.004$

例子 請說明分層任意抽樣之比例分配、最適分配及紐曼分配之關係。

答：

(1) 比例分配不需知道各層的變異數，不需知道各層的調查費用，從樣本可獲得樣本平均數（$\bar{y}$）。比例分配變異數（$\sigma^2_{\bar{y}_{prop}}$）與簡單任意抽樣變異數（$\sigma^2_{\bar{y}_{ran}}$）之關係為：$\sigma^2_{\bar{y}_{ran}} = \sigma^2_{\bar{y}_{prop}} + \dfrac{1}{n}\sigma^2_b$（$\sigma^2_b$ 是層間變異數）。這式說明 $\sigma^2_{\bar{y}_{prop}}$ 比 $\sigma^2_{\bar{y}_{ran}}$ 還小，比簡單任意抽樣更精確。

(2) 如果樣本大小 $n = 100$，以比例分配 $n_h = \dfrac{N_h}{N} \times n$，$n_1 = 16$，$n_2 = 32$，$n_3 = 52$，以最適分配 $n_h = \dfrac{N_h S_h / \sqrt{C_h}}{\Sigma (N_h S_h) / \sqrt{C_h}} \times n$，$n_1 = 16$，$n_2 = 32$，$n_3 = 52$，兩者各層分配數相同。

(3) 最適分配各層調查費用不同，紐曼分配各層調查費用相同，但兩者平均數相同，變異數不同，標準差也不同，最適分配的標準差大於紐曼分配，即紐曼分配較精確。

(4) 比例分配的變異數（$\sigma^2_{\bar{y}_{prop}}$）大於紐曼分配的變異數（$\sigma^2_{\bar{y}_{ney}}$），當層間數量差異很大，各層間變異數的差異也很大時，用紐曼分配能增加效率。如果層間差異不大時，兩者效率不相上下。

8. 比例分層任意抽樣

估計母體成功者比例：$\hat{p} = \dfrac{p_{st}}{N} = \dfrac{\Sigma N_h p_h}{N}$ 式 (36)

母體比例變異數估計值：$\hat{\sigma}_{p_{st}}^2 = \dfrac{1}{N^2} \Sigma N_h (N_h - n_h) \dfrac{1}{n_h} \cdot p_h q_h$ 式 (37)

母體比例標準差：$S_{p_{st}} = \sqrt{\hat{\sigma}_{p_{st}}^2}$ 式 (38)

樣本大小決定：

(1) 比例分配

 樣本大小：$n = \dfrac{N \Sigma N_h p_h q_h}{N^2 D^2 + \Sigma N_h p_h q_h}$（fpc $\neq$ 1）   式 (39)

    $n = \dfrac{N \Sigma N_h p_h q_h}{N^2 D^2}$（fpc=1）   式 (40)

 各層分配：$n_h = \dfrac{N_h}{N} \times n$ 式 (41)

(2) 最適分配

 樣本大小：$n = \dfrac{(\Sigma N_h \sqrt{p_h q_h C_h})(\Sigma N_h \sqrt{p_h q_h / C_h})}{N^2 D^2 + \Sigma N_h p_h q_h}$（fpc $\neq$ 1）   式 (42)

    $n = \dfrac{(\Sigma N_h \sqrt{p_h q_h C_h})(\Sigma N_h \sqrt{p_h q_h / C_h})}{N^2 D^2}$（fpc=1）   式 (43)

 各層分配：$n_h = \dfrac{N_h \sqrt{p_h q_h} / \sqrt{C_h}}{\Sigma (N_h \sqrt{p_h q_h} / \sqrt{C_h})} \times n$ 式 (44)

(3) 紐曼分配

 樣本大小：$n = \dfrac{(\Sigma N_h \sqrt{p_h q_h})^2}{N^2 D^2 + \Sigma N_h p_h q_h}$ 式 (45)

 各層分配：$n_h = \dfrac{N_h \sqrt{p_h q_h}}{\Sigma (N_h \sqrt{p_h q_h})} \times n$ 式 (46)

例子 下列資料是已知母體分四層與各層人數，從各層人數抽出 25%，調查支持某政策比例，請問：(1) 母體支持者比例多少？(2) 母體支持者變異數估計值多少？(3) 母體支持標準差多少？

層次	各層人數 N_h	抽出25% n_h	樣本支持者比例 p_h	計算整理資料				
				$N_h p_h$	$N_h - n_h$	$p_h q_h$	$N_h (N_h - n_h)$	$N_h(N_h - n_h) \cdot \frac{1}{n_h} p_h q_h$
1	200	50	0.1	20	150	$0.1 \times 0.9 = 0.09$	30,000	54.0
2	160	40	0.3	48	120	$0.3 \times 0.7 = 0.21$	19,200	100.8
3	120	30	0.4	48	90	$0.4 \times 0.6 = 0.24$	10,800	86.4
4	120	30	0.7	84	90	$0.7 \times 0.3 = 0.21$	10,800	75.6
	600	150		200			70,800	316.8

答：

(1) 已知 $\Sigma \dfrac{\Sigma N_h P_h}{N} N_h p_h = 200$，$N = 600$

代入式 (36)：$\hat{p} = \dfrac{\Sigma N_h P_h}{N} = \dfrac{200}{600} = \dfrac{1}{3}$　母體支持者比例

(2) 已知 $N = 600$，$\Sigma N_h(N_h - n_h) \cdot \dfrac{1}{n_h} p_h q_h = 316.8$

代入式 (37)：$\hat{\sigma}_{p_{st}}^2 = \dfrac{1}{(600)^2} \times 316.8 = 0.00088$　母體支持者比例之變異數估計值

(3) 已知：$\hat{\sigma}_{p_{st}}^2 = 0.00088$

代入式 (38)：$S_{p_{st}} = \sqrt{0.00088} \doteqdot 0.0297$　母體支持者比例之標準差估計值

例子　承上例，抽樣比率為 25%，設 Z = 3，精確度在 P = ±3% 內，以 (1) 比例分配；(2) 紐曼分配，應抽出樣本大小多少才符合條件？各層如何分配？

答：

(1) 比例分配：由抽樣比率 25%，得知採用式（39）。

已知：$N = 600$，$P = 0.03$，$Z = 3$，$D = \dfrac{P}{Z} = \dfrac{0.03}{3} = 0.01$，

$\Sigma N_h p_h q_h = 105.6$

代入式 (39)：$n = \dfrac{600 \times 105.6}{(600)^2(0.01)^2 + 105.6} = 448$ 人

樣本分配代入式（41）。

已知：$N = 508$，$N_1 = 200$，$N_2 = 160$，$N_3 = 120$，$N_4 = 120$

代入式 (41)：$n_1 = \dfrac{200}{600} \times 448 = 150$ 人

$n_2 = \dfrac{160}{600} \times 448 = 120$ 人

$n_3 = \dfrac{120}{600} \times 448 = 90$ 人

$n_4 = \dfrac{120}{600} \times 448 = 90$ 人

(2) 紐曼分配

為了方便計算，先整理成下表：

層次	N_h	$p_h q_h$	$N_h p_h q_h$	$\sqrt{p_h q_h}$	$N_h \sqrt{p_h q_h}$
1	200	0.09	18	0.3	60
2	160	0.21	33.6	0.4582	73.31
3	120	0.24	28.8	0.4899	58.79
4	120	0.21	25.2	0.4582	55.00
	600		105.6		247.10

已知：$N = 600$，$D = 0.01$，$\Sigma N_h \sqrt{p_h q_h} = 247.10$，$\Sigma N_h p_h q_h = 105.6$

代入式 (45)：$n = \dfrac{(247.10)^2}{(600)^2(0.01)^2 + 105.6} = 431$ 人

n 代入式 (46)：得：$n_1 = 105$，$n_2 = 128$，$n_3 = 103$，$n_4 = 96$

三、如何抽樣之重點說明

1. 抽樣的方法很多，請說明主要目的在增加抽樣精確度之理由，觀察值減平均數或各樣本組平均數減母體平均數之差，稱為誤差（$Z = \dfrac{y - \bar{y}}{\sigma}$ 或 $Z = \dfrac{\bar{y} - \mu}{\sigma_{\bar{y}}}$），誤差是 $\sigma \times Z$，又叫精確度。如果 Z 不變，則標準差越小，表示誤差越小，估計的精確度越高。如何抽樣就在探討平均數、變異數及標準差。估計的平均數 $\pm Z\sigma_{\bar{y}}$ 就是信賴區間。因此，只要知道標準差，研究者設定 Z 值就知道精確度，就可知道研究的平均數的信賴區間。

2. 老年人可能住處：(1) 居家（自己家）；(2) 養老院；(3) 養護中心（插一管）；(4) 護理之家（插二管以上）。研究老年人介入（例如：藥物、活動—唱歌、跳舞、小團體教學、園藝治療）的反應，成效可以用抽血驗血、情緒量表、現場觀察……。研究者從上述四種住處抽樣，會遇到什麼困難？如何抽樣？

   有些老年人行動不便，難以啓口，意識不清，若用簡單任意抽樣，難以取得合格樣本，所以只能採用立意抽樣。亦可由照顧人員取得訊息。

3. 某縣有農家 100,000 戶，研究農家收入擬抽出 900 戶。研究者採簡單隨機抽樣法（simple random sampling），請問利用亂數表如何抽出？有何困難？有幾種抽出放回方法，其計算式是什麼？

   (1) 把農家編號，從 001、002、……（三位數）。

直行
40行

39	81	69	23	97	24	⋯
11	10	59	64	04	43	⋯
79	4[1]	00	63	44	83	⋯
52	89	54	39	09	62	⋯

(2) 從直行抽一個，橫列抽一個，例如：直行抽到 4，橫列抽到 3，4 與 3 交叉點是 1，從開始向右取三位數 100，634，483，⋯，100 即是農家第 1 號。

(3) 大於 300 以上拋棄不用，會發生很多拋棄不用者。研究者可設定，若抽出大於 301 以上，減 300 或 600⋯⋯，如抽到 305 減 300 後成為 005，是農家第 5 號。

(4) 簡單任意抽樣看似簡單，但資料編號造冊，又要從亂數表中重複挑號，作業上費時又費工。

(5) 抽出放回方式有三種，以母體 1、2、3 抽出 2 個為例：

① 抽出又放回：$N^n = 3^2 = 9$

② 抽出不放回：$_NP_n = \dfrac{N!}{(N-n)!} = \dfrac{3 \times 2 \times 1}{(3-2)!} = 6$

③ 抽出不放回又不考慮次序：$_NC_n = \dfrac{N!}{n!(N-n)!} = \dfrac{3 \times 2 \times 1}{2 \times 1 \times (3-2)} = 3$

4. 什麼是系統抽樣（systematic sampling）？會比簡單任意抽樣在估計上更精確，理由何在？請舉例此抽樣法常被用在什麼調查上？

(1) 母體觀察值總數（N）分成抽樣單位或間隔（N_1，$N_2 \cdots = N_h$）。

(2) 每個間隔內有系統樣本 k 個，從每個間隔內的 k 個觀察值抽出一個，組成一組需要的樣本大小（n）。（即 N = n · k）

(3) 從 k 中抽出一個觀察值有二種方法，一是 A 法：抽出 j（順序），

抽樣理論之應用

第二間隔抽 j + k。二是 B 法：指抽出 j，若 j 是 8，且 k 是 3，j/k = 8/3 = 2 餘數以 r 表示，可能是 1、2、0（整除時為 0）；如果 r = 1，每間隔都抽第一位數，如果 r = 2，都抽第二位數，如果 r = 0，都抽第三位數，如此每個觀察值被抽出機率是 n/N。

(4) 當 N = nk 時，A 法的平均數 = 母體平均數；當 N ≠ nk 時，A 法的平均數 ≠ 母體平均數。B 法的平均數 = 母體平均數，不管 N = nk 或 N ≠ nk。

(5) 觀察值被抽到 50 個以上，A 法與 B 法結果是一樣的。

(6) 系統抽樣優於簡單任意抽樣之理由：

① 從每抽樣間隔抽出一個觀察值，直到所需樣本大小為止，不必事先造冊編號，也不必從亂數表中挑號，工作簡化許多。

② 如果母體隨機安排、系統內觀察值具相異性（如組內有大的、中的、小的混在一起）、母體有規律變動（如週六、日人多，其他日少），母體有這三特性，抽出的樣本大小（n）會有較小的組內相關係數（ρ）與較小的變異數，估計結果會較精確。

(7) 此方法常被用在生產調查，例如：每隔一行抽出第 j 棵樹，調查產量；每隔一街抽出一街區，調查收入；每隔一店抽出一店，調查消費金額；山地林木調查用方格紙放在地圖上，每隔幾格調查一格的材積。

5. 研究者想以樣本比例計算需要的樣本大小（n），計算式有 $n = \dfrac{Z^2 pq}{d_0^2}$ 及 $n_0 = \dfrac{NZ^2 pq}{Nd_0^2 + NZ^2 pq}$，後者的需要樣本大小會小於前者，但要知道母體總數目 N。如果研究者設計樣本大小 n = 200 人，每隔 10 人訪問一人有否喝咖啡習慣，想知道樣本喝咖啡者的比例佔母體比例，請問可以從這知道母體的 N 嗎？如果可以，研究者擬定 Z = 1.96，請問相對誤差是多少？

依題意，研究者是採用系統抽樣，N = 200 人，k = 10，所以母體總

數目 N = nk = 200×10 = 2,000 人。此相對誤差（d_0）計算爲 200 =

$\dfrac{2,000 \times (1.96)^2 \times 0.5 \times 0.5}{2,000 \times d_0^2 + (1.96)^2 \times 0.5 \times 0.5}$，相對誤差 $d_0 = \pm 0.07$，即 $\pm 7\%$。

6. 麻豆地區生產白柚，想知道全年期產量多少？研究者先調查果樹共有 2,000 棵，採抽出不放回方式，設 Z = 1.96，$d = \pm 7$ 粒／棵，計算出需要樣本大小爲 n=200 棵。在採收期前三個月進行產量預估，記錄一棵白柚樹著果幾個，採系統抽樣，在白柚樹園裡，每隔一行抽二棵，例如：B 行第 2、4，D 行則抽第 6、⋯⋯，抽到 200 棵計算所生的小白柚，平均一棵果樹有 28 粒，標準差爲 1.0256，依經驗採收期白柚一粒以 2.5 公斤計。請估計成年期麻豆地區白柚產量幾公噸？信賴區間爲多少？精確度爲多少？

依題目知 N = 2,000，n = 200，Z = 1.96，$d = \pm 7$ 粒／棵，$\bar{y} = 28$，成果 = 2.5 公斤／粒，s = 1.0256。系統抽樣估計母體變異數（$\hat{\sigma}^2_{\bar{y}_{sy}}$）是以簡單任意抽樣方式，估計母體變異數（$\hat{\sigma}^2_{\bar{y}_{ran}}$），因此變異數是：

$$\hat{\sigma}^2_{\bar{y}_{ran}} = \hat{\sigma}^2_{\bar{y}_{sy}} = \frac{N-n}{N} \cdot \frac{s^2}{n} = \frac{2,000-200}{2,000} \cdot \frac{1.0256^2}{200} = 0.005，\hat{\sigma}_{\bar{y}_{st}} = \sqrt{0.005} = 0.0707$$

信賴區間：$(\bar{y} - Z \cdot \hat{\sigma}_{\bar{y}_{st}}) < \mu < (\bar{y} + Z \cdot \hat{\sigma}_{\bar{y}_{st}})$

$(28 - 1.96 \times 0.0707) < \mu < (28 + 1.96 \times 0.0707)$

$27.86 < \mu < 28.14$　　　每棵樹小白柚粒數

估計成果重量：2.5 公斤 ×28 粒 ×2,000 棵 = 140,000 公斤，即全區產量 140 公噸

估計成果重量之信賴區間爲：

（2.5 公斤 ×2,000 棵 ×27.86）< μ <（2.5 公斤 ×2,000 棵 ×28.14）

138,300 公斤 < μ < 140,700 公斤

138.3 公噸 < μ < 140.7 公噸

7. 分層任意抽樣（stratified ramdom sampling）的抽樣程序是什麼？有什麼優點？

分層任意抽樣的程序是把母體分層，例如：農場面積分大中小層、職

業分士農工商層、性別分男女、年齡及學歷亦可分層。從每層（N_h）的觀察值個數（n_h，第 h 層有 n 個）中抽出 n_i 個觀察值 y_{hi}（第 h 層，第 i 個觀察值），把所有 n_i 個觀察值合計（$\Sigma n_i = n$）當樣本大小（n）。如此抽樣的優點有：(1) 比起簡單任意抽樣，每一層觀察值都有被抽到機會，即觀察值同等重要的公平原則。(2) 收集資料時，可利用各層單位，比簡單任意抽樣到處收集資料簡單容易。(3) 分層抽樣的最大組和最小組對母體平均數的距離比簡單任意抽樣的還要小，距離小表示誤差小。(4) 如果把層分為層內相似性（例如：大的在一層，小的在一層），則估計結果比簡單任意抽樣更精確。

8. 分層任意抽樣把各層內設計為相似性，為什麼估計會更精確呢？

(1) 變異數定義是 $\dfrac{\Sigma(y-\bar{y})^2}{N}$，y 是觀察值，$\bar{y}$ 是平均數，N 是觀察值個數，為計算方便，分子 $\Sigma(y-\bar{y})^2$ 可化為 $\Sigma y^2 - \dfrac{(\Sigma y)^2}{N}$，或 $\Sigma(y)^2 - 2\Sigma y \cdot \bar{y} + N(\bar{y})^2$。例如：下列資料，以第一層為例，計算變異數之分子有三種方式：

	第一層		第二層	
	y_{1i}	$(y_{1i})^2$	y_{2i}	$(y_{2i})^2$
	2	4	8	64
	4	16	12	144
	6	36	16	256
Σ	12	56	36	464
	$\bar{y}_1 = 12/3 = 4$		$\bar{y}_2 = 36/3 = 12$	

① $\Sigma(y_{1i}-\bar{y}_1)^2 = (2-4)^2 + (4-4)^2 + (6-4)^2 = 8$

② $\Sigma y^2 - \dfrac{(\Sigma y)^2}{N} = 56 - \dfrac{(12)^2}{3} = 8$

③ $\Sigma(y)^2 - 2\Sigma y \cdot \bar{y} + N(\bar{y})^2 = 56 - 2 \times 12 \times 4 + 3 \times 4^2 = 8$

(2) 變異數分二種，一是以觀察值總個數 N 為分母的變異數，另一種是

以觀察值個數 N－1 為分母的變異數，即 $s^2 = \dfrac{\Sigma y^2 - \dfrac{(\Sigma y^2)}{N}}{N-1}$。

① 以 $\sigma^2 = \dfrac{\Sigma(y-\bar{y})^2}{N}$ 計算各層變異數

　A. 第一層：$\sigma_1^2 = \dfrac{1}{3}\left[56 - \dfrac{1}{3}(12)^2\right] = \dfrac{8}{3}$

　B. 第二層：$\sigma_2^2 = \dfrac{1}{3}\left[464 - \dfrac{1}{3}(36)^2\right] = \dfrac{32}{3}$

② 以 $\sigma^2 = \dfrac{\Sigma(y-\bar{y})^2}{N-1}$ 計算各層變異數

　A. 第一層：$S_1^2 = \dfrac{8}{3-1} = 4$

　B. 第二層：$S_2^2 = \dfrac{32}{3-1} = 16$

③ 以分子：$\Sigma(y)^2 - 2\Sigma y \cdot \bar{y} + N(\bar{y})^2$ 計算各層：

　A. 計算第一層分子 $= 56 - 2 \times 8 \times 12 + 3 \times (8)^2 = 56$

　B. 第算第二層分子 $= 464 - 2 \times 8 \times 36 + 3 \times (8)^2 = 80$

④ 計算二層各觀察值對母體平均數（$\mu = 8$）的變異數

$$\sigma^2 = \dfrac{(2-8)^2 + (4-8)^2 + (6-8)^2 + (8-8)^2 + (12-8)^2 + (16-8)^2}{6}$$

$$= \dfrac{136}{6}$$

$$\sigma^2 = \dfrac{\text{第一層的 }56 + \text{第二層的 }80}{6} = \dfrac{136}{6}$$

⑤ 母體變異數 $\sigma^2 = $ 層內變異數 $\sigma_w^2 + $ 層間變異數 σ_b^2

層內變異數：$\sigma_w^2 = \dfrac{1}{N}\Sigma N_h \sigma_h^2$

$$= \dfrac{1}{6}\left[3\left(\dfrac{8}{3}\right) + 3\left(\dfrac{32}{3}\right)\right] = \dfrac{40}{6}$$

層間變異數：$\sigma_b^2 = \dfrac{1}{N}\Sigma N_h(\bar{y}_h - \bar{y})^2$

抽樣理論之應用

$$= \frac{1}{6}[3(4-8)^2 + 3(12-8)^2] = 16$$

母體變異數：$\sigma^2 = \dfrac{1}{N}\Sigma N_h \sigma_h^2 + \dfrac{1}{N}\Sigma N_h (\bar{y}_h - \bar{y})^2$

$$= \sigma_w^2 + \sigma_b^2$$

$$= \frac{40}{6} + 16 = \frac{136}{6}$$

⑥ 母體分成相似層，層內變異數會變小，因而母體變異數會變小，估計值會越精確。

9. 分層任意抽樣：(1) 請問計算式的誤差設定，是絕對誤差或相對誤差？

(2) 樣本大小 (n) 的分配，各層有幾種方法？

(1) 分層任意抽樣的誤差 d 是絕對抽樣。

(2) 四種：①比例分配法、②最適分配法、③紐曼分配法、④各層抽出相同樣本。

10. 假設下列資料為已知，研究者決定樣本大小 n = 100 家，採用分層任意抽樣的最適分配法，請問：(1) 各層分配樣本數多少？(2) 大、中、小型店平均每天營業額多少？(3) 估計平均數的變異數為多少？(4) 估計平均數的標準差為多少？(5) 如果設 Z = 3 時，估計每天營業額的信賴區間為多少？

層別	家數 (N_h)	每天營業額平均數 $\bar{y}_h$（千元）	調查費用 (C_h)	標準差 (s_h)	各層分配樣本數 (n_h)
大店	80	50	9	12	16
中店	160	30	4	8	32
小店	260	10	1	4	52
	500	90			100

為了採用最適分配，先算出下表，以便代入計算式：

層別	N_h	S_h	N_hS_h	C_h	$\sqrt{C_h}$	$\dfrac{(N_hS_h)}{\sqrt{C_h}}$	各層分配樣本數 (n_h)	$\overline{y}_h$（千元）	$N_h\overline{y}_h$	$(N_hS_h)^2$	Ⓐ $\dfrac{(N_hS_h)^2}{n_h}$	Ⓑ $\dfrac{(N_h-n_h)}{N_h}$	Ⓐ×Ⓑ
大店	80	12	960	9	3	320	16	50	4,000	960²	960²/16	64/80	46,080
中店	160	8	1,280	4	2	640	32	30	4,800	1280²	1280²/32	128/160	40,960
小店	260	4	1,040	1	1	1,040	52	10	2,600	1040²	1040²/52	208/260	16,640
	500		3,280			2,000	100	90	11,400				103,680

(1) 最適分配各層分配：$n_h = \dfrac{N_hS_h/\sqrt{C_h}}{\Sigma(N_hS_h)/\sqrt{C_h}} \times n$

　　大店：$n_1 = [(960/3)/2,000] \times 100 = 16$

　　中店：$n_2 = [(1,280/2)/2,000] \times 100 = 32$

　　小店：$n_3 = [(1,040/1)/2,000] \times 100 = 52$

(2) 最適分配估計平均數：$\overline{y}_{st} = \dfrac{\Sigma y_{hi}}{N} \overline{y}_{st} = \dfrac{\Sigma N_h\overline{y}_h}{N}$

$$\overline{y}_{st} = \dfrac{(4,000 + 4,800 + 2,600)}{500} = \dfrac{11,400}{500} = 22.8 \text{（千元）}$$

(3) 估計變異數：$\sigma^2_{\overline{y}_{opt}} = \dfrac{1}{N^2} \cdot \dfrac{1}{n} \Sigma (N_h S_h \sqrt{C_h}) \left(\Sigma \dfrac{N_hS_h}{\sqrt{C_h}} \right) - \dfrac{1}{N^2} \Sigma N_h S_h^2$

$$= \dfrac{1}{N^2} \cdot \Sigma \dfrac{N_h - n_h}{n_h} - \dfrac{(N_hS_h)^2}{n_h}$$

$$= \dfrac{1}{500^2} \times 103,680 = 0.4147$$

(4) 估計標準差：$S_{\overline{y}_{opt}} = \sqrt{\sigma^2_{\overline{y}_{opt}}}$

$$= \sqrt{0.41472} = 0.6440$$

(5) 信賴區間：$(\overline{y}_{st} - ZS_{\overline{y}_{opt}}) < \mu < (\overline{y}_{st} + ZS_{\overline{y}_{opt}})$

$$22.8 - 3(0.6440) < \mu < 22.8 + 3(0.6440)$$

$$20.9 < \mu < 24.7 \text{（千元）}$$

11. 比例分層任意抽樣（proportional stratified random sampling）的程序是什麼？

與分層任意抽樣相比，唯一差別是抽出觀察值 y_{ij} 時，以「1」代表成功者（同意者、贊成者……），以「0」代表失敗者（不同意者、不贊成者……）。詳言之，母體分層（N_h），從各層 N_h 中抽出觀察值 n_h，計算各層 n_h 中的成功者比例（這是樣本比例），由各層的樣本比例推估母體成功者的比例。〔可參考決定樣本大小（n）之應用說明，第 8 章例子〕

12. 比例分層任意抽樣的決定樣本大小及各層分配數（n_h）有三種情況：(1) 比例分配；(2) 最適分配；(3) 紐曼分配，各計算式不同（請參閱決定樣本大小（n）之第 8 章應用說明），比例分層任意抽樣所決定之誤差是相對誤差。

估計母體成功者比例：$\hat{p} = p_{st} = \dfrac{\Sigma N_h P_h}{N}$

母體比例變異數估計值：$\hat{\sigma}^2_{p_{st}} = \dfrac{1}{N^2} \Sigma N_h (N_h - n_h) \dfrac{1}{n_h} \cdot p_h q_h$

母體比例標準差：$S_{p_{st}} = \sqrt{\hat{\sigma}^2_{p_{st}}}$

13. 某市有 27 區，想做工作滿意度研究，各區公所人數合計 1,717 人，研究者採用比例分層任意抽樣，設 Z = 1.96，精確度 ±5%，請問：(1) 樣本大小（n）要多少？(2) 如果 A 區公所人數 158 人，應分配多少人數？

(1) 已知：N = 1,717，d_0 = 0.05，Z = 1.96，$D = \dfrac{d_0}{Z} = \dfrac{0.05}{1.96}$

比例分層任意抽樣之樣本大小（n）公式如下：

$$n = \frac{N \Sigma N_h p_h q_h}{N^2 D^2 + \Sigma N_h p_h q_h}$$

當 fpc ≠ 1 時，$n = \dfrac{1{,}717 \times 1{,}717 \times 0.5 \times 0.5}{1{,}717^2 \times \left(\dfrac{0.05}{1.96}\right)^2 + 1{,}717 \times 0.5 \times 0.5} = 314$ 人

(2) A 區公所人數有 158 人分配數爲

$$n_h = \frac{N_h}{N} \times n = \frac{158}{1{,}717} \times 314 = 29 \text{ 人}$$

14. 有關簡單集團抽樣（simple cluster sampling），請問：(1) 程序是什麼？(2) 與分層任意抽樣最大分別在哪裡？(3) 精確度如何？(4) 舉例說明如何被採用？

(1) 簡單集團抽樣之程序

　　① 母體分成數個集團（集團以 M 表示，M_i 是第 i 個集團），集團內觀察值數目以 N 表示，N_i 是第 i 個 M 內的數目。

　　② 分二段抽樣，第一段由 M 中抽出 m 個集團，m_i 是第 i 個被抽出集團，這被抽出的 m_i 稱為原始抽樣單位（psu）。第二段抽樣從被抽出的 m_i 內的 N_i（數目）抽出 n_i 觀察值（y_{ij} 是第 i 個 m_i 的第 j 個觀察值），這被抽出的 n_i 稱為次級抽樣單位（ssu）。

(2) 簡單集團抽樣與分層任意抽樣最大的區別在後者各層都要抽出樣本，而前者是從 M 中抽 m，可減少很多抽樣的麻煩。

(3) 只要在每個 M 內設計相異性高的觀察值（例如：M_1 包括大、中、小），則 uc 內的樣本大小（n）會越相異性，精確度會越高。

(4) 想估計農產品產量，土地分地號（1、2、…），每地號（psu）4 公頃，一地號內分 10 塊，每塊 4 分地（ssu），從 ssu 中抽出 $\bar{n} = 2$。又如小學六年級全縣有 M = 60 班，每班有 $\bar{N}$ = 40 人，從 M=60 班中抽 m=6，再從這 m = 6 中每班抽 =10 人。

15. 估計集團抽樣的變異數有二種方法，一是從估計母體總數（$\hat{y}$），另一是從估計母體平均數（$\bar{\hat{\bar{y}}}$）。這二種方式有何不同？如何取捨？

(1) 估計母體總數的變異數的估計值為：

$$\sigma_{\hat{y}}^2 = M^2 \frac{M-m}{M} \cdot \frac{S_b^2}{m} + \frac{M}{m} \sum N_i^2 \frac{(N_i - n_i)}{N_i} \cdot \frac{S_i^2}{n_i}$$

式中：$S_b^2 = \dfrac{1}{M-1} \sum (y_i - \bar{y})^2$

$S_i^2 = \dfrac{1}{N_i - 1} \sum (y_{ij} - \bar{\bar{y}}_i)^2$

① 假設 $\dfrac{M-m}{M} = 1 - \dfrac{m}{M}$，$\dfrac{m}{M} < 1\%$（即 $\dfrac{M-m}{M} < 1\%$），則 $s_b^2 = \dfrac{1}{m-1}$

$$\left[\Sigma \hat{y}_i^2 - m\left(\frac{\Sigma \hat{y}_i}{m}\right)^2\right], \quad s_i^2 = \frac{1}{n_i-1}[\Sigma y_{ij}^2 - n_i(\bar{\bar{y}}_i)^2] \text{ 代入上式 } \hat{\sigma}_{\hat{y}}^2$$

② 假設 M >> m 和 N_i >> n_i（>> 表示大很多，如 100 對 1）

則 $\hat{\sigma}_{\hat{y}}^2 = M^2 \dfrac{s_b^2}{m} + \dfrac{M}{m}\Sigma N_i^2 \dfrac{s_i^2}{n_i}$

③ 假設 M >> m，在 m/M < 1% 時

則 $\hat{\sigma}_{\hat{y}}^2 = M^2 \dfrac{s_b^2}{m}$

④ 假設 M >> m，N_i >> n_i，還假設 $N_i = \overline{N} = \dfrac{N}{m}$

則 $\hat{\sigma}_{\hat{y}}^2 = (M\overline{N})^2 \dfrac{1}{m} \cdot \dfrac{1}{m-1}\Sigma (\bar{\hat{\bar{y}}}_i - \bar{\hat{\bar{y}}})^2$

(2) 估計母體平均數的變異數估計值為：

估計母體平均數：$\bar{\hat{\bar{y}}} = \dfrac{\hat{y}}{N} = \dfrac{1}{N} \cdot \dfrac{M}{m}\Sigma \dfrac{N_i}{n_i}\Sigma y_{ij}$

估計母體平均數的變異數的估計值：

$$\hat{\sigma}_{\bar{\hat{\bar{y}}}}^2 = \frac{1}{N^2}\left(M^2 \frac{M-m}{M} \cdot \frac{s_b^2}{m} + \frac{M}{m}\Sigma N_i^2 \frac{N_i-n_i}{N_i} \cdot \frac{s_i^2}{n_i}\right)$$

在下列假設下，可簡化計算式：

① 假設 $N_i = \overline{N} = \dfrac{N}{M}$，$n_i = \overline{n} = \dfrac{n}{m}$

則：$\bar{\hat{\bar{y}}} = \dfrac{1}{m\overline{n}}\Sigma\Sigma y_{ij}$

$\hat{\sigma}_{\bar{\hat{\bar{y}}}}^2 = \dfrac{M-m}{M} \cdot \dfrac{s_{1b}^2}{m} + \dfrac{\overline{N}-\overline{n}}{\overline{N}} \cdot \dfrac{m}{M}\Sigma \dfrac{s_{2i}^2}{m\overline{n}}$

式中：$s_{1b}^2 = \dfrac{1}{M-1}\Sigma (\bar{\bar{y}}_i - \bar{\bar{y}})^2 = \dfrac{1}{m-1}(\Sigma \bar{\bar{y}}_i^2 - \bar{\bar{y}}^2)$

上式中：$\Sigma \bar{\bar{y}}_i = \left(\dfrac{1}{n}\right)^2[(\Sigma y_{1j})^2 + (\Sigma y_{2j})^2]$

$\bar{\bar{y}}_i^2 = \left(\dfrac{1}{m\overline{n}}\right)^2 (\Sigma y_{1j} + \Sigma y_{2j})^2$

式中：$s_{2i}^2 = \dfrac{1}{m(\overline{n}-1)}\left[\Sigma\Sigma y_{ij}^2 - \dfrac{1}{n}\Sigma^m (\Sigma^{\overline{n}} y_{ij}^2)^2\right]$

② 假設 M >> m，$\overline{N}$ >> $\overline{n}$

則：$\hat{\sigma}_{\frac{=}{y}}^2 = \dfrac{1}{m(m-1)} \Sigma (\overline{\overline{y}}_i - \overline{\overline{y}})^2$

(3) 計算 $\hat{\sigma}_{\overline{y}}^2$ 需要三種工作表，計算 $\hat{\sigma}_{\frac{=}{y}}^2$ 只需二種工作表，而又不需知道 N，所以採用 $\hat{\sigma}_{\overline{y}}^2$ 較爲方便。

16. 簡單集團抽樣的最後集團（uc）內的樣本大小 n = m×n_i，抽樣時，什麼條件下多抽 m 或 n_i，而使 n 不變呢？

例如：m = 6，$\overline{n}$ = 3，則 n = m×$\overline{n}$ = 6×3 = 18 觀察值當一組樣本大小（n），18 可化爲 6×3，2×9，… 。

抽樣理論推出集團抽樣變異數（$\sigma_{\frac{=}{y}_{CL}}^2$）與簡單任意抽樣變異數（$\sigma_{\frac{=}{y}_{ran}}^2$）之間關係爲：$\sigma_{\frac{=}{y}_{CL}}^2 = \sigma_{\frac{=}{y}_{ran}}^2 [1 + (\overline{n}-1)\rho]$

由此式可推出：

(1) 當 $\rho > 0$ 時，$\overline{n}$ 越大，$\sigma_{\frac{=}{y}_{CL}}^2$ 越大，應少抽 $\overline{n}$、多抽 m，使 $\sigma_{\frac{=}{y}_{CL}}^2$ 變小。

(2) 當 $\rho < 0$ 且爲負數時，$\overline{n}$ 越大，$\sigma_{\frac{=}{y}_{CL}}^2$ 越小，應多抽 $\overline{n}$、少抽 m，使 $\sigma_{\frac{=}{y}_{CL}}^2$ 變小。

(3) 當 $\rho = 0$ 或接近 0 時，$\sigma_{\frac{=}{y}_{CL}}^2$ 與 $\sigma_{\frac{=}{y}_{ran}}^2$ 的精確度差異很小。

(4) 以 ρ 的變動，調動 m 及 $\overline{n}$

① 當 $\rho > 0$，而接近 1 時，表示集團內各抽樣單位是相似的，應少抽 $\overline{n}$，多抽 m（例如：從織布機抽樣，少抽布匹，多抽織布機）。

② 當 $\rho < 0$ 或接近 0 時，表示集團內各抽樣單位是相異性的，多抽 $\overline{n}$，少抽 m。

③ 當 $\rho = 0$，$\overline{n}$ 及 m 對 $\sigma_{\frac{=}{y}_{CL}}^2$ 無影響。

④ 集團內要有高相異性的樣本設計，多抽 $\overline{n}$，少抽 m。集團內低相異性設計，少抽 $\overline{n}$，多抽 m。

17. 如果分小學、中學、大學三個集團，每集團有 3 人，每人每天花費購

買零食金額如下表，研究者以簡單集團抽樣，從 M = 3 中抽 m = 2，抽到 A 及 B，從 N_i 中抽 2 人（n_i），請問：(1) 估計樣本平均數多少元？估計樣本平均數的變異數估計值為多少元？

工作表1

psu	y_{ij}	y_i	$\bar{y}_i$
A	1,3,5	9	3
B	3,5,7	15	5
C	5,7,9	21	7
		45	

工作表2

從A抽出		從B抽出	
y_{1j}	y_{1j}^2	y_{2j}	y_{2j}^2
3	9	5	25
5	25	7	49
8	34	12	74

從表中知：M = 3，m = 2，$\bar{n}$ = 2，Σy_{1j} = 8，Σy_{2j} = 12

(1) 估計母體平均數：$\hat{\bar{\bar{y}}} = \dfrac{1}{m\bar{n}}\Sigma\Sigma y_{ij} = \dfrac{1}{2\times2}(8+12) = 5$

(2) 估計母體平均數的變異數估計值：

先算出 $\Sigma\bar{\bar{y}}_i^2$、$\bar{\bar{y}}^2$、s_{1b}^2、s_{2i}^2，而後代入 $\hat{\sigma}_{\bar{\bar{y}}}^2$ 計算式

$\Sigma\bar{\bar{y}}_i^2 = \left(\dfrac{1}{\bar{n}}\right)^2[(\Sigma y_{1j})^2 + (\Sigma y_{2j})^2] = \left(\dfrac{1}{2}\right)^2[(8)^2+(12)^2] = 52$

$\bar{\bar{y}}^2 = \left(\dfrac{1}{m\bar{n}}\right)^2(\Sigma y_{1j} + \Sigma y_{2j})^2 = \left(\dfrac{1}{2\times2}\right)^2(8+12)^2 = 25$

$s_{1b}^2 = \dfrac{1}{m-1}(\Sigma\bar{\bar{y}}_i^2 - m\bar{\bar{y}}^2) = \dfrac{1}{2-1}[(52)-(2)(25)] = 2$

$s_{2i}^2 = \dfrac{1}{m(\bar{n}-1)}\left[\Sigma\Sigma y_{ij}^2 - \dfrac{1}{\bar{n}}\Sigma(\Sigma y_{ij})^2\right]$

$= \dfrac{1}{2(2-1)}\left\{(34+74) - \dfrac{1}{2}[(8)^2+(12)^2]\right\} = 2$

代入 $\hat{\sigma}_{\bar{\bar{y}}}^2 = \dfrac{M-m}{M}\cdot\dfrac{s_{1b}^2}{m} + \dfrac{\bar{N}-\bar{n}}{\bar{N}}\cdot\dfrac{m}{M}\cdot\dfrac{s_{2i}^2}{m\bar{n}} = \dfrac{3-2}{3}\dfrac{2}{2} + \dfrac{3-2}{3}\dfrac{2}{3}\dfrac{2}{2\times2} = \dfrac{4}{9}$

18.機率與集團數量成比例抽樣（probability proportional to size, pps）的程

序如何？在估計上會比簡單集團抽樣更精確嗎？

(1) 簡單集團抽樣的第一段抽樣是從 M 個集團抽出 m 做 psu，每一個 M 被抽出的機率爲 1/M。如果有一個 M_i 的數量（N_i）很大（例如：消費調查，臺北市對其他城市）而不被抽到，有失抽樣同等重要原則。

(2) pps 抽樣把第一段抽樣改爲如下，以避免上述缺點：

集團數 M = 3	集團內觀察值 （y_{ij}）	集團內觀察值個數 （N_i）	N_i 累積	組距
A	1,2,3	3	3	1-3
B	5,6,6,7	4	7	4-7
C	9,9,10,11,11	5	12	8-12
		12	$N = \Sigma N_i$	

在 M = 3 中抽出 m = 2，在亂數表中抽出 5 及 11，對照組距與集團數就是 B 及 C 被抽出，每個被抽出機率爲 N_i /N。這就是原始抽樣單位數量大小（size of psu）成比例的機率。

(3) pps 抽樣第一段採用抽出又放回方式，原因有：①能得到母體平均數的不偏估計值；②對母體平均數及變異數的計算簡單；③精確度高。

(4) 第二段採樣，設已被抽出的 m_i（psu）內的觀察值數目（N_i）中抽出觀察值（n_i）（ssu），每個觀察值被抽出的機率爲 $\dfrac{n_i}{N_i}$。第二段抽樣可採用抽出又放回或抽出不放回方式。

(5) 採用抽出又放回方式，有可能一個觀察值被抽出二次以上機會，但在統計上是彼此互相獨立，不互影響。

(6) 被抽出的 n_i 合計成最終集團（uc）的樣本大小。

19. pps 抽樣採用估計母體平均數來估計母體總數、母體平均數的變異數估

計值、估計母體標準差,請列出其計算式。

(1) 估計母體平均數:$\hat{\bar{\bar{y}}}_{pps} = \dfrac{1}{m\bar{n}} \Sigma \Sigma y_{ij}$

(2) 估計母體總數:$\hat{y} = N \hat{\bar{\bar{y}}}_{pps}$

(3) 估計母體平均數的變異數估計值:

$$\hat{\sigma}^2_{\hat{\bar{\bar{y}}}_{pps}} = \dfrac{1}{m(m-1)} \Sigma (\bar{y}_i - \bar{\bar{y}}_{pps})^2$$

式中:$\bar{\bar{y}}_i = \dfrac{y_i}{\bar{n}}$

$$\bar{\bar{y}}_{pps} = \dfrac{1}{m\bar{n}} \Sigma \Sigma y_{ij} = \dfrac{1}{m} \Sigma \bar{\bar{y}}_i$$

(4) 估計母體平均數的標準差:$S_{(\bar{\bar{y}}_{pps})} = \sqrt{\hat{\sigma}^2_{\hat{\bar{\bar{y}}}_{pps}}}$

20. pps 抽樣的優點

(1) 抽出樣本更能代表母體。

(2) 為了估計變異數變小($\hat{\sigma}^2_{\hat{\bar{\bar{y}}}_{pps}}$),最好多抽 n(ssu),少抽 m(psu),如此可省經費。

(3) 如果集團數量(N_i)間大小差異很大,又當集團大小(y_i 與 N_i)成比例變動,估計平均數($\bar{\bar{y}}_{pps}$)很接近母體平均數($\bar{y}$)。

(4) 當 $N_i = N = \dfrac{N}{M}$ 時,$\sigma^2_{(\hat{\bar{\bar{y}}}_{CL})} - \sigma^2_{(\hat{\bar{\bar{y}}}_{PPS})} = 0$,兩者相同。

(5) 當 N_i 變動很大時,$\sigma^2_{(\hat{\bar{\bar{y}}}_{CL})} - \sigma^2_{(\hat{\bar{\bar{y}}}_{PPS})} > 0$,即 pps 更精確。

21. pps 抽樣要如何決定樣本大小 $n = m \times \bar{n}$ 中的 m 及 $\bar{n}$ 抽多少?

(1) 如城市間家庭消費額差異大(即集團間差異大),少抽 $\bar{n}$(家庭),多抽 m(城市)。

(2) 如城市家庭所得調查,大致有錢者都居住在一地方(即集團內差異不大),少抽 $\bar{n}$(家庭),多抽 m(城市)。

(3) 如果集團內差異與 s_i^2 同時變小,則 $\sigma^2_{\bar{\bar{y}}_{pps}}$ 也會變小。

(4) 如果集團內差異變小時,估計母體總數($\hat{y}$)會接近母體總數

（y），也會使 $\sigma^2_{\bar{y}_{pps}}$ 變小。

(5) 抽出城市費用大時（pps），多抽 $\bar{n}$（家庭），少抽 m（城市）。抽出 ssu 費用大時，少抽 $\bar{n}$，多抽 m。

(6) m 越大，$\sigma^2_{\bar{y}_{pps}}$ 越小，但調查成本要越大，m 與 $\bar{n}$ 的分配就成為增加成本和減低精確度間如何達到平衡的問題。

(7) 母體數量為 $m\bar{n} = n$ 已知時，$\bar{n}$ 的數量不影響 $\sigma^2_{\bar{y}_{pps}}$，也與總成本無關。

22. 假設臺灣有 22 縣市，想研究每人每月購買花卉多少金額。研究者將在各縣市抽樣，採用 pps 抽樣公平原則。現為計算方便起見，設縣市有 M = 3，第一段抽樣從 M = 3 中抽出 m = 2，第二段抽樣從 m = 2 中的各人數 N_i 中各抽出 $n_i = 5(\bar{n}_i)$，資料下表，請問：(1) 表 1 假設第一段抽樣在亂數表中抽出 24 及 37，請問第幾個 psu 被抽到？(2) 表 2 假設第二段抽樣抽出的 $n_i = 5$ 的各觀察值是訪問出來的每人每月購買花卉金額（百元計），請問估計每人每月購買花卉多少元（即估計母體平均數）？(3) 假設研究者採用 Z=3，估計每人每月購買花卉金額的變異數估計值、標準差及信賴區間各為多少？

表1

psu	N_i	ΣN_i
A	20	1-20
B	15	21-35√
C	25	36-60√

表2 集團內樣本每月購買花卉金額

B集團		C集團	
y_{11}	3	y_{21}	4
y_{12}	5	y_{22}	6
y_{13}	4	y_{23}	4
y_{14}	5	y_{24}	4
y_{15}	3	y_{25}	3
Σy_1	20	Σy_2	21

(1) 從亂數表中抽出 24 及 37，對照表 1 之 psu，可知 psu B 及 C 被抽到。

(2) 由表 2 求：估計每人每月購買花卉金額（估計母體平均數）

$$\hat{\bar{\bar{y}}}_{pps} = \frac{1}{m\bar{n}} \Sigma \Sigma y_{ij}$$

$$= \frac{1}{2 \times 5}(20 + 21)$$

$$= 4.1 \text{（百元）}$$

(3) 估計母體平均數的變異數的估計值：

先求 B 集團的平均數：$\bar{\bar{y}}_1 = \frac{20}{5} = 4$

先求 C 集團的平均數：$\bar{\bar{y}}_2 = \frac{21}{5} = 4.2$

再求 $\hat{\sigma}^2_{\hat{\bar{\bar{y}}}_{pps}} = \frac{1}{m(m-1)} \Sigma \ (\bar{\bar{y}}_i - \bar{\bar{y}}_{pps})^2$

$$= \frac{1}{2(2-1)}[(4 - 4.1)^2 + (4.2 - 4.1)^2] = 0.01$$

標準差：$S_{(\bar{\bar{y}}_{pps})} = \sqrt{\hat{\sigma}^2_{\hat{\bar{\bar{y}}}_{pps}}} = \sqrt{0.01} = 0.1$

信賴區間：$\left(\bar{\bar{y}}_{pps} - Z \cdot s_{\bar{\bar{y}}_{pps}} \right) < \mu < \left(\bar{\bar{y}}_{pps} - Z \cdot s_{\bar{\bar{y}}_{pps}} \right)$

$$(4.1 - 3 \times 0.1) < \mu < (4.1 + 3 \times 0.1)$$

$$3.8 \text{（百元）} < \mu < 4.4 \text{（百元）}$$

23. 簡單集團抽樣的比例估計（estimation of proportion）是什麼？請舉例廣泛被使用的例子。

簡單集團抽樣分二段，第一段由 M 中抽出 m 個集團；m_i 是第 i 個被抽出集團，這個被抽出的 m_i 稱為原始抽樣單位（psu），被抽出機率是 1/M。第二段從被抽出的 m_i 內的 N_i（數目）抽出 n_i 觀察值（y_{ij}，第 i 個 m_i 的第 j 個觀察值），稱 ssu。把第二段抽樣改為抽出 n_i 觀察值以「1」及「0」表示，「1」表示成功者（如同意者）、「0」表示失敗者（如不同意者），計算成功比例。以樣本成功比例去推估母體成功者比例，這就是簡單集團抽樣的比例估計。pps 抽樣被用在集團大小不同時，亦可用樣本比例來對母體進行母體成功者比例估計。

比例估計用途很廣，例如：推估母體的某商品市佔率、候選人的支持率、人口失業率、電視節目收視率、近視者比率、去過國外觀光的家庭比率、生產的不良率、……。

24. 比例估計在估計變異數時，若採分層任意抽樣、簡單集團抽樣及 pps（機率與集團數量成比例抽樣），三者估計計算式相同嗎？

(1) 分層任意抽樣的比例估計的變異數估計值為：

$$\hat{\sigma}^2_{p_{st}} = \frac{1}{N^2} \Sigma N_h (N_h - n_h) \frac{1}{n_h} \cdot p_h q_h \text{（fpc} \neq 1\text{）}$$

$$= \frac{1}{N^2} \Sigma N_h^2 \frac{p_h q_h}{n_h} \text{（當 } N_h >> n_h \text{，fpc} = 1\text{）}$$

(2) 簡單集團抽樣的比例估計的變異數估計值為：

估計母體平均數：$\hat{P} = \frac{M}{Nm} \Sigma N_i P_i$

估計母體平均數變異數的估計值：

$$\hat{\sigma}^2_{\hat{P}} = \frac{1}{N^2} \left[M^2 \frac{M-m}{M} \cdot \frac{1}{m} \cdot \frac{1}{m-1} \cdot \Sigma \left(N_i P_i - \frac{1}{m} \Sigma N_i P_i \right) \right.$$

$$\left. + \frac{1}{m} \Sigma N_i^2 \frac{N_i - n_i}{N_i} \cdot \frac{1}{n_i} \cdot \frac{1}{n_i - 1} (n_i p_i q_i) \right]$$

估計母體平均數標準差：$S_{\hat{P}} = \sqrt{\hat{\sigma}^2_{\hat{P}}}$

三種假設使 $\hat{\sigma}^2_{\hat{P}}$ 更方便計算，說明如下：

① 假設 $\overline{N} = N_i = N/M$，$\overline{n} = n_i = n/m$

則：$\hat{P} = \frac{1}{m\overline{n}} \Sigma y_i$

$$\hat{\sigma}^2_{\hat{P}} = \frac{M-m}{M} \cdot \frac{1}{m} \cdot \frac{1}{m-1} \Sigma (P_i - \overline{P})^2 + \frac{\overline{N} - \overline{n}}{\overline{N}} \cdot \frac{1}{M} \cdot \frac{1}{m(\overline{n}-1)} \Sigma p_i q_i$$

② 假設 $\overline{N} = \overline{n}$

則：$\hat{P} = \frac{1}{m} \Sigma P_i$

$$\hat{\sigma}^2_{\hat{P}} = \frac{M-m}{M} \cdot \frac{1}{M(m-1)} \Sigma (P_i - \hat{P})^2$$

$$S_{\hat{P}} = \sqrt{\hat{\sigma}^2_{\hat{P}}}$$

抽樣理論之應用

③ 假設 $\overline{N} = N_i$，$\overline{n} = n_i$，$m \ll M$

則：$\hat{P} = \dfrac{1}{m\overline{n}} \Sigma y_i$

$\hat{\sigma}_{\hat{P}}^2 = \dfrac{1}{m(m-1)} \Sigma (P_i - \overline{P})^2$

(3) pps 集團抽樣的比例估計的變異數估計值為：

估計母體比例：$\hat{P}_{pps} = \dfrac{1}{m} \Sigma P_i$

估計母體比例的變異數估計值：$\hat{\sigma}_{\hat{P}_{pps}}^2 = \dfrac{1}{m} \cdot \dfrac{1}{(m-1)} \Sigma (P_i - \hat{P}_{pps})^2$

25. 設下列資料是從母體分成 50 集團，共 160,000 戶中，從 M = 50 中抽出 m = 4（A、B、C 及 D），在已知每個 m 的戶數，各抽出相同 m_i 中的 n_i（$\overline{n}$ = 100 人），P_i 代表使用過 A 品牌牙膏，請問 A 品牌牙膏市佔率為多少？是否有低估或高估？應如何調整？

M	m	N_i	$\overline{n}$	p_i	$N_i p_i$
1	A	1,000	100	0.70	700
2	B	2,000	100	0.75	1,500
⋮	C	3,000	100	0.80	2,400
50	D	4,000	100	0.85	3,400
M = 50	m = 4	10,000			8,000

已知 M = 50，N = 160,000，m = 4，$N_i p_i$ = 8,000

母體比例估計值：$\hat{P} = \dfrac{M}{Nm} \Sigma N_i P_i$

$= \dfrac{50}{160,000 \times 4} \times 8,000 = 0.625$

$\hat{P} = 0.625$，對照表中之 p_i，表中之 p_i 都高於 0.625，顯然這是低估了，因為所抽出的 m 的戶數大部分都低於母體平均戶數 N/M = 160,000/50 = 3,200 戶。如果所抽出的 m 的戶數都高於 3,200 戶，則結果是高估。

26. 假設研究者把母體分 50 區，共有 N = 160,000 家庭，用 pps 抽樣從 50 區抽出 A、B、C、D 四區，每區家庭數已知從每個抽出地區各抽 100 人訪問是否支持某人或政策，「1」表示同意、「0」表示反對，資料如下表，請問：(1) 支持者比例多少（即 $\hat{P}_{pps}$）？(2) 估計變異數多少（即 $\hat{\sigma}^2_{\hat{P}_{pps}}$）？(3) 標準差多少（即 $S_{\hat{P}_{pps}}$）？(4) 如採用 Z = 3，這研究的精確度多少？(5) 研究的信賴區間多少？

區域	人數（N_i）	$\bar{n}$	支持者	p_i	$p_i - \hat{P}_{pps}$	$(p_i - \hat{P}_{pps})^2$
A	2,000	100	70	0.70	-0.075	0.005625
B	3,000	100	75	0.75	-0.025	0.000625
C	4,000	100	80	0.80	0.025	0.000625
D	5,000	100	85	0.85	0.075	0.005625
	14,000			3.10	0.000	0.0125

(1) $\hat{P}_{pps} = \frac{1}{m} \Sigma p_i = \frac{1}{4} \times 3.10 = 0.775$

(2) $\hat{\sigma}^2_{\hat{P}_{pps}} = \frac{1}{m} \cdot \frac{1}{(m-1)} \Sigma (p_i - \hat{P}_{pps})^2 = \frac{1}{4} \cdot \frac{1}{4-1} \times 0.0125 = 0.00104$

(3) $S_{\hat{P}_{pps}} = \sqrt{\hat{\sigma}^2_{\hat{P}_{pps}}} = \sqrt{0.00104} = 0.0322$

(4) 精確度：$Z \times S_{\hat{P}_{pps}} = 3 \times 0.0322 \doteqdot 0.1$，即誤差 10%

(5) 信賴區間：$(\hat{P}_{pps} - ZS_{\hat{P}_{pps}}) < \mu < (\hat{P}_{pps} + ZS_{\hat{P}_{pps}})$：

$0.775 - 0.1 < \mu < 0.775 + 0.1$

$0.675 < \mu < 0.875$

27. 三段集團抽樣（three-stage cluster sampling），由 L 抽出 ℓ，M_i 抽出 m_i，N_{ij} 抽出 n_{ij} 所構成，為了應用方便，應設計什麼假設？若實際狀況不合乎這些假設，是否有解決方法？

為使用計算方便，要假設 $\bar{M}_i$、$\bar{m}_i$、$\bar{N}_{ij}$、$\bar{n}_{ij}$（相同之意）。若再假設 ℓ << M（如 << 165，<< 表示大很多，>> 表示小很多），求母體估計數

抽樣理論之應用

（ŷ）的變異數（$\sigma_{\hat{y}}^2$）的估計值（$\hat{\sigma}_{\hat{y}}^2$）可簡化很多。

如果層內大小差異很大，可用 pps 抽樣或分層集團抽樣解決之。

28. 三段集團抽樣的優缺點

(1) 優點如同二段集團抽樣一樣，只準備抽出來的 psu、ssu 及 tsu 底冊，不必準備全部母體底冊。與簡單任意抽樣比較，可減低調查費用及管理費用。

(2) 缺點和二段集團抽樣一樣：①如用簡單任意抽樣 psu、ssu 及 tsu 時，這些單位的大小必須大概相等。當各 psu 大小差異很大時，幸好尚有機率與數量成比例的抽出 psu，或分層集團抽出 psu 可用。②當各 psu 間有很大不同，但各 ssu 間與各 tsu 間又很相似時，若多抽 ssu 和 tsu，並不比少抽的 ssu 與 tsu 能增加多少資料，必須增加 psu 的數量，才可得到母體更多的資料。如果 psu 分散在廣大地區，這會增加旅費和管理費。

29. (1) 三段集團抽樣的樣本大小（n）由哪三項構成？(2) 這三項的樣本分配是否有原則可循？

(1) 由 $\ell \times m \times n_{ij}$ 構成。

(2) 如果校（psu，L）間變異很大，班級（ssu）及班級人數（tsu）間變異小，可多抽校（psu），少抽班級（ssu）及班級人數（tsu）。如果調查費用校（psu）比班級（ssu）大，就多抽班級（ssu）。如果 psu、ssu 及 tsu 調查費都相同或都不大，就多抽校（psu），少抽班級（ssu）。

30. 假設母體有學校 L = 3 所，從 L = 3 中抽 ℓ = 2 所，每所學校有六年級 3 班（M = 3），從 M = 3 抽出 m = 2 班，每班有學生 3 人（N_{ij}），從 N_{ij} = 3 抽出 n_{ij} = 2。樣本大小為 $\ell \times m \times n_{ij}$ = 2×2×2 = 8 人，調查一週喝水瓶數共 56 瓶。(1) 請以三段集團抽樣估計母體平均數：

$$\hat{\bar{y}} = \frac{1}{\ell} \sum \frac{m_i}{m} \sum \frac{N_{ij}}{n_{ij}} \sum y_{ijk}$$ 求估計母體平均數（$\hat{\bar{y}}$）及估計母體總數（$\hat{y}$）各

為多少？(2) 假設從這 8 人喝水瓶數，已計算出 $s_b^2 = 40.5$，$s_1^2 = 86.5$，$s_2^2 = 130.5$，$s_{1j}^2 = 0$，$s_{2j}^2 = 18$，$s_{3j}^2 = 2$，$s_{4j}^2 = 8$，請以

$$\hat{\sigma}_{\hat{y}}^2 = L^2 \cdot \frac{L-1}{L} \cdot \frac{s_b^2}{\ell} + \frac{L}{\ell} M_i^2 \cdot \frac{M_i - \overline{m}}{M_i} \cdot \frac{s_i^2}{\overline{m}} + \frac{L}{\ell} \sum \frac{M_i}{\overline{m}} \sum N_{ij}^2 \cdot \frac{N_{ij} - n_{ij}}{N_{ij}} \cdot \frac{s_{ij}^2}{n_{ij}}$$

求估計母體總數變異數估計值為多少？(3) 假設採 Z = 1.96，這次調查誤差在 ± 幾瓶？

(1) 已知：L = 3，ℓ = 2，M = 3，$\overline{m}$ = 2，N_{ij} = 3，$\overline{n}_{ij}$ = 2，$\sum y_{ijk}$ = 56

$$代入\ \hat{\overline{y}} = \frac{1}{\ell} \sum \frac{m_i}{\overline{m}} \sum \frac{N_{ij}}{n_{ij}} \sum y_{ijk}$$

$$= \frac{1}{2} \times \frac{3}{2} \times \frac{3}{2} \times [(6+6) + (4+10) + (8+10) + (4+8)]$$

$$= 63\ 瓶（估計母體平均數／週）$$

估計母體總數：$\hat{y} = L \times \hat{\overline{y}} = 3 \times 63 = 189$瓶／週

(2) 已知：L = 3，ℓ = 2，M = 3，$\overline{m}$ = 2，N_{ij} = 3，$\overline{n}_{ij}$ = 2，$s_b^2 = 40.5$，$s_1^2 = 86.5$，$s_2^2 = 130.5$，$s_{1j}^2 = 0$，$s_{2j}^2 = 18$，$s_{3j}^2 = 2$，$s_{4j}^2 = 8$，代入

$$\hat{\sigma}_{\hat{y}}^2 = L^2 \cdot \frac{L-1}{L} \cdot \frac{s_b^2}{\ell} + \frac{L}{\ell} M_i^2 \cdot \frac{M_i - \overline{m}}{M_i} \cdot \frac{s_i^2}{\overline{m}} + \frac{L}{\ell} \sum \frac{M_i}{\overline{m}} \sum N_{ij}^2$$

$$\cdot \frac{N_{ij} - n_{ij}}{N_{ij}} \cdot \frac{s_{ij}^2}{n_{ij}}$$

$$= \left[(3)^2 \frac{3-2}{3} \cdot \left(\frac{1}{2} \right)(40.5) \right] + 325.5 + 94.5$$

$$= 60.75 + 325.5 + 94.5 = 480.75\ 瓶（估計母體總數變異數估計值）$$

(3) 這次調查的誤差估計為 $Z \times S_{\hat{y}}$

已知：Z = 1.96，$S_{\hat{y}} = \sqrt{\hat{\sigma}_{\hat{y}}^2} = \sqrt{480.75} \doteqdot 21.93$

誤差為 $1.96 \times 21.93 \doteqdot 43$ 瓶。

31. 分層集團抽樣（stratified cluster sampling）的特色

以組為例，「組內相似性」是指組內觀察值大致相同（例如：一組內都是男性，另一組都是女性），要從組單位抽樣代表母體，每組都要抽出才能代表母體，分層任意抽樣的組（層）就是這種設計。「組內

相異性」是指組內觀察值呈現不同（例如：一組內部是男女混合，另一組也是男女混合），要從組單位抽樣代表母體，只要少抽幾組就可，集團抽樣的集團（組）就是這種設計。

分層集團抽樣是把分層任意抽樣的「層（組）內相似性」及集團抽樣的「層（組）內相異性」設計在一起。例如：全省分層（設 L = 100 縣），每一縣內分選區 M（設 M = 10），選區內有投票名冊 n 人，從 n 人中抽出 n̄ 人。抽樣從每一層內的選區 M 中抽 m̄（設 m̄ = 1），再從抽出選區的投票名冊抽 n̄（設 n̄ = 20），則樣本大小 n = L×m̄×n̄ = 300×1×20 = 6,000 人。

「層（組）內相似性」的設計，可為地區別、農業別、漁業別、非農業別、職業（軍、公、教、商、工）別、性別、年齡別、學歷別、族群別、文化別……，歸在同一層（組）內。「層（組）內相異性」的設計，把上述類別依研究目的選幾項混在一起成一層（組）。

例如：大都市消費調查，把都市分區（設 L = 10 區），每區內有道路 M（設 M = 10 條），抽出 2 條（m̄ = 2），再從每條道路抽出家戶 n̄（設 n̄ = 2），如此樣本大小 n = 10×2×2 = 40 家戶。必要時再從家戶中抽人口數 k（設 k = 2 人），則樣本大小 n = 10×2×2×2 = 80 人，所以分層集團抽樣帶有變化彈性。

32. 分層集團抽樣與三段集團抽樣的樣本大小（n）的結構有何不同？

三段集團抽樣分三段：(1) 母體分層（L，例如：L = 20 個學校），從 L 中抽出 ℓ（例如：抽出 10 個學校），這被抽出之 ℓ 即是原始抽樣單位（psu）。(2) ℓ 內有集團（M，例如：校內有 20 班，從 M = 20 中抽出 m̄ = 3 班），此為次級抽樣單位（ssu）。(3) 從 m_i 內的人數 N_{ij} 中抽出 $\bar{n}_{ij}$ 人（例：如 N_{ij} = 50 人，抽出 10 人），這是 tsu。樣本大小 n = ℓ×m̄×n̄ = 10×3×10 = 300 人。

分層集團抽樣可分三層：(1) 母體分層（L，例如：L = 20 個學校），每個學校內部具相似性（例如：學校有一般中學、商業學校、工業學

校、水產學校、夜校；縣可分農業縣與非農業縣，農業縣又有不同農產品縣……），校內有班級（M）（例如：M = 5）。(2) 從 M 中抽出 $\overline{m}$（例如：m = 5 中抽出 $\overline{m}$ = 1，抽 1 班）（ssu）。(3) 從 m 的人數（n）抽出 $\overline{n}$（例如：n = 50，在校是一班人數 = 50 人，抽出 $\overline{n}$ = 20）。樣本大小 n = L×$\overline{m}$×$\overline{n}$ = 20×1×20 = 400 人。

33. 某縣想知道高中學生抽菸比例多少？高中有普通高中、商業高中、工業高中、水產高中、夜校高中，即母體分 5 層（L = 5）（層內具相似性）。每校有 M 班（設 M = 20 班，班級內學生良莠混合，是相異性），每班級有 N_h 人（設 N_h = 30 人）。研究者設 Z = 1.96，d_0 = ±5%，計算得 n = 368 人，考慮不合作受訪者，n 以 400 人計。抽樣從層 L = 5 的每一校的班級 M 中抽出（設 $\overline{m}$ = 1），從班級的人數 N_h = 50 人中抽出 $\overline{n}$ = 20 人，請問分層集團抽樣的樣本大小（n）為多少？分層集團的樣本大小為 n = L×$\overline{m}$×$\overline{n}$ = 20×1×20 = 400 人。

34. 假設某縣高中（如商、工……）有 3 所，每校有 M = 3 班，每班人數 N_h = 3 人。從每校的 M = 3 中抽出 m = 1 班，再從 N_h = 3 中抽出 $\overline{n}$ = 2。設每人每週運動小時如下表最後一欄，請問估計母體總數為多少？估計母體平均數為多少？

層	校內班級數	從M = 3中抽出m = 1	班內人數N_h	從N_i中抽出 $\overline{n}$ = 2人打勾者被抽到	0,8,6是每週運動小時合計
1	M_{11}			√ y_{131} = 0	
	M_{12}	M_{13}	N_1 = 3	y_{132} = 8	$y_{131} + y_{133}$ = 0 + 6 = 6
	M_{13}			√ y_{133} = 6	
2	M_{21}			√ y_{211} = 6	
	M_{22}	M_{21}	N_2 = 3	y_{212} = 5	$y_{211} + y_{213}$ = 6 + 2 = 8
	M_{23}			√ y_{213} = 2	

層	校內班級數	從M = 3中抽出m = 1	班內人數N_h	從N_i中抽出$\bar{n} = 2$人打勾者被抽到	0,8,6是每週運動小時合計
3	M_{31}	M_{33}	$N_3 = 3$	$y_{331} = 4$	$y_{332} + y_{333} = 3 + 3 = 6$
	M_{32}			√ $y_{332} = 3$	
	M_{33}			√ $y_{333} = 3$	

依題意知：$L = 3$，$M_i = 3$，$\bar{m} = 1$，$N_h = 3$，$\bar{n} = 2$

估計母體總數：$\hat{y} = \Sigma \dfrac{M_h}{m_h} \Sigma \dfrac{N_{hi}}{n_{hi}} \Sigma y_{hij}$

$= \dfrac{M_1}{m_1}\left[\dfrac{N_1}{n_1}(y_{131} + y_{133})\right] + \dfrac{M_2}{m_2}\left[\dfrac{N_2}{n_2}(y_{211} + y_{213})\right] + \dfrac{M_3}{m_3}\left[\dfrac{N_3}{n_3}(y_{332} + y_{333})\right]$

$= \dfrac{3}{1}\left[\dfrac{3}{2}(6)\right] + \dfrac{3}{1}\left[\dfrac{3}{2}(8)\right] + \dfrac{3}{1}\left[\dfrac{3}{2}(6)\right] = 27 + 36 + 27$

$= 90$（小時／週，估計母體總數）

估計母體平均數：$\hat{\bar{y}} = \dfrac{\hat{y}}{N}$

母體總人數：$N = L(3) \times M_i(3) \times N_i(3) = 27$

∴$\hat{\bar{y}} = 90/27 = 3.33$（小時／週，估計每人平均數）

35. 分層集團抽樣的優點

從分層集團抽樣的設計：各層內要具相似性，層內集團要具相異性，其優點如下：

(1) 只需準備 psu 工作底冊，從這底冊抽出 ssu。

(2) 節省調查費用及管理費（與簡單任意抽樣比）。

(3) 抽樣設計具有彈性。

(4) 分層集團抽樣所抽出樣本代表母體的代表性，比三段集團抽樣高。

(5) 分層集團抽樣的變異數比簡單任意抽樣還小。

(6) 層（組）間差異越大（即層「組」內越相似），分層集團抽樣效率越高。

36.依抽樣理論，設定 Z = 1.96，誤差 = ±3%，需要樣本大小 n = 1,068 人，母體總數再多，並不影響 n。如果設 n = 2,000 人，在臺灣的民意調查，本書所提過的抽樣方法，有適用的嗎？

本書所提的抽樣方法，一一分析於次（假設有資格投票者為 14 萬人，臺灣人口 2,300 萬人）。

(1) 簡單任意抽樣

政府在各地區設有投票所，有投票名冊，要把所有投票名冊統一編號，而後利用亂數表抽樣，光是統一編號的困難度就很高，所以簡單任意抽樣沒被採用。

(2) 系統抽樣

要抽出 2,000 人，要 2,000 個抽樣單位（間隔）。假設臺灣有 24 縣市，每縣市有區、鄉鎮 25 個，每區、鄉鎮內有里、村 20 個，則共有 12,000 個里、村單位，如何把里、村合併成 2,000 個單位是很繁雜之事，故此方法不適用。

(3) 分層任意抽樣

分層任意抽樣之所以精確度高，原因是分層時設計「層內相似性」（例如：A 層是農業區、B 層是工業區、C 層是漁業區……），如果可以做到，要分幾層？要從各層抽出多少樣本？光是分幾層之困難度就很大，故此方法不適用。

(4) 比例分層任意抽樣

此方法是把分層任意抽樣方法抽出的樣本，以「1」及「0」表示「成功者」、「失敗者」，以樣本之比例估計母體比例。分層任意抽樣既然如上所述，難以應用，當然比例分層任意抽樣亦難適用。

(5) 集團抽樣（I）：簡單集團抽樣

此方法把母體分成 M 個集團（層），從 M 個集團抽出 m 個集團（不必每個 M 都抽出），再從 m 個集團內的人數（N_i）抽出人數（n_i），由 n_i 合計成樣本大小。前提是分集團時要設計成「層內相異性」

（例如：每一層內包括農業、商業、工業⋯⋯），如果臺灣行政區具有此條件，進行抽樣時，很可能數量大的行政區（如臺北市、新北市⋯⋯）不會被抽到，故此方法不周全。

(6) 集團抽樣（II）：機率與集團數量成比例抽樣（pps）

pps 抽樣能改善簡單集團抽樣的數量大的集團，可能不被抽到的缺點。抽樣方法第一段採抽出又放回方式（簡單集團抽樣是隨機抽出），第二段兩者抽出方法相同，從 N_i 中抽出 n_i 組成樣本大小。用此方法進行民意測驗，問題在 M 個集團「層內相異性」設計，能辦得到嗎？

(7) 集團抽樣（III）：比例估計

如果簡單集團 pps 的「層內相異性」設計辦得到，調查時，「0」與「1」方式，當然亦可用。

(8) 三段集團抽樣

第一段抽樣，從母體分層（L），以隨機抽出 ℓ（層，psu），這 ℓ 內有 M 個集團；第二段抽樣從 M 中抽出 m（集團，ssu）；第三段抽樣從 m 內的 N_{ij} 中抽出 $\bar{n}_{ij}$（tsu）。這種抽樣方法要假設數量大概相等（例如：$\bar{m}$、$\bar{n}_{ij}$）。三段抽樣是二段抽樣的演進，故二段抽樣的「層內相異性」在三段抽樣亦存在。樣本大小 $n = \ell \times \bar{m} \times \bar{n}_{ij}$。

(9) 分層集團抽樣

分層集團抽樣，設計「層內相似性」，層內集團再設計「層內相異性」。第一段抽樣從 L 層內的 M 中抽出 $\bar{m}$（psu），第二段抽樣從 m 中的 N_h 抽出 $\bar{n}_i$（ssu），$\sum n_i$ 為樣本大小。

分層之「層內相似性」，例如：A 層內是農業區、B 層內是商業⋯⋯；層內集團之「層內相異性」，例如：A 層農業區內的集團 a、集團 b⋯⋯由不同性別、年齡⋯⋯組成。樣本大小 $n = L \times \bar{m} \times \bar{n}$。如果分層時的「層內相似性」，層內集團的「層內相異性」能克服，則分層集團抽樣的樣本大小為 $n = L \times \bar{m} \times \bar{n}$，而三段集團抽樣的樣本大小 $n = \ell \times \bar{m} \times \bar{n}_{ij}$，兩者比較，以分層集團抽樣精確度高。

37.全國民調之構思與討論

(1) 以家庭電話抽樣爲構想

① 依抽樣理論，$n = \dfrac{Z^2pq}{d_0{}^2}$（抽出又放回），$Z = 1.96$，$d_0 = \pm 3\%$，$n$

= 1,068 人；$n = \dfrac{Z^2pq}{d_0{}^2 + Z^2pq}$（抽出不放回），N 爲 10 萬、100 萬、

1,000 萬，$Z = 1.96$，$d_0 = \pm 3\%$，n 都在 1,068 人左右，即母體總
數再大，影響樣本大小很小。故 $n = 1,068$ 人計，加上無效受訪
者，$n = 1,500$ 人即可。

② 在九種抽樣方法中，以分層集團抽樣最適合全省性調查抽樣。
這方法是母體分層，使「層內相似性」，把分層內再分集團，
使「集團內相異性」，可以少抽樣本就可代表母體。

③ 全省如何分層（L）？

六都	區	人口	符合投票資格人口60%計	省轄	區數	鎮數	鄉數	人口	60%人口
臺北市	12	2,661,317	1,596,790	基隆市	1	3	29	369,820	221,892
新北市	29	4,000,164	2,400,098	新竹市	3	-	-	446,701	268,021
桃園市	13	2,230,653	1,338,392	嘉義市	2	-	-	268,474	161,084
臺中市	29	2,809,004	1,685,402	新竹縣	1	3	9	558,507	335,104
臺南市	37	1,883,078	1,129,847	苗栗縣	2	5	11	547,387	328,432
高雄市	38	2,733,229	1,639,937	彰化縣	2	6	18	1,295,669	777,401
	158	16,317,445	9,790,466	南投縣	1	4	8	495,891	297,535
				雲林縣	1	5	14	683,898	410,339
				嘉義縣	2	2	14	525,408	315,245
				屏東縣	1	3	29	822,709	493,625
				臺東縣	1	2	13	218,119	130,871
				宜蘭縣	1	3	18	454,732	272,839
				花蓮縣	1	2	13	327,347	196,408
				澎湖縣	1	-	5	106,683	64,010
				金門縣	-	3	3	139,464	83,678
				連江縣	-	-	4	13,056	7,834
						249		7,273,865	4,364,318

全省人口（六都＋省轄縣市）
= 16,317,445+7,273,865
=23,591,310

全省有投票資格者 60%（六都＋省轄縣市）
=9,790,466+4,364,318
=14,154,784

抽樣理論之應用

每層以合格投票人數 1,000,000 人為單位，以地理接近性合併成「層內相似性」，共分 L = 13 層，如下圖。

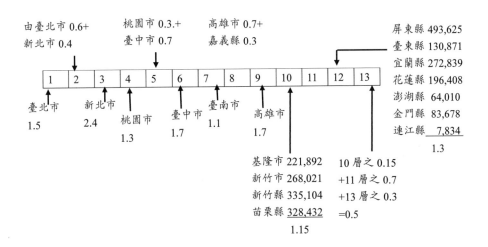

④ 層內如何分區（集團 = M）？

希望「集團內相異性」，可以少抽樣本就能代表母體。所謂「集團」在此處指投票所，一個投票所服務有投票權人之上限為 1,500 人，例如：內埔鄉就有 40 個投票所，即內埔鄉有投票權者 60,000 人。以一個投票所為單位，1,500 人的性別、職業、文化、教育……是相異性。「所」是由縣、市內的區鄉鎮內的里、鄉、村組成。

將全臺有投票權者 14,154,784 ÷ 1,500 ≒ 9,437 所／全臺，將 9,437 所分給 13 層（9,437 ÷ 13 ≒ 726），每層約有 726 所。例如：臺北市有投票權人數 1,596,790 人（1,596,790 ÷ 1,500 ≒ 1,065 所），就要 1,065 所；臺東縣有投票權人數 130,871（130,871 ÷ 1,500 = 87 所），只要 87 所。臺北市 1,065 所分給第 1 層 725 所，其餘 340 所撥給第 2 層；臺東縣 87 所與其他縣合計為第 13 層。各層及所要有編號，例如：臺北市第 1 層內 1-001 到 1-725。因為層之「層內相似性」，所以每層都要抽出

樣本，因爲集團之「層內相異性」，所以可以少抽樣本就能代表母體。假設從集團（M）中抽出 $\overline{m}$ = 2，整理被抽中之集團內的投票名冊，也就是整理 13 層 ×2 = 26 投票名冊。

⑤ 集團（M）內如何抽出樣本數量？

一投票所的有投票權人數上限爲 1,500 人（N_{ij}），由調查人員隨機抽樣，例如：抽 58 人並以預備之調查表進行訪問，則樣本大小 $n = L \times \overline{m} \times \overline{n}_{ij} = 13 \times 2 \times 58 = 1,508$（超過 1,068 人）。

⑥ 所需人員

A.「分層」與「分區（集團）」要 2～4 人（具統計推論能力）。

B. 調查表設計要 1～2 人（具統計推論能力）。

C. 整理被抽出之投票名冊 26 所（冊），因分散各地，要 26 人（調查員，具一般統計能力）。

D. 資料統計分析要具統計推論能力者 1～2 人。

⑦ 依此方法，一次民調在一週內能完成（調查員可以面談方式或家庭電話訪問方式進行）。

(2) 全國選舉民調以家庭電話及手機抽樣爲構思

爲了使民調結果更能符合事實，考慮年輕族群的影響力很大，而家庭電話受訪者大多是年長者，有失偏頗。因此年輕族群列入考慮，而年輕族群在今日幾乎都人手一機。

把家庭電話與手機合併，首先考慮兩者比例多少，例如：家庭電話數：手機電話數 = 50%：50% 或 45%：55% 或 40%：60%，依判斷年輕族群的影響力而定。例如：以 45%：55% 爲原則，進行抽樣，樣本大小以 1,500 人，即家庭電話 675 人，手機 825 人。

① 手機有十位數，前四位數代表經營公司，目前有：中華電信、台灣大哥大、遠傳電信、亞太電信、台灣之星電訊，將 825÷5 = 165 人，即每家電信公司抽出 165 人，隨機抽樣，加上不合作對象，可能一家電信公司要打 200 多次電話。

② 把家庭電話（或面訪）加上手機電話，共 1,500 人，一起進行統計分析。

(3) 如果由三到五個調查單位（公司）同時調查，結果會相同嗎？如何處理此問題？

　① 由於每家公司調查表設計內容、層內相似性及集團內相異性的合併不同（較主觀性），調查結果是不會相同的。

　② 各單位調查都有誤差，將誤差平均，也許是一個勉強可接受的方法。

38. 本書九種抽樣方法之抽樣程序彙整

(1) 立意抽樣（non-probability sampling/purposive sampling）

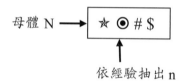

(2) 簡單任意抽樣（隨機抽樣）（simple random sampling 或 simple probability sampling）

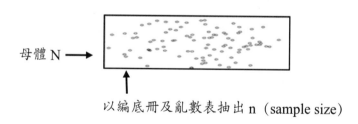

(3) 系統抽樣（systematic sampling）

　① 母體 N 分間隔，間隔內有系統樣本 k

　② 從系統樣本 k 中抽 1 個（如 1、3、5，抽出 5）

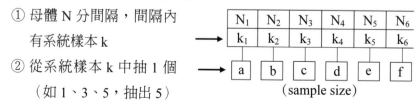

附錄一
本書重點彙總

組成樣本大小 n。

③ 從系統樣本中抽出觀察值：A法的機率是 $1/k$，B法的機率是 n/N。

④ 適合系統抽樣的母體條件：A.母體內隨機；B.系統樣本相似性；
C.母體有規律變動。

(4) 分層抽樣（stratified random sampling）

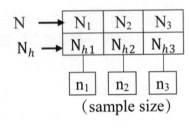

(sample size)

① 母體分層 N，層內相似性（如大中小店），每一種店的家數 N_h 不一樣。

② 從 N_h 中抽出 n_h（例如：N_1 有 300 家店，抽出 n_1 24 店），各 n_i 不一樣。

③ 決定 sample size 及各層分配數有三種方式：A.比例分配；B.最適分配；C.紐曼分配。

(5) 比例分層任意抽樣（proportional stratified random sampling）

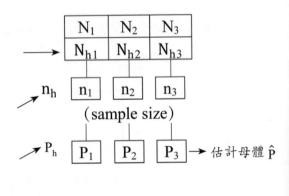

(sample size)

估計母體 $\hat{p}$

① 母體分層 N，不限制層內相似性（如分年級），每一年級人數 N_h 不一樣。

② 從 N_h 中抽出 n_h（如由一年級 = N_h = 200 中，抽出 n_h = 50）。

③ 以「1」表成功者，「0」表示失敗者，計算出樣本比例 P_h，用以估計母體比例（$\hat{p}$）。

④ 決定 sample size 及各層分配數有三種方式：A.比例分配；B.最適分配；C.紐曼分配。

抽樣理論之應用

(6) 集團抽樣（I）（cluster sampling I）—簡單集團抽樣（simple cluster sampling）

① 母體分層 M，M 內設計相異性（如男女混合成一個 M），如此少抽樣本就可代表母體。（不必每個 M_i 都抽出樣本）

② 第一段抽樣從 M 中抽出 m（例如：抽到 m_1 及 m_3）（psu）。

③ 第二段抽樣從 m_i 的人數 N_i 中，抽出相同的 $\bar{n}$（ssu）。

④ $\sum n_i = n$（uc）（子樣本）。

M_1	M_2	M_3	M_4
N_1	N_2	N_3	N_4

$\sum n_i = n = m \times \bar{n}$
（sampe size）

(7) 集團抽樣（II）（cluster sampling II）—機率與集團數量成比例抽樣（probability proportional to size—pps）

① 簡單集團抽樣從 M_i 中抽出 m_i，如果數量大的 m_i 被漏抽出（如消費調查，大都市臺北市被漏掉），有失 M_i 同等重要原則，因而設計出 pps。

② pps 是二段抽樣，簡單集團抽樣亦是二段抽樣。

③ pps 抽樣與簡單集團抽樣的二段抽樣必須假設抽出的 m（psu）、n（ssu）相等。

④ 第一段抽樣由亂數表指出數字，在組距上找該數字，對照 M，找出 M_i（例如：抽到 m_1 及 m_3），此段抽樣以抽出又放回方式，方便計算。psu 被抽出機率為 N_i / N。

集團分層 M(psu)	層內人數 N_i	$\sum N_i$	組距
M_1	10	10	1-10
M_2	20	30	11-30
M_3	30	60	31-60

⑤ 第二段抽樣由 m_i 內的人數 N_i 中抽出 n_i 人（ssu），這段抽樣採抽出不放回或抽出又放回

psu	N_i	n_i
m_1	10	4
m_2	30	4

$n = \sum n_i$
（sample size）(uc)

方式，被抽出機率為 n_i/N_i。

(8) 集團抽樣（III）（cluster sampling II）—比例估計（estimation of proportion）

① 是簡單集團抽樣的變化，pps 抽樣亦可應用比例估計。

② 第一段抽樣從 M 中隨機抽出 m（psu）。

母體分層M	抽出m_i	m_i內的人數N_i	N_i內觀察值y_{ij}
M_1	m_1	50	$y_{11}, y_{12}, y_{13}, \cdots$
M_2	-	-	-
M_3	m_3	50	$y_{31}, y_{32}, y_{33}, \cdots$
M_4	-	-	-

③ 第二段抽樣從 N_i 中抽出 n_i，N_1 抽中成功者 1 人，失敗者 1 人；N_3 抽中成功者 2 人，失敗者 1 人。

M	m_i	N_i	N_i中抽出n_i（n_i）	成功者	失敗者	成功比例
M_1	m_1	50	2	y_{11}	y_{12}	1/2
M_2	-	-	-	-	-	-
M_3	m_3	50	3	y_{31}, y_{33}	y_{34}	2/3
M_4	-	-	-	-	-	-

樣本成功者比例用以估計母體比例（$\hat{p}$）↑

(9) 三段集團抽樣（three-stage cluster sampling）

① 集團抽樣的簡單集團抽樣、pps 抽樣及比例估計，都是二段抽樣（two-stage cluster sampling）。三段集團抽樣程序如下：

A. 橫看

第一段抽樣：母體分層（L）中，抽出 ℓ（psu），例如：$\ell = 2$ ↓

第二段抽樣：從 ℓ 內的 M 中，抽出 m_i（ssu），例如：$\overline{m} = 2$ ↓

第三段抽樣：從 m_i 內的 N_{ij} 中，抽出 n_{ij}（tsu），例如：$\overline{n}_{ij} = 2$ ↓

L＝3校 ℓ＝2校	ℓ內有六年級 M班	從M班抽出 m_i班	m_i班有人數 N_{ij}	從N_{ij}抽出n_{ij} （$n_{ij} = 2$）
$\sqrt{}\,\ell_1$	$M_1=3$	m_{11}	$m_{11}=3$	
		$\sqrt{}\,m_{12}$	$m_{12}=3$	$\sqrt{}\,y_{121},\ \sqrt{}\,y_{122}$
		$\sqrt{}\,m_{13}$	$m_{13}=3$	$\sqrt{}\,y_{131},\ \sqrt{}\,y_{133}$
$\sqrt{}\,\ell_3$	$M_3=3$	$\sqrt{}\,m_{31}$	$m_{31}=3$	$\sqrt{}\,y_{312},\ \sqrt{}\,y_{313}$
		m_{32}	$m_{32}=3$	
		$\sqrt{}\,m_{33}$	$m_{33}=3$	$\sqrt{}\,y_{331},\ \sqrt{}\,y_{333}$

註：打勾者是被抽出之樣本

sample size = 8

B. 直向看

第一段抽樣從 ℓ 中任意抽出 ℓ（psu）（例如：$\ell = 2$）

第二段抽樣從 ℓ_i 內的 $\overline{M}_i$ 中抽出 $\overline{m}_i$（ssu）（例如：$\overline{m}_i = 2$）

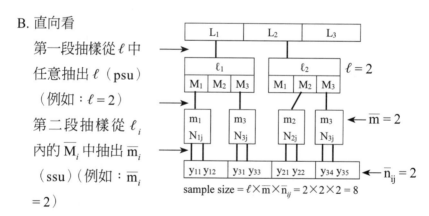

sample size $= \ell \times \overline{m} \times \overline{n}_{ij} = 2 \times 2 \times 2 = 8$

第三段抽樣從 $\overline{m}_i$ 內的 N_{ij} 中抽出 $\overline{n}_{ij}$（例如：$\overline{n}_{ij} = 2$）（tsu）

② psu、ssu 及 tsu 大小必須大概相等，當 psu 大小差很大時，改用 pps 或分層集團抽樣（下述）。

③ 只需準備抽出之 psu、ssu 及 tsu 工作底冊，可減輕工作，節省調查費及管理費。

(10) 分層集團抽樣（stratified cluster sampling）

① 分層集團抽樣合併分層抽樣與集團抽樣兩特性。分層抽樣之母體分層（N），設計層內相似性，所以每一層都要抽出樣本。集團抽樣之母體分層（M），設計層內相異性，所以可少抽樣本就可代表母體。

② 分層集團抽樣母體分 L 層，每一層是一個抽樣單位 M，M 內設計為相似性（例如：一般高中、商校高中、工校高中、水產高中），M 內的 N（例如：校內的班級）設計相異性（例如：一班內良莠不齊），從 M 中抽出少數 N 的樣本，就可代表母體。

③ 第一段抽樣從 m_h 中，抽出 $\overline{m}_h$（例如：從校的班中抽出 $\overline{m} = 1$）（psu）。

④ 第二段抽樣從 m 內的 n_h，抽出 n（如 $\overline{n} = 2$）（ssu）（子樣本）。

樣本大小 $n = L \times \overline{m} \times \overline{n} = 3 \times 1 \times 2 = 6$

⑤ 每一層同等重要，都被抽取。只需準備 psu 工作底冊，從這底冊抽出 ssu，節省調查費及管理費、抽樣設計具彈性、變異數小於簡單任意抽樣的變異數，層間差異越大（即層內越相似性），分層集團抽樣效率越高。

抽樣理論之應用

附錄二

本書使用專有名詞之英中對照

Absolute Error—絕對誤差

All Possible Samples—所有可能樣本

Alternative Hypothesis—對立假設

Among Correlation Coefficient—組內相關係數

Assumption—原設條件

Average—平均數

Census—普查

Cluster Sampling—集團抽樣

Coefficient of Variation—離差係數

Confidence Interval—信賴區間

Convenience Sampling—便利抽樣

Curve of Relative Cumulative Frequency—相對次數累積曲線

Data—資料

Dispersion—離勢

Double Sampling —雙重抽樣

Estimation of Proportion—比例估計

Finite Population Correction（fpc）for Variation—變異數有限母體校正數

Heterogeneous—相異性或異質性

Homogeneous—相似性或同質性

Hypothesis—假設

Inference—推論

Intraclass Correlation—組內相關

Judgement Sampling—判斷抽樣

Mean—平均數

Measurement （or Scale）—尺度、量表

Neyman's Allocation—紐曼分配

Non-Parametric Statistical Method—無母數統計法

Non-Probability Sampling（Purposive Sampling）—立意抽樣

Nonresponse—不回答

Normal Distribution—常態分配

Observation—觀察值

Optimum Allocation—最適分配或最優分配

Paired Comparison—對比法

Parameters—母體參數

Parametric Statistical Method—有母數統計法

Point of Inflection—轉折點

Population Proportion—母體比例

Population—母體

Precision（or Accuracy）—精確度

Primary Data—初級資料

Primary Sampling Units（psu）—原始抽樣單位

Probability Proportion to Size（pps）—機率與集團數量成比例

Proportion Allocation—比例分配

Proportional Stratified Random Sampling—比例分層任意抽樣

Qualitative Research Method—質性研究法

Quantitative Research Method—量性研究法

Questionnaire—問卷

Quota Sampling—配額抽樣

Random Number Table—亂數表

Randomly Ordered—隨機的次序

Relative Error—相對誤差

Reliability—可信度

Risk—風險度

Sample Segment—樣本小區

Sample Size—樣本大小

Sample without replacement and order is not considered—抽出不放回又不考慮次
序

Samples with replacement—抽出又放回

Samples without replacement—抽出不放回

Sampling Error—抽樣誤差

Sampling Ratio—抽樣比例

Sampling—抽樣

Sampling Inspection—抽樣檢驗

Secondary Data—次級資料

Secondary Sampling Units （ssu）—次級抽樣單位

Semantic Differential Metod—語意差異法

Sequential Sampling—逐次抽樣

Significant Level—顯著水準

Simple Cluster Sampling—簡單集團抽樣

Simple Random Sampling （Simple Probability Sampling）—簡單任意抽樣

Snow Ball Sampling—雪球抽樣

Standard Deviation—標準差

Standard Normal Distribution—標準常態分配

Stapel Scale—史德培尺度

Statistics—統計值

Stratified Cluster Sampling—分層集團抽樣

Stratified Random Sampling—分層任意抽樣

Systematic Sampling—系統抽樣

The Mail Questionnaire Sampling—通訊抽樣

Three-stage Cluster Sampling—三段集團抽樣

Thurstone Scale—索斯洞尺度

Transform—轉換

Two-stage Cluster Sampling—二段集團抽樣

Type I Error—第一型誤差

Ultimate Cluster（uc）—最終集團

Unbiased Estimator—不偏估計值

Universe—母體

Validity—效度

Variance—變異數

附錄三

參考文獻

吳宗隆等，機率與抽樣，建弘，2013

周子敬，抽樣方法，臺北市：全華，2005

林進田，抽樣調查：理論與應用，華泰文化，1993

夏太偉，抽樣檢驗，臺北：新文京，2005

高德超，抽樣原理導論，五南書局，1988

張有成，抽樣檢驗，中華民國品質管制學會，1980

張宏程等編著，旗開得勝：機率與抽樣，建弘，2014

張紘炬，抽樣方法與調查分析：理念、設計、分析、實例，臺北：華泰，2009

黃文隆、黃龍，抽樣方法，滄海圖書，2008

趙民德、謝邦昌，探索真相——抽樣理論和實務，曉園，1999

劉波、許虹、王永昌，市場調查，崧燁文化，2018

鄭天澤譯，抽樣調查，臺北：高立圖書，2014

鄭光甫，抽樣方法——理論與實務，三民書局，2003

儲金滋，抽樣方法，三民書局，1992

魏應澤，抽樣理論及其應用，臺北市：魏應澤發行，三民總經銷，1977

蘇建州，選舉民調中的非抽樣誤差與準確度評量，秀威資訊，2007

Francis F. Pitard, Theory of Sampling and Sampling Practice, Chapman and Hall/ CRC, 2019

Götz E. Pfander, Sampling Theory, a Renaissance: Compressive Sensing and Other Developments (Applied and Numerical Harmonic Analysis), Birkhäuser, 2015

Peter Tryfos, Sampling Methods for Applied Research Text & Cases, John Wiley, 1996

Raghunath Arnab, Survey Sampling Theory and Applications, Academic Press, 2017

Sharon L. Lohr, Sampling: Design & Analysis 2/e, Brooks-Cole, 2010

Steven K. Thompson, Sampling, Wiley, 2012

Taro Yamane, Elementary Sampling Theory, Prentice Hall, 1967

Thomas P. Ryan, Sample Size Determination and Power, Wiley, 2013

抽樣理論之應用

William Edwards Deming, Some Theory of Sampling, Dover Publications, 2010

William G. Cochran, Sampling Techniques, John Wiley & Sons, 1977

Yonina C. Eldar, Sampling Theory: Beyond Bandlimited Systems, Cambridge University Press, 2015

附錄三
參考文獻

國家圖書館出版品預行編目資料

抽樣理論之應用／謝嫣娉等著. -- 初版. --
臺北市：五南, 2020.03
　　面；　公分
　ISBN 978-957-763-739-0 (平裝)

1.抽樣理論

511.27　　　　　　　　　108017663

1H2J

抽樣理論之應用

作　　者 — 謝嫣娉、謝忱希、謝嫣文、謝俊雄

發 行 人 — 楊榮川

總 經 理 — 楊士清

總 編 輯 — 楊秀麗

主　　編 — 侯家嵐

責任編輯 — 李貞錚

文字校對 — 許宸瑞、陳俐君

封面設計 — 姚孝慈

出 版 者 — 五南圖書出版股份有限公司

地　　址：106台北市大安區和平東路二段339號4樓

電　　話：(02)2705-5066　　傳　　真：(02)2706-6100

網　　址：http://www.wunan.com.tw

電子郵件：wunan@wunan.com.tw

劃撥帳號：01068953

戶　　名：五南圖書出版股份有限公司

法律顧問　林勝安律師事務所　林勝安律師

出版日期　2020年3月初版一刷

定　　價　新臺幣390元